CONTEÚDO DIGITAL PARA ALUNOS

Cadastre-se e transforme seus estudos em uma experiência única de aprendizado:

1. Entre na página de cadastro:
https://sistemas.editoradobrasil.com.br/cadastro

2. Além dos seus dados pessoais e dos dados de sua escola, adicione ao cadastro o código do aluno, que garantirá a exclusividade do seu ingresso à plataforma.

1058242A1542315

CB015068

3. Depois, acesse:
https://leb.editoradobrasil.com.br/
e navegue pelos conteúdos digitais de sua coleção :D

Lembre-se de que esse código, pessoal e intransferível, é válido por um ano. Guarde-o com cuidado, pois é a única maneira de você acessar os conteúdos da plataforma.

Editora do Brasil

TeMpO De P GEO GRAFIA

AXÉ SILVA
- Professor de Geografia de Ensino Fundamental e Médio
- Bacharel em Geografia pela Universidade de São Paulo (USP)
- Articulista e coordenador de publicações especializadas em Geografia e Ensino
- Criador e apresentador de canal de vídeo em plataforma digital sobre Geografia e Atualidades

JURANDYR ROSS
- Livre-Docente em Geografia pela Universidade de São Paulo (USP)
- Doutor em Geografia pela Universidade de São Paulo (USP)
- Professor titular na Universidade de São Paulo (USP)
- Consultor do Ministério do Meio Ambiente (1992-2002)
- Vencedor do Prêmio Jabuti pela Associação Brasileira do Livro (1997)
- Autor da Classificação do Relevo Brasileiro (1985)

COLEÇÃO
TEMPO
GEOGRAFIA 7
4ª edição
São Paulo, 2019.

Dados Internacionais de Catalogação na Publicação (CIP)
(Câmara Brasileira do Livro, SP, Brasil)

Silva, Axé
  Tempo de geografia : 7º ano / Axé Silva, Jurandyr Ross. –
4. ed. – São Paulo : Editora do Brasil, 2019. – (Coleção tempo)

  ISBN 978-85-10-07190-1 (aluno)
  ISBN 978-85-10-07191-8 (professor)

  1. Geografia (Ensino fundamental) I. Ross, Jurandyr. II. Título. III. Série.

19-25376   CDD-372.891

Índices para catálogo sistemático:
1. Geografia : Ensino fundamental 372.891
Iolanda Rodrigues Biode - Bibliotecária - CRB-8/10014

© Editora do Brasil S.A., 2019
Todos os direitos reservados

Direção-geral: Vicente Tortamano Avanso

Direção editorial: Felipe Ramos Poletti
Supervisão editorial: Erika Caldin
Supervisão de arte e editoração: Cida Alves
Supervisão de revisão: Dora Helena Feres
Supervisão de iconografia: Léo Burgos
Supervisão de digital: Ethel Shuña Queiroz
Supervisão de controle de processos editoriais: Roseli Said
Supervisão de direitos autorais: Marilisa Bertolone Mendes

Supervisão editorial: Júlio Fonseca
Edição: Gabriela Hengles e Guilherme Fioravante
Assistência editorial: Manoel Leal de Oliveira
Auxílio editorial: Douglas Bandeira
Apoio editorial: Janaina Tiosse de O. Corrêa
Consultoria técnica: Judith Nuria Maida
Copidesque: Gisélia Costa, Ricardo Liberal e Sylmara Beletti
Revisão: Alexandra Resende, Andréia Andrade e Elaine Silva
Pesquisa iconográfica: Márcia Sato e Tatiana Lubarino
Assistência de arte: Letícia Santos
Design gráfico: Andrea Melo
Capa: Megalo Design
Imagens de capa: Diego Grandi/Shutterstock.com, Filipe Frazao/Shutterstock.com, luigi giordano/Shutterstock.com e MesquitaFMS/Shutterstock.com,
Ilustrações: Adriano Loyola, Alessandro Passos da Costa, Bernardo Borges, Eduardo Belmiro, Erika Onodera, Fabio Abreu, Ivo Favero, Mario Yoshida, Narjara Lara, Paula Haydee Radi, Paulo César Pereira, Rafael Herrera, Ronaldo Barata, Sonia Vaz, Studio Caparroz e Tarcísio Garbellini
Produção cartográfica: DAE (Departamento de Arte e Editoração), Sonia Vaz
Coordenação de editoração eletrônica: Abdonildo José de Lima Santos
Editoração eletrônica: Adriana Tami, Armando F. Tomiyoshi, Elbert Stein, Gilvan Alves da Silva, José Anderson Campos, Sérgio Rocha, Talita Lima, Viviane Yonamine, William Takamoto e Wlamir Miasiro
Licenciamentos de textos: Cinthya Utiyama, Jennifer Xavier, Paula Harue Tozaki e Renata Garbellini
Controle de processos editoriais: Bruna Alves, Carlos Nunes, Rafael Machado e Stephanie Paparella

4ª edição / 4ª impressão 2023
Impresso na Grafilar

Rua Conselheiro Nébias, 887
São Paulo, SP – CEP 01203-001
Fone: +55 11 3226-0211
www.editoradobrasil.com.br

Prezado aluno, prezada aluna

A Geografia é uma ciência que faz parte de sua vida. Ela possibilita o aperfeiçoamento da visão crítica sobre as situações que acontecem a nosso redor.

Pensando nisso, esta obra foi desenvolvida com o objetivo de proporcionar uma reflexão sobre a realidade e contribuir para a consciência dos direitos e deveres de cada um na sociedade. Com essa proposta, buscamos incentivar o respeito às diferenças e o combate às injustiças sociais.

Desejamos que, ao percorrer esta coleção, você entenda a importância do espaço geográfico e amplie a compreensão de si mesmo, percebendo que você é parte de tudo o que existe a sua volta.

Bom ano para você!

Os autores

SUMÁRIO

TEMA 1
Território brasileiro 8

CAPÍTULO 1 Brasil: uma abordagem inicial 10
- Meu Brasil, brasileiro 10
- Território, limites e fronteiras 11
- Diversidade de paisagens 12
- Um país de contrastes 13
- **ATIVIDADES** 14

CAPÍTULO 2 Formação do território brasileiro 15
- Ocupação das terras brasileiras 15
- Primeiras divisões territoriais 16
- Atividades econômicas na formação do território 17
- **CARTOGRAFIA** 18
- A organização político-administrativa do Brasil 19
- **ATIVIDADES** 20

CAPÍTULO 3 Regiões naturais do Brasil 21
- Domínios morfoclimáticos 21
  - Características dos domínios morfoclimáticos 23
- **ATIVIDADES** 26

CAPÍTULO 4 Regionalização brasileira 27
- Regionalizar para compreender 27
- A regionalização do IBGE 27
- **CARTOGRAFIA** 29
- Outras divisões regionais 30
  - Os complexos regionais 30
  - Região Concentrada 30
- **ATIVIDADES** 31
- **FIQUE POR DENTRO**
  - O Poder Executivo 32
- **PANORAMA** 34

TEMA 2
Sociedade brasileira 36

CAPÍTULO 1 Formação e cultura da população 38
- Nossa gente brasileira 38
- Os indígenas 39
- Negros e afrodescendentes 40
- Os imigrantes brancos e asiáticos 41
- **CARTOGRAFIA** 42
- **ATIVIDADES** 43
- **SOCIEDADE E CIÊNCIA**
  - Catástrofe, migração e esperança: o caminho dos haitianos até o Brasil 44

CAPÍTULO 2 Povos tradicionais 46
- Quem são as populações tradicionais? 46
  - Comunidades tradicionais pelo Brasil 47
- **ATIVIDADES** 49

CAPÍTULO 3 Distribuição e estrutura da população 50
- Distribuição populacional 50
- **CARTOGRAFIA** 52
- Crescimento populacional 53
- Estrutura etária da população 55
- Questões de gênero 56
- **ATIVIDADES** 57

CAPÍTULO 4 Indicadores socioeconômicos 58
- Como vivem os brasileiros? 58
- Indicadores do Brasil 58
- Índice de Desenvolvimento Humano (IDH) 60
- **ATIVIDADES** 61
- **FIQUE POR DENTRO**
  - Índice de Gini – O que é? 62
- **PANORAMA** 64

TEMA 3
Economia do Brasil............ 66

CAPÍTULO 1 Sistema econômico capitalista.. 68
- Produzir e transformar........................... 68
- Surgimento e evolução do capitalismo........... 69
  - Capitalismo comercial 70
  - Capitalismo industrial...................... 70
  - Capitalismo monopolista ou financeiro........... 71
- **CARTOGRAFIA**... 71
- A tecnologia e as mudanças no espaço geográfico... 72
- **ATIVIDADES**... 73

CAPÍTULO 2 Distribuição de riquezas e ambiente 74
- Industrialização e globalização 74
- Distribuição das riquezas............................... 75
  - Maior desigualdade entre os países 75
  - Desemprego.. 76
- Produção, consumo e meio ambiente 76
- A globalização e o mercado brasileiro............ 78
- **DIÁLOGO** 78
- **ATIVIDADES** 79

CAPÍTULO 3 Redes de transporte e comunicação 80
- Dinâmicas do espaço geográfico..................... 80
- Ferrovias.. 81
  - Ferrovias no Brasil 81
- Hidrovias 81
- Rodovias.. 82
- Integração modal... 83
- Redes de comunicação.................................. 83
- **ATIVIDADES** 84

CAPÍTULO 4 Agropecuária e industrialização..................................... 85
- A produção agropecuária e extrativista........... 85
- Processo de industrialização do Brasil 86
- **CARTOGRAFIA**.. 88
- **ATIVIDADES**.. 89
- **FIQUE POR DENTRO**
  - A Segunda Revolução Industrial e os novos métodos de produção............. 90
- **PANORAMA**... 92

TEMA 4
Região Norte........................ 94

CAPÍTULO 1 Localização e produção do espaço........................... 96
- Conhecendo o Norte do Brasil........................ 96
- Ocupação da região 97
- Povoamento recente 98
- **ATIVIDADES**.. 99

CAPÍTULO 2 Dinâmica natural 100
- Domínio Morfoclimático Amazônico.............. 100
  - Relevo 100
  - Hidrografia... 102
  - Clima... 103
  - Vegetação 104
- **CARTOGRAFIA**...106
- **ATIVIDADES** 107
- **SOCIEDADE E CIÊNCIA**
  - Não basta preservar a floresta...................108

CAPÍTULO 3 Sociedade..................... 110
- A população no espaço geográfico.................110
- Dados da população..................................... 111
- Indígenas e caboclos.....................................112
- Aspectos culturais 113
- **DIÁLOGO** 114
- **ATIVIDADES**... 115

CAPÍTULO 4 Produção econômica 116
- Principais atividades econômicas 116
  - Extrativismo 116
  - Agropecuária 118
  - Indústria 118
- **ATIVIDADES**...119
- **FIQUE POR DENTRO**
  - Uma viagem pela Amazônia..................... 120
- **PANORAMA**.. 122

TEMA 5
Região Centro-Oeste 124

CAPÍTULO 1 Localização e produção do espaço 126
- O centro do Brasil 126
- Povoamento e produção do espaço 127
- Ocupação a partir do século XX 128
- Novas frentes agrícolas 129
- **ATIVIDADES** 130

CAPÍTULO 2 Dinâmica natural 131
- Domínio do Cerrado 131
  - Relevo e hidrografia 132
  - Clima e vegetação 133
- **ATIVIDADES** 135

CAPÍTULO 3 Sociedade 136
- População do Centro-Oeste 136
- Urbanização e indicadores sociais 138
- Qualidade de vida da população 138
- Cultura regional 140
- **ATIVIDADES** 142

CAPÍTULO 4 Produção econômica 143
- Principais atividades econômicas 143
  - Extrativismo mineral e vegetal 143
- **CARTOGRAFIA** 144
  - Agropecuária 145
  - Indústria 146
- **ATIVIDADES** 147
- **FIQUE POR DENTRO**
  - O Pantanal 148
- **PANORAMA** 150

TEMA 6
Região Nordeste 152

CAPÍTULO 1 Localização e produção do espaço 154
- O Brasil nordestino 154
- Constituição do território: ocupação e povoamento 155
- As sub-regiões do Nordeste 157
- **DIÁLOGO** 158
- **ATIVIDADES** 159

CAPÍTULO 2 Dinâmica natural 160
- Diferentes domínios 160
  - Relevo 160
  - Clima e vegetação 162
- **CARTOGRAFIA** 164
  - Os rios 165
- **ATIVIDADES** 166

CAPÍTULO 3 Sociedade 167
- População miscigenada 167
- Migração e indicadores socioeconômicos ... 168
- Riqueza cultural 170
- **ATIVIDADES** 172

CAPÍTULO 4 Produção econômica 173
- Principais atividades econômicas 173
  - Agropecuária 173
  - Extrativismo 175
  - Turismo 175
  - Indústria 176
- **ATIVIDADES** 177
- **FIQUE POR DENTRO**
  - Caatinga 178
- **PANORAMA** 180

TEMA 7
Região Sudeste 182

CAPÍTULO 1 Localização e produção do espaço 184
- Conhecendo o Sudeste do Brasil 184
- Ocupação e povoamento 184
  - Expansão econômica e territorial do café 186
- **DIÁLOGO** 187
- **CARTOGRAFIA** 188
- **ATIVIDADES** 189

CAPÍTULO 2 Dinâmica natural 190
- Domínios morfoclimáticos do Cerrado e dos Mares de Morros 190
  - Relevo 190
  - Hidrografia 191
  - Clima 193
  - Vegetação 193
- **ATIVIDADES** 195

CAPÍTULO 3 Sociedade 196
- A população no espaço geográfico 196
  - Dados da população 196
  - A importância dos imigrantes 198
- Industrialização: urbanização e migração 198
- Aspectos culturais 199
- **DIÁLOGO** 199
- As grandes metrópoles 200
- **ATIVIDADES** 201

CAPÍTULO 4 Produção econômica 202
- Principais atividades econômicas 202
  - Indústria 202
  - Agropecuária 205
  - Serviços e comércio 206
- **ATIVIDADES** 207
- **FIQUE POR DENTRO**
  - Poluição atmosférica 208
- **PANORAMA** 210

TEMA 8
Região Sul 212

CAPÍTULO 1 Localização e produção do espaço 214
- Conhecendo o Sul do Brasil 214
- Ocupação e povoamento 214
  - Primeiras ocupações 215
- A importância dos imigrantes 216
- **ATIVIDADES** 217

CAPÍTULO 2 Dinâmica natural 218
- Domínios morfoclimáticos de Mares de Morros, Araucária e Pradarias ... 218
  - Relevo 219
  - Hidrografia 220
  - Clima 221
  - Vegetação 221
- **DIÁLOGO** 222
- **ATIVIDADES** 223

CAPÍTULO 3 Sociedade 224
- A população no espaço geográfico 224
  - Dados da população 225
- Urbanização e regiões metropolitanas 226
- **CARTOGRAFIA** 228
- **DIÁLOGO** 228
- Aspectos culturais 229
- **ATIVIDADES** 230

CAPÍTULO 4 Produção econômica 231
- Principais atividades econômicas 231
  - Agropecuária 232
  - Extrativismo 233
  - Indústria 234
- **ATIVIDADES** 235
- **FIQUE POR DENTRO**
  - Viva a araucária 236
- **PANORAMA** 238
- **REFERÊNCIAS** 240

↓ Representação do continente sul-americano à noite, visto do espaço.

TEMA 1

Território brasileiro

NESTE TEMA
VOCÊ VAI ESTUDAR:

- um panorama geral sobre o Brasil;
- como se deu a formação do território brasileiro;
- os domínios morfoclimáticos do nosso país;
- as formas de regionalização do espaço geográfico do Brasil.

Marit Jentoft-Nilsen/NASA

Você já tinha observado uma imagem da Terra vista do espaço à noite? Esse tipo de imagem é obtido por satélites. Vistos dessa forma, o Brasil e os demais países do continente americano compõem um espaço único, sem fronteiras e divisões políticas. Reflita e responda:

1. Se você deslizasse o dedo sobre a imagem, saberia fazer o contorno do Brasil?
2. O Brasil ocupa uma grande ou uma pequena extensão territorial?
3. Por que alguns pontos do país estão muito mais iluminados do que outros?

CAPÍTULO 1
Brasil: uma abordagem inicial

Neste capítulo, você vai estudar a localização do Brasil e aspectos naturais, econômicos, políticos e culturais de nosso país.

Meu Brasil, brasileiro

Terra de futebol, de praias paradisíacas, de pratos deliciosos, de rica fauna e flora e com povo alegre e cordial! Mas... será que o Brasil é assim, como descrito nesse imaginário coletivo? A ideia que outras nações fazem de nosso país corresponde à realidade? O que é real e o que faz parte apenas de um **estereótipo** sobre o Brasil? Você se sente representado por essas ideias e conceitos?

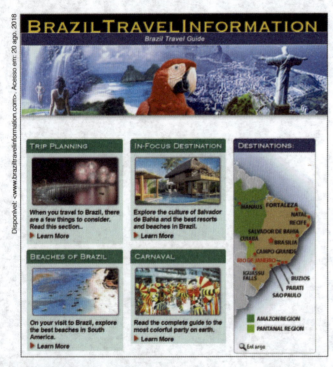

Esta página de internet dos Estados Unidos com informações sobre turismo no Brasil evidencia as paisagens naturais, como cachoeiras, praias e animais silvestres, e festas como Carnaval e *Réveillon*.

Disponível: <www.braziltravelinformation.com>. Acesso em: 20 ago. 2018.

O **território brasileiro** localiza-se ao sul do continente americano e ocupa a grande porção centro-oriental da **América do Sul**. É banhado a leste pelo Oceano Atlântico, formando um extenso litoral, e faz fronteira com vários países.

O **Brasil** é o quinto maior país do mundo em extensão. Essa grande dimensão corresponde a 6% das terras emersas da superfície terrestre.

Confira a localização do Brasil no mapa-múndi da próxima página e observe, em seguida, a tabela da área dos maiores países do mundo.

Com toda essa extensão, você acredita que o Brasil se caracteriza por ser homogêneo? Em outras palavras, você acha que nossa população, cultura, vegetação e clima são iguais em todas as regiões? Lembre-se de tudo o que estudou sobre relevo, clima e formações vegetais no ano anterior: Você diria que os estereótipos atrelados à imagem de nosso território são verdadeiros?

GLOSSÁRIO

Estereótipo: visão ou compreensão generalizada, sem considerar particularidades nem distinguir características próprias, mais sutis.

Fonte: *Atlas geográfico escolar*. 7. ed. Rio de Janeiro: IBGE, 2016. p. 34.

Maiores países e suas áreas (km²) – 2018	
1º Rússia	17 098 240 km²
2º Canadá	9 984 670 km²
3º Estados Unidos	9 831 510 km²
4º China	9 600 001 km²
5º Brasil	8 515 759 km²

← A tabela apresenta os cinco maiores países do mundo e suas respectivas áreas.

Fonte: IBGE Países. Disponível em: <https://paises.ibge.gov.br>. Acesso em: jun. 2018.

Território, limites e fronteiras

Entende-se por **território** a base física e material da paisagem, expressa em determinada extensão, que possibilita o estabelecimento de alguma forma de limite. Assim, consideramos o território como um espaço definido por limites, controlado e administrado internamente pelo **Estado**. O Estado corresponde ao conjunto das instituições que formam a organização político-administrativa de um povo, meio pelo qual as sociedades se organizam.

Os limites territoriais são criados para que um Estado seja delimitado em determinada área do território. As **fronteiras** também são definidas pelos seres humanos. Elas são a faixa do território que acompanha a linha do limite e podem ser indicadas por elementos naturais, como um rio ou uma serra, ou por linhas imaginárias (meridianos e paralelos).

Geralmente, a noção de território está associada ao espaço de um **país**, o que implica a existência de uma **nação** – um povo que tem soberania sobre o espaço que ocupa. A nação é formada por grupos com história e características comuns, por exemplo, o uso de determinada língua ou a presença histórica e continuada no mesmo território.

Os territórios podem ser delimitados de várias maneiras: por meio de tratados, acordos, conflitos sociais etc. Portanto, não são permanentes, já que dependem da ação dos seres humanos no espaço.

Do ponto de vista histórico-cultural, o Brasil é considerado um país **latino-americano**. Os países da América Latina compreendem aqueles que, no continente americano, foram colonizados, predominantemente, por Portugal e Espanha. Há, porém, diversas formas de regionalização de um território, que variam de acordo com os propósitos e as visões de mundo.

Observe no mapa da página a seguir as fronteiras políticas do território brasileiro. Como você pode observar, o Brasil é o maior país da América do Sul e faz limite com quase todos os países dessa porção do continente, exceto com Chile e Equador.

Fonte: *Atlas geográfico escolar.* 7. ed. Rio de Janeiro: IBGE, 2016. p. 41.

Diversidade de paisagens

A diversidade do Brasil é enorme, tanto em aspectos naturais como históricos, sociais e culturais. A interação entre a sociedade brasileira e a natureza pode ser percebida nas diversas paisagens encontradas no país. Os territórios são um produto social, ou seja, é por meio da ação humana no espaço que eles são construídos.

O posicionamento geográfico e a predominância de clima tropical em grande parte do território brasileiro fizeram com que se construísse a imagem de um país tropical, o que ignora a diversidade de paisagens e climas do território, desconsiderando fatores como altitude, massas de ar e correntes marítimas, que influenciam diferentes tipos de clima. Assim, reforçou-se o estereótipo de um paraíso tropical, repleto de florestas e praias paradisíacas.

Apesar de o clima predominante ser tropical, não significa que em todo o país as temperaturas sejam **escaldantes** durante todo o ano, com sol brilhando e tempo propício para pegar praia. Nos estados mais ao sul do Brasil, a temperatura cai bastante no inverno, chegando até mesmo a nevar em alguns municípios. Na região amazônica, há chuvas abundantes, enquanto alguns estados do Nordeste brasileiro sofrem com difíceis períodos de seca.

GLOSSÁRIO

Escaldante: que esquenta demasiadamente.

Compare as fotografias a seguir. Todas retratam espaços diferentes de nosso território. Você diria que elas condizem com o estereótipo do Brasil tropical?

↑ São José dos Ausentes (RS), 2013.

↑ Potiretama (CE), 2017.

Um país de contrastes

A ampla extensão territorial brasileira, de norte a sul, de leste a oeste, propicia, entre muitos aspectos, grande diversidade climática e botânica. É também importante mencionar a imensa variedade de tipos de solo, elemento natural que contribui para a maior diversidade de cultivos de alimentos. Há extensa hidrografia e abundante riqueza mineral, além de um vasto espaço habitável.

No entanto, precisamos também observar o país pela ótica da interação entre a sociedade e a natureza, ou seja, pela perspectiva do espaço geográfico. Nesse sentido, observa-se que não há transporte eficaz e dinâmico para interligar todos os pontos do território. O desequilíbrio ambiental é intenso, com excesso de desmatamento para plantio, uso de madeira e criação de gado. Soma-se a isso a situação das espécies ameaçadas de extinção por causa da destruição dos espaços naturais e do tráfico de animais silvestres.

Em relação à exploração de minérios, não há cuidados satisfatórios para reduzir ou impedir impactos ambientais. A forte poluição atmosférica prejudica a saúde das pessoas e dos animais domésticos, principalmente de quem vive nos grandes centros urbanos. Apesar da imensa riqueza hídrica do país, boa parte da água está poluída, sobretudo pelo lançamento de esgoto doméstico e industrial, o que é extremamente preocupante. Para limpar a água poluída, é necessária a implantação de um sistema de saneamento básico amplo; caso contrário, a falta de tratamento adequado gera riscos à saúde. Outro grave problema envolve a grande produção de lixo (resíduos sólidos), porque o país recicla pouco. Há também derrame de petróleo no mar, que prejudica o ambiente marinho. E, acima de tudo, as desigualdades socioeconômicas são bastante acentuadas.

Você pode perceber, portanto, que é complicado reduzir o Brasil a estereótipos, sejam eles de ordem natural, social, ambiental ou econômica. Nosso país é vasto, cheio de contrastes e diversidades que o tornam único. Estudar cada uma de suas peculiaridades é importante para compreender o espaço em que vivemos.

ATIVIDADES

SISTEMATIZAR

1. Anote no caderno apenas as afirmações verdadeiras sobre o Brasil.

   a) O Brasil tem pouca diversidade de riquezas naturais em razão de sua pequena extensão.

   b) O Brasil é o quinto maior país do mundo em extensão.

   c) A localização geográfica e a vasta extensão territorial do Brasil implicam grande variedade de paisagens em seu espaço geográfico.

   d) O Brasil localiza-se na porção centro-oriental da América do Sul.

   e) O Meridiano de Greenwich atravessa o território brasileiro.

   f) As terras brasileiras ocupam parte dos hemisférios Norte e Sul.

   g) O Brasil é o maior país em extensão territorial do continente americano.

2. Identifique os países que fazem fronteira com o Brasil:

   a) ao norte;
   b) a noroeste;
   c) a oeste;
   d) a sudoeste;
   e) ao sul;
   f) a nordeste, leste e sudeste.

3. Defina com suas palavras:

   a) território;
   b) Estado;
   c) fronteira;
   d) nação.

REFLETIR

1. Observe o mapa e responda: De que forma ele o ajuda a entender melhor o tamanho do território brasileiro?

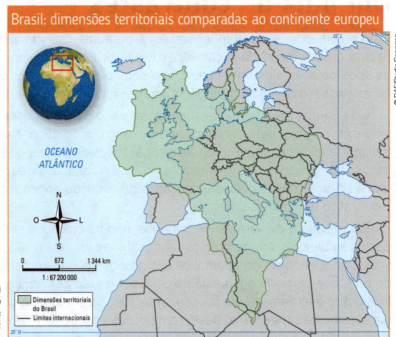

Brasil: dimensões territoriais comparadas ao continente europeu

Fonte: Hervé Théry e Neli Aparecida de Mello. *Atlas do Brasil: disparidades e dinâmicas do território*. 2. ed. São Paulo: Edusp, 2008. p. 19.

DESAFIO

1. Você já ouviu a expressão "do Oiapoque ao Chuí"? Ela é usada geralmente quando se quer dar ênfase a todo o território brasileiro, de "ponta a ponta". Mas será que está correta? Quais são os pontos extremos do Brasil? Pesquise e descubra quais são, em todas as direções cardeais: norte, sul, leste e oeste.

CAPÍTULO 2 — Formação do território brasileiro

No capítulo anterior, você estudou a localização do Brasil, os conceitos de território, fronteira, limite e nação e alguns estereótipos vinculados a nosso país. Neste capítulo, você vai estudar a ocupação e formação do território brasileiro e a história da organização político-administrativa do Brasil.

Ocupação das terras brasileiras

Como vimos no capítulo anterior, Brasil é um país com território muito extenso. O espaço geográfico brasileiro, consequência da interação entre os seres humanos e a natureza, está intimamente relacionado às dinâmicas de disputa e apropriação das terras que ocorreram a partir da chegada dos portugueses, no século XVI. O território atual do Brasil foi se definindo no decorrer de mais de 500 anos de história, desde sua ocupação pelos portugueses até as mudanças políticas mais recentes ocorridas no país. Observe o mapa a seguir, elaborado em 1502. Perceba qual era a noção de território que os portugueses tinham na época que chegaram às terras brasileiras.

↑ Mapa de Cantino, 1502. Primeiro mapa com a configuração geral da costa meridional da América do Sul. Também é considerado o primeiro a representar as terras que viriam a ser o Brasil.

Antes da chegada dos colonizadores, a paisagem que hoje é o Brasil era dominada por uma natureza pouco transformada. Estima-se que viviam aqui mais de mil povos indígenas, com diferentes línguas, costumes e tipos de organização social, e que somavam cerca de 8 milhões de pessoas. Esses povos sobreviviam de extrativismo e agricultura, sendo, em sua maior parte, seminômades.

A ocupação dos europeus causou a expulsão dos povos nativos de áreas próximas ao litoral, com a finalidade de realizar atividades econômicas como a extração de pau-brasil e o cultivo de cana-de-açúcar, com foco na exportação para outros países. Essa ocupação foi alterando a paisagem, as dinâmicas e a produção do espaço geográfico, o que levou, entre outros aspectos, à configuração territorial do Brasil de hoje.

Todo esse processo foi marcado por conflitos e intensas disputas de poder – que perduram até a atualidade – envolvendo questões agrárias, políticas, econômicas, sociais, étnicas e ideológicas.

Primeiras divisões territoriais

O **Tratado de Tordesilhas**, assinado em 1494, marca uma das primeiras tentativas de divisão e marcação das novas terras conquistadas no Ocidente pelas principais potências expansionistas da época. Por meio desse tratado, estabelecido entre Portugal e Espanha, as terras que formariam o Brasil foram divididas entre os dois países.

O tratado estabelecia que, a 370 léguas a oeste do Arquipélago de Cabo Verde (África), passaria uma linha imaginária. As terras a leste dessa linha pertenceriam a Portugal; as que estivessem a oeste pertenceriam à Espanha, como mostrado na imagem ao lado.

> **GLOSSÁRIO**
>
> **Fidalgo:** indivíduo com título de nobreza; nobre; aristocrata.

Fonte: Cláudio Vicentino. *Atlas histórico: geral e Brasil*. São Paulo: Scipione, 2011. p. 101; José Jobson de A. Arruda. *Atlas histórico básico*. 17. ed. São Paulo: Ática, 2011. p. 20.

Em 1500, quando os portugueses chegaram ao Brasil, a extensão territorial que era ocupada pelos povos nativos indígenas foi sendo modificada do litoral para o interior, já que a chegada dos europeus se deu em caravelas, pelo oceano. A partir do século XVII, o interior do território foi progressivamente ocupado por colonos, de modo que o limite reservado a Portugal pelo Tratado de Tordesilhas começou a ser ultrapassado.

Então, em 1530, a Coroa portuguesa efetivou a colonização no Brasil. Para uma ocupação em grande escala, entre os anos de 1534 e 1536, o governo português doou terras a **fidalgos** e a comerciantes portugueses que tinham dinheiro e escravos para o trabalho. Essas áreas, que poderiam ser transferidas aos herdeiros, levaram à divisão do território em 15 **capitanias hereditárias**. Observe o mapa ao lado, que representa essa divisão.

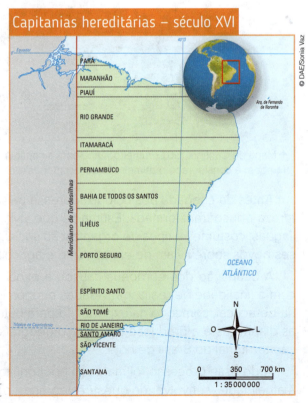

Fonte: Cláudio Vicentino. *Atlas histórico geral e do Brasil*. São Paulo: Scipione, 2011. p. 100.

Atividades econômicas na formação do território

O desenvolvimento de diferentes atividades econômicas ao longo dos séculos foi o principal motor da expansão territorial brasileira. A exploração do pau-brasil, para comercializar com a Europa, foi uma das primeiras atividades desenvolvidas pelos portugueses, tornando-se uma importante fonte de rentabilidade.

Durante o século XVI, a ocupação efetiva do território pelos portugueses limitava-se apenas ao litoral. A produção de açúcar tornou-se a principal atividade econômica da colônia até por volta de 1680, e foi responsável pela ocupação e pelo povoamento do território no período. Para a realização do trabalho nos engenhos, africanos eram capturados e trazidos contra a vontade para a colônia portuguesa. Até o século XIX, a economia era quase exclusivamente movida pela força braçal escravizada.

Nos séculos seguintes, a expansão do território foi marcada por diferentes motivos e de várias formas. A descoberta do ouro deixou sua contribuição para a ocupação do interior, sobretudo em áreas pertencentes aos atuais estados de Minas Gerais e Goiás. A exploração dessas riquezas impulsionou fortemente o desenvolvimento local, dando origem a diversas outras atividades, como uma agricultura e uma pecuária voltadas às necessidades da população da região mineradora.

Na atual Região Norte, ao lado das missões religiosas dos padres jesuítas, iniciou-se a atividade extrativa de produtos para serem comercializados na Europa, as chamadas drogas do sertão (castanha-do-pará, guaraná, louro, entre outras).

No século XVIII, foram assinados muitos tratados que delimitaram as fronteiras brasileiras. Alguns exemplos são o Tratado de Utrecht, que definiu o Rio Oiapoque como limite entre o Brasil e a Guiana Francesa; o Tratado de Madri, legalizando a ocupação territorial portuguesa em direção às áreas situadas ao centro, a oeste e ao sul do Brasil, além de incorporar terras da região amazônica; e o Tratado de Santo Ildefonso, que estabeleceu que a parte oeste do atual estado do Rio Grande do Sul (Sete Povos das Missões), ocupada por colonos portugueses, pertenceria à Espanha.

Até a Independência do Brasil, em 1822, algumas terras ainda não faziam parte do território brasileiro, sendo incorporadas alguns anos mais tarde, como você pode observar no mapa ao lado.

Ao longo do século XIX, o estímulo ao processo migratório para o sul e sudeste contribuiu para o povoamento e a efetiva incorporação dessa região ao território brasileiro. O cultivo do café contribuiu para o povoamento e estimulou o surgimento de várias cidades. A ocupação da Amazônia, devido à extração do látex para a produção de borracha, também levou uma grande quantidade de migrantes nordestinos à região.

Fonte: José Jobson de A. Arruda. *Atlas histórico básico*. 17. ed. São Paulo: Ática, 2011. p. 40.

CARTOGRAFIA

1. Observe os mapas e relacione o avanço das atividades econômicas com a ocupação do território brasileiro.

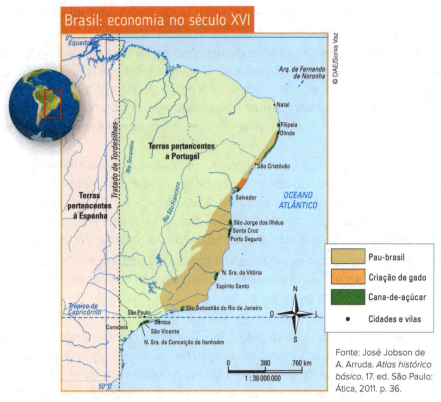

Fonte: José Jobson de A. Arruda. *Atlas histórico básico*. 17. ed. São Paulo: Ática, 2011. p. 36.

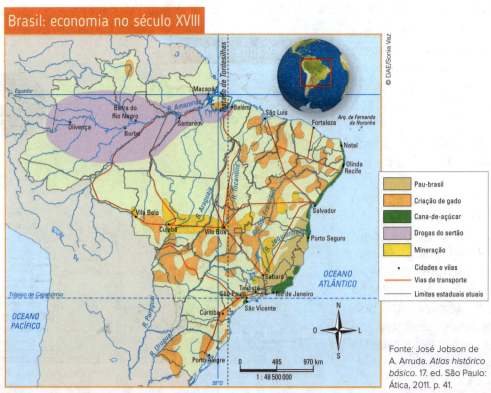

Fonte: José Jobson de A. Arruda. *Atlas histórico básico*. 17. ed. São Paulo: Ática, 2011. p. 41.

A organização político-administrativa do Brasil

O Brasil é hoje uma **república federativa presidencialista**. Ser uma república significa ter um representante eleito para governar o país por determinado período. Em nosso país, esse representante é eleito pelo voto obrigatório, secreto e direto, e o eleito atua como chefe de Estado e de governo, no papel de presidente da República. Além do governo federal, há os governos das 27 unidades federativas (26 estados e um Distrito Federal) e dos municípios.

No Brasil, as unidades federativas estão associadas ao governo central, mas com leis próprias e governo estadual eleito, subordinados à **Constituição federal** e ao governo central.

Observe no mapa político do Brasil a configuração atual dos estados brasileiros e as respectivas capitais.

> **GLOSSÁRIO**
>
> **Constituição federal:** conjunto de leis que regem o país; regula os direitos e os deveres do Estado e dos cidadãos.

Fonte: *Atlas geográfico escolar.* 7. ed. Rio de Janeiro: IBGE, 2016. p. 90.

FORMAÇÃO CIDADÃ

Democracia é um regime político que consiste na participação popular na vida política de uma nação. O voto é um dos quesitos da democracia e uma das mais importantes ferramentas para o exercício da cidadania. Com a Constituição de 1988, restaurou-se a democracia no Brasil e, em 1989, foi realizada a primeira eleição direta para presidente da República depois de 29 anos, ou seja, a população votou para escolher o presidente.

1. Faça uma pesquisa sobre o direito das mulheres e dos analfabetos ao voto no Brasil, os casos em que há voto facultativo e a importância da escolha consciente dos representantes políticos para a comunidade local e para a nação. Debata esses temas com os colegas.

ATIVIDADES

SISTEMATIZAR

1. Explique a frase a seguir: "A configuração do território brasileiro se definiu historicamente".

2. Qual é a atual organização político-administrativa do Brasil? E qual foi a primeira forma de organização brasileira? Compare-as.

3. Caso não tivesse ocorrido a expansão portuguesa a oeste da linha do Tratado de Tordesilhas, o estado em que você mora estaria submetido à soberania portuguesa ou espanhola?

REFLETIR

1. Elabore uma legenda para indicar as principais atividades econômicas que foram responsáveis pelo avanço da ocupação do território brasileiro.

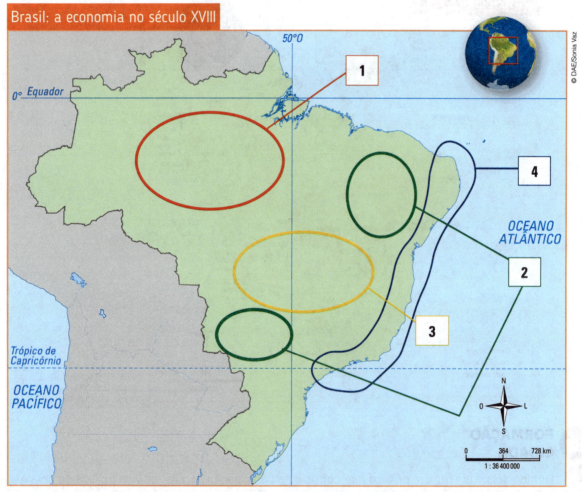

Fonte: José Jobson de Arruda. *Atlas histórico básico*. 17. ed. São Paulo: Ática, 2011. p. 41.

DESAFIO

1. Faça uma pesquisa sobre o Barão do Rio Branco. Quem foi e qual é sua importância para a construção do território brasileiro?

CAPÍTULO 3
Regiões naturais do Brasil

> No capítulo anterior, você estudou a história da formação do território brasileiro e sua divisão político-administrativa. Neste capítulo, você vai estudar as regiões naturais do Brasil e seus domínios morfoclimáticos.

Domínios morfoclimáticos

No vasto território brasileiro, há paisagens bastante diversificadas, como você pode observar nas fotografias a seguir. Por isso, o espaço geográfico do Brasil é dividido em regiões.

↑ Mar de Morros em Ladainha (MG), 2018.

↑ Parque Nacional da Lagoa do Peixe. Rio Grande do Sul, 2018.

Define-se **região** como uma área dotada de características próprias, que faz parte de um espaço maior. Qualquer espaço pode ser regionalizado de várias formas. O critério escolhido para isso depende do que se pretende analisar ou enfatizar. As áreas demarcadas pelo Tratado de Tordesilhas, as capitanias hereditárias e os espaços de produção econômica, vistos anteriormente, podem ser considerados exemplos de regionalização do espaço brasileiro. Na regionalização, são estabelecidos limites (naturais ou não) ao espaço, por meio de critérios apropriados a cada situação e ao momento histórico. Outro exemplo é a regionalização do Brasil com base em seus elementos naturais muito variados.

Como os elementos naturais (relevo, clima, vegetação, hidrografia, solos) que compõem as paisagens são interdependentes e interagem entre si, essa combinação resulta na formação de espaços diferenciados, denominados **domínios morfoclimáticos**. Eles são assim chamados porque o relevo – a forma da superfície da Terra (*morfo*, de origem grega, significa "forma") – e o clima são fatores determinantes em sua formação.

Aziz Ab'Saber, importante geógrafo brasileiro, identificou a predominância de seis domínios morfoclimáticos no Brasil: **Amazônico**, **Cerrado**, **Mares de Morros**, **Caatinga**, **Araucária** e **Pradarias**. Entre um domínio e outro, existem as chamadas áreas de transição. Nelas, há uma composição entre elementos de um e de outro tipo de domínio que ocorrem de forma combinada. Observe no mapa de domínios morfoclimáticos da página seguinte como está estabelecida essa regionalização.

Embora seja uma regionalização com base em combinação de elementos naturais, não podemos desprezar a interação da sociedade nesses espaços porque os seres humanos atuam neles constantemente. Alguns desses domínios foram bastante modificados pelas atividades antrópicas.

Para compreender melhor as características de cada domínio, que serão apresentadas nas próximas páginas, você deve consultar também os mapas de relevo e de clima do Brasil, a seguir, os quais você já estudou no ano anterior. As especificidades de cada domínio serão abordadas mais à frente, no estudo das regiões brasileiras.

Fonte: Aziz Ab'Sáber. *Os domínios de natureza no Brasil: potencialidades paisagísticas*. 7. ed. São Paulo: Ateliê Editorial, 2012. p. 16.

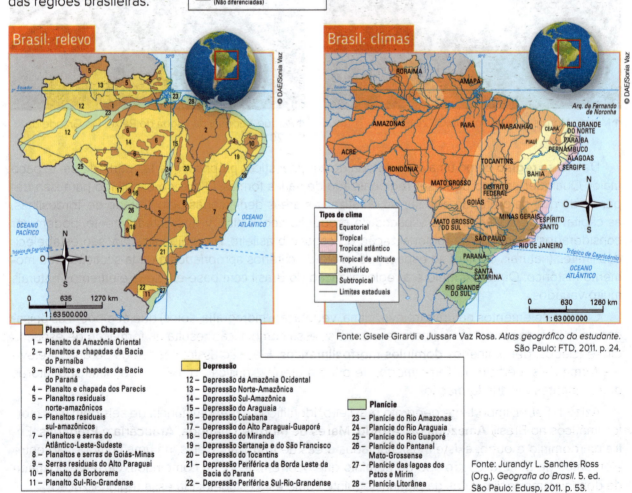

Fonte: Gisele Girardi e Jussara Vaz Rosa. *Atlas geográfico do estudante*. São Paulo: FTD, 2011. p. 24.

Fonte: Jurandyr L. Sanches Ross (Org.). *Geografia do Brasil*. 5. ed. São Paulo: Edusp, 2011. p. 53.

Características dos domínios morfoclimáticos

Amazônico

No relevo desse domínio, prevalecem as baixas altitudes (planícies, depressões e baixos planaltos). O clima é equatorial: quente e úmido durante o ano todo. Predominam uma exuberante floresta equatorial, a Floresta Amazônica, e uma rica rede hidrográfica, como você pode observar na fotografia ao lado. Os espaços naturais associados são os campos e os cerrados.

↑ Domínio Amazônico. São Félix do Xingu (PA), 2016.

↑ Domínio do Cerrado. Cavalcante (GO), 2017.

Cerrado

É formado por extensos planaltos, depressões e chapadas. Nessa região, predomina o clima tropical, com duas estações marcantes: verão chuvoso e inverno seco. Destacam-se dois tipos de vegetação: uma arbustiva, com árvores de médio e pequeno porte e galhos e troncos retorcidos, e outra do tipo herbácea, denominada cerrado, com algumas variações de campo cerrado e cerradão.

Mares de Morros

Localizado na faixa litorânea, é formado pelos planaltos e serras do Atlântico Leste-Sudeste; por isso, é denominado Mares de Morros. Esse aspecto resultou do intemperismo e da erosão no relevo, que modelaram as montanhas deixando-as em formato de "meia-laranja". O clima é tropical úmido: quente e com chuvas ao longo do ano.

Esse domínio foi o mais alterado pelos seres humanos. Nele, predominava a Mata Atlântica, associada a outros espaços naturais como araucárias, mangues, restingas etc.; hoje, ela está bem reduzida.

↓ Domínio de Mares de Morros. Teresópolis (RJ), 2015.

Caatinga

Esse domínio é característico do interior do Nordeste brasileiro. O relevo é formado por depressões e planaltos. O clima é predominantemente semiárido: quente e seco. Nele, desenvolve-se a caatinga, na qual se destacam as espécies xerófitas, adaptadas aos lugares secos, como cactáceas e arbustos espinhentos, que você pode observar na imagem ao lado.

→ Domínio da Caatinga. Buíque (PE), 2014.

Araucária

Localizado, principalmente, nos planaltos da Região Sul do país. O clima é subtropical, caracterizado por quatro estações do ano bem definidas e por ser o mais frio do país. A Mata de Araucárias, formada por pinheiros, predomina na região, apesar de ter sido bastante devastada ao longo do tempo.

← Domínio de Araucária. São José dos Ausentes (RS), 2017.

Pradarias

Composto de campos com vegetação herbácea, esse domínio é também conhecido como Pampa ou Campanha Gaúcha. O relevo é predominantemente de planícies, embora apareçam algumas ondulações no terreno, conhecidas como coxilhas. O clima é subtropical.

→ Domínio das Pradarias. São Francisco de Paula (RS), 2016.

AQUI TEM MAIS

Sistema Nacional de Unidades de Conservação

O Sistema Nacional de Unidades de Conservação (Snuc) foi criado, no ano 2000, pela Lei nº 9.985/2000 e tem várias funções, como promover o desenvolvimento sustentável e a educação ambiental, bem como proteger e restaurar espaços naturais degradados. Seu objetivo é criar, implantar e gerir as Unidades de Conservação no Brasil.

As Unidades de Conservação (UCs) são áreas criadas para preservar a biodiversidade dos diferentes domínios brasileiros e conservar os recursos naturais essenciais à sobrevivência do ser humano e as paisagens de grande beleza cênica. Essas reservas são divididas em dois grandes grupos: Unidades de Proteção Integral e Unidades de Uso Sustentável.

Nas Unidades de Proteção Integral não deve haver consumo, coleta, dano ou destruição dos recursos naturais. Exemplos desse tipo de UC são os parques nacionais e as estações ecológicas. Nesses espaços, portanto, não é permitida nenhuma atividade humana além do turismo e da pesquisa científica.

Já nas Unidades de Uso Sustentável busca-se conciliar a conservação da natureza com o uso sustentável dos recursos naturais, sendo possível habitar esses espaços e exercer, em algumas delas, atividades econômicas, como o extrativismo, além do turismo e da pesquisa científica. São exemplos de Unidades de Uso Sustentável as áreas de proteção ambiental, as reservas extrativistas e as florestas nacionais.

Fonte: Ministério do Meio Ambiente. *Sistema Nacional de Unidades de Conservação da Natureza (Snuc) – 2016*. Disponível em: <www.mma.gov.br/areas-protegidas/cadastro-nacional-de-ucs/mapas>. Acesso em: jul. 2018.

1. Em sua opinião, qual é a importância das Unidades de Conservação?

2. Observe o mapa e indique onde há grande concentração de parques nacionais, reservas biológicas e reservas extrativas. Depois, faça uma análise específica das Unidades de Conservação de seu estado.

ATIVIDADES

SISTEMATIZAR

1. Observe as frases que se referem à localização dos domínios morfoclimáticos do Brasil e identifique os números correspondentes indicados no mapa.

   a) O Domínio do Cerrado se concentra principalmente na Região Centro-Oeste, mas pode ser encontrado também em áreas das regiões Norte, Nordeste e Sudeste.

   b) Na porção sul do estado do Rio Grande do Sul identifica-se a maior ocorrência do Domínio das Pradarias.

   c) Na região Norte predomina o Domínio Amazônico, que também ocorre em trechos do Centro-Oeste e do Nordeste, principalmente no oeste do estado do Maranhão.

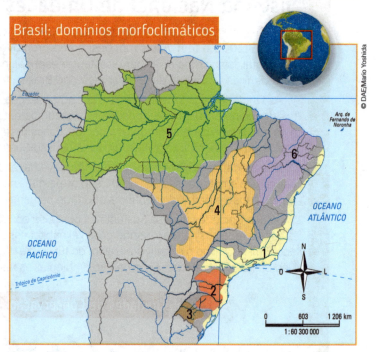

Fonte: Aziz Ab'Sáber. *Os domínios de natureza no Brasil: potencialidades paisagísticas.* 7. ed. São Paulo: Ateliê Editorial, 2012. p. 16.

   d) O Domínio das Araucárias predomina nas partes mais elevadas, em planaltos da Região Sul.

   e) O Domínio da Caatinga, característico do Sertão nordestino, também ocorre no norte de Minas Gerais, na Região Sudeste.

   f) O Domínio dos Mares de Morros é característica marcante da porção mais próxima ao litoral do país e se interioriza um pouco mais na Região Sudeste.

2. Explique por que o tipo de cobertura vegetal e sua localização estão associados ao clima. Cite um exemplo de caso brasileiro.

REFLETIR

1. Em qual domínio morfoclimático o município que você mora está localizado? Como o clima influencia no tamanho e no tipo de cobertura vegetal?

DESAFIO

1. Você estudou as características de cada domínio morfoclimático do Brasil. Agora, com os colegas, verifiquem seus conhecimentos sobre este capítulo por meio de um jogo de imagens. O professor organizará a turma em seis grupos, um para cada domínio morfoclimático. Vocês pesquisarão imagens que façam referência a cada domínio. A imagem do domínio deve ter, obrigatoriamente, componentes naturais que possam ser identificados pelos colegas dos outros grupos. Cada grupo apresentará uma imagem por vez ao restante da turma e o grupo que se manifestar primeiro deve identificá-la pelo nome e justificar a escolha. O grupo que identificar corretamente o maior número de domínios morfoclimáticos vence o jogo.

CAPÍTULO

4 Regionalização brasileira

No capítulo anterior, você estudou as paisagens brasileiras e os domínios morfoclimáticos. Neste capítulo, você vai estudar a regionalização oficial do Brasil, as mudanças ocorridas ao longo do tempo nessa classificação e os complexos regionais.

Regionalizar para compreender

Neste momento de seus estudos em Geografia, você já deve conhecer as principais regiões que compõem o território brasileiro. Talvez você tenha algumas ideias preconcebidas sobre outras regiões diferentes daquela onde vive, influenciado por informações que circulam nos meios de comunicação. Você consegue citar algumas delas? Sabe por que é preciso dividir o território brasileiro em regiões? Conhece outra regionalização além da que é comumente usada?

Como você já estudou, no Brasil há grande diversidade de paisagens. Disso surgiu a necessidade de agrupar áreas semelhantes para analisá-las melhor e entender a dinâmica do país. Dividi-lo em regiões, ou estabelecer uma **regionalização**, facilita o estudo e a compreensão de vários aspectos: naturais, sociais, culturais e econômicos.

A regionalização do IBGE

As primeiras divisões regionais do Brasil foram elaboradas pelo **Instituto Brasileiro de Geografia e Estatística (IBGE)**. A regionalização estabelecida em 1945 priorizava as particularidades naturais dos estados agrupados, ou seja, a divisão regional agrupava os estados que apresentavam, sobretudo, clima, vegetação e relevo semelhantes. Assim, estabeleceram-se cinco grandes regiões (duas delas com divisões internas): Norte, Nordeste Ocidental e Nordeste Oriental, Leste Setentrional e Leste Meridional, Centro-Oeste e Sul. Observe essas regiões no mapa ao lado.

Por causa das transformações ocorridas no espaço e na sociedade brasileira, na década de 1960 o IBGE apresentou uma nova regionalização do país, oficializada em 1970. Nesse período, os estados de São Paulo e Rio de Janeiro já tinham uma característica semelhante: nos espaços de suas principais cidades, formava-se uma paisagem urbano-industrial.

Fonte: Gisele Girardi e Jussara Vaz. *Atlas geográfico do estudante*. São Paulo: FTD, 2011. p. 21.

Assim, a nova regionalização foi fundamentada tanto nos critérios naturais quanto nos critérios sociais, culturais, políticos e econômicos. Isso significa que foi considerada também a ação do ser humano na construção do espaço, como as atividades econômicas e o modo de vida da população, para determinar quais estados brasileiros fariam parte da mesma região. Definiram-se, então, as cinco regiões político-administrativas: **Norte**, **Nordeste**, **Centro-Oeste**, **Sudeste** e **Sul**.

Entretanto, como o espaço geográfico é dinâmico e a sociedade o modifica constantemente, ocorreram alterações internas na divisão regional brasileira, mas a denominação das regiões foi mantida. Assim, atualmente o IBGE divide oficialmente o Brasil em cinco grandes regiões. Cada uma é composta de estados que têm características comuns nos aspectos naturais, sociais e econômicos.

Se compararmos o mapa político atual do Brasil com o da divisão regional do IBGE da década de 1970, perceberemos as seguintes alterações político-administrativas no decorrer dos anos:

- o Estado da Guanabara foi unido ao do Rio de Janeiro (1974);
- criação do estado de Mato Grosso do Sul (1979), desmembrado do estado de Mato Grosso;
- criação do estado de Tocantins (1988) – desmembrado do estado de Goiás –, que passou a fazer parte da Região Norte em virtude da semelhança com os estados dessa região;
- os territórios federais de Rondônia (1981), Amapá e Roraima (1988) passaram à categoria de estado;
- o território federal de Fernando de Noronha (1988) passou a pertencer ao estado de Pernambuco.

A regionalização do IBGE delimita as cinco regiões com base na divisa entre os estados, mesmo que não estabeleça o início ou o fim de determinada paisagem natural ou de espaços produzidos pela sociedade. Muito utilizada, a regionalização do IBGE é empregada com frequência para fins didáticos e estatísticos, quando o governo faz levantamentos de dados sobre a população e a economia do país, por exemplo. É de acordo com essa divisão de regiões político-administrativas que você estudará, nos próximos temas, a diversidade do Brasil.

Fonte: Gisele Girardi e Jussara Vaz. *Atlas geográfico do estudante*. São Paulo: FTD, 2011. p. 21.

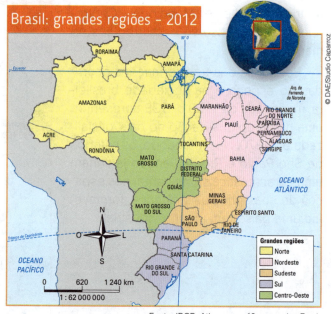

Fonte: IBGE. *Atlas geográfico escolar*. 7. ed. Rio de Janeiro: IBGE, 2016. p. 94.

CARTOGRAFIA

Uma das finalidades da regionalização é a necessidade dos governos de organizar e planejar as ações sobre o território de sua jurisdição. Por meio dos dados estatísticos levantados, o governo federal pode, por exemplo, compreender qual região necessita de maiores investimentos em determinada área.

Observe os gráficos a seguir.

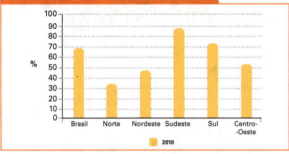

Percentual de domicílios com rede geral de esgoto ou fossa – 2010

Fonte: IBGE. *Censo Demográfico 2010*. Rio de Janeiro: IBGE, 2012.

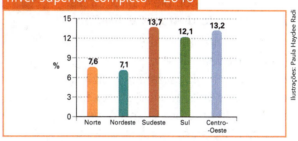

Percentual de pessoas com 25 anos de idade ou mais com nível superior completo – 2010

Fonte: IBGE. *Censo Demográfico 2010*. Rio de Janeiro: IBGE, 2012.

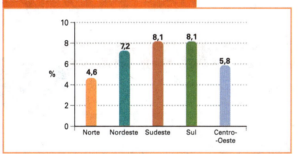

Percentual de pessoas com mais de 65 anos de idade – 2010

Fonte: IBGE. *Censo Demográfico 2010*. Rio de Janeiro: IBGE, 2012.

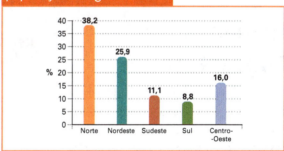

Distribuição percentual de população indígena – 2010

Fonte: IBGE. *Censo Demográfico 2010*. Rio de Janeiro: IBGE, 2012.

1. Qual grande região precisa de maior investimento na educação superior, como a construção de novas universidades e a contratação de mais docentes?

2. Qual grande região precisa cuidar mais da população idosa, com foco na saúde geriátrica?

3. O debate de políticas públicas específicas para a população indígena é mais necessário em qual região?

4. O investimento público na construção e manutenção da rede de esgoto é mais urgente em qual região?

5. Observando os gráficos e considerando a região onde você vive, o que é possível concluir? Falta investimento e planejamento em alguma das áreas citadas?

29

Outras divisões regionais

Os complexos regionais

Observe a regionalização apresentada no mapa ao lado. Em quantas regiões o Brasil está dividido? Como estão estabelecidos os limites entre elas?

De acordo a regionalização geoeconômica, o Brasil está dividido em três grandes complexos regionais: **Amazônia**, **Nordeste** e **Centro-Sul**.

Apresentada em 1967 pelo geógrafo brasileiro Pedro Pinchas Geiger, essa regionalização utiliza o critério socioeconômico e está fundamentada no processo histórico de desenvolvimento econômico de cada região nas últimas décadas. Para agrupar e delimitar as regiões, não foi utilizado o limite político-administrativo entre os estados, pois nem todo estado é social e economicamente homogêneo.

Fonte: IBGE. Disponível em: <http://atlasescolar.ibge.gov.br/images/atlas/mapas_brasil/brasil_regioes_geoeconomicas.pdf>. Acesso em: ago. 2018.

Região Concentrada

Outra divisão regional do Brasil foi proposta pelos geógrafos Milton Santos e Maria Laura Silveira. Essa divisão considera a dinâmica industrial, financeira e de circulação, assim como as redes de informação do país. Com base nesses critérios, formam-se quatro regiões: **Amazônia**, **Nordeste**, **Centro-Oeste** e **Concentrada**.

A Região Concentrada recebeu esse nome porque é onde se concentram o potencial industrial do país e as infraestruturas técnicas desenvolvidas para sustentá-lo, o que faz dela a região que comanda a economia do país.

Fonte: Milton Santos e Maria Laura Silveira. *O Brasil: território e sociedade no início do século XXI*. 16. ed. Rio de Janeiro: Record, 2012. p. 64.

ATIVIDADES

SISTEMATIZAR

1. Reproduza o quadro a seguir no caderno e complete-o comparando, em relação a cada aspecto indicado, a regionalização do IBGE proposta em 1945 com a proposta de 1969.

	1945	1969
Critérios		
Nome das regiões		

2. Qual foi o critério utilizado para dividir o Brasil em complexos regionais? Quais são os complexos?

3. Segundo as regiões estabelecidas pelo IBGE e pelos complexos regionais, onde se localiza o estado em que você mora?

REFLETIR

1. Leia o texto a seguir e observe o mapa. Por meio da leitura, considerando a regionalização e a divisão administrativa do Brasil, é possível chegar a algumas conclusões. Em seguida, faça o que se pede.

> Entre as regiões, a Norte, com 3 853 676,948 de km², é a maior, e a Sul, com 576 774,310, é a menor. Enquanto a primeira é maior que a Índia, o sétimo maior país do mundo, a Região Sul supera a extensão da França, o 47º.
>
> Vinícius Soares. IBGE atualiza área oficial de municípios, estados e regiões do Brasil. *EBC*, 23 jan. 2013. Disponível em: <http://memoria.ebc.com.br/agenciabrasil/noticia/2013-01-23/ibge-atualiza-area-oficial-de-municipios-estados-e-regioes-do-brasil>. Acesso em: jul. 2018.

a) O que mais chamou sua atenção no texto? Justifique sua resposta.

b) Indique qual região no mapa é representada pela cor:
- verde;
- rosa;
- amarela;
- roxa;
- laranja.

c) Qual região tem o maior e o menor número de municípios?

d) Com base nas informações do texto, pode-se concluir que a região com maior extensão territorial é a que tem o maior número de municípios? Justifique a resposta.

Fontes: *Atlas geográfico escolar*. 7. ed. Rio de Janeiro: IBGE, 2016. p. 94; IBGE. Sinopse do Censo demográfico. Disponível em: <https://censo2010.ibge.gov.br/sinopse/>. Acesso em: jul. 2018.

O Poder Executivo

PODER

Presidente(a)

Secretário(a)

Prefeito(a)

Presidente(a): chefe de Estado e de governo, representa o Poder Executivo em âmbito nacional. É responsável por:
- promover o bem geral da nação;
- manter, defender e cumprir a Constituição;
- nomear ministros(as) e, com eles(as), definir um plano de governo;
- sancionar, promulgar e fazer publicar as leis, bem como expedir decretos e regulamentos, além de vetar ou não projetos de lei vindos do Congresso.

PODER EXECUTIVO MUNICIPAL

Secretário(a) municipal

O Brasil é uma República Federativa Presidencialista, cujo governo é dividido em três poderes:
- **Poder Legislativo:** cria as leis que governam os municípios, os estados e a União;
- **Poder Executivo:** tem a função de executar as leis e de implementar outras, segundo a necessidade do Estado e da sociedade;
- **Poder Judiciário:** julga ações com base na legislação vigente.

Prefeito(a): representante do município pelo qual foi eleito(a). É responsável por:
- administrar recursos do município visando ao bem da população local;
- atuar no governo do estado para manter e fazer cumprir as leis no município;
- prestar contas dos projetos municipais à população.

Secretários(as) municipais: pessoas escolhidas pelo(a) prefeito(a) para ajudá-lo(a) a administrar o município.

32

EXECUTIVO NACIONAL

Ministro(a)

Órgãos públicos

Ministros(as) e secretários(as): pessoas escolhidas pelo(a) presidente(a) para ajudá-lo(a) a administrar o país. Atuam da seguinte forma:
- cada um(a) dos(as) ministros(as) é responsável por uma parte da administração do Poder Executivo, como Fazenda, Saúde, Turismo e outros. Além disso, auxiliam e aconselham o(a) presidente(a);
- os(as) secretários(as) atendem em áreas de interesse social, como a Secretaria Especial dos Direitos Humanos.

Governador(a)

Sob o controle do Executivo há também os **órgãos públicos** e estruturas como o Banco Central, que auxiliam o governo a administrar o país. As Forças Armadas e o Ministério Público servem, respectivamente, para defender a nação por meio do Exército e garantir o acesso dos cidadãos à Justiça.

PODER EXECUTIVO ESTADUAL

Secretário(a) estadual

1. Quais são os três poderes que compõem o governo brasileiro? Qual é a função de cada um deles?

2. Quem são, respectivamente, os representantes do Poder Executivo estadual e municipal do lugar onde você mora? Indique o período de mandato de cada um deles.

Secretários(as) estaduais: pessoas escolhidas pelo(a) governador(a) para ajudá-lo(a) a administrar o estado; atuam no estado como ministros(as).

Sob o comando do(a) governador(a) também estão as polícias Civil e Militar.

Governador(a): representante máximo(a) do governo estadual, auxiliado(a) pelos(as) secretários(as) de estado. É responsável por:
- ser o(a) principal porta-voz do estado perante a União;
- propor e aprovar as leis votadas pela Assembleia Legislativa Estadual;
- executar o orçamento estadual formulado com os(as) deputados(as) estaduais e distribuir os recursos nas diferentes áreas da administração pública, visando ao bem da população.

Fontes: O Poder Executivo. Governo do Brasil. Disponível em: <www.brasil.gov.br/editoria/cidadania-e-inclusao/2010/11/o-poder-executivo>; Como funciona o Poder Executivo. Toda Política. Disponível em: <www.todapolitica.com/poder-executivo/>. Acessos em: jul. 2018.

PANORAMA

FAÇA AS ATIVIDADES A SEGUIR E REVEJA O QUE VOCÊ APRENDEU.

1. No caderno, escreva primeiro uma síntese com os dados gerais do Brasil: área, população total, capital, idioma, moeda, hemisférios em que se localiza e continente. Depois, faça uma colagem com imagens brasileiras que retratem as paisagens naturais e culturais do país. Atenção: elabore uma legenda para cada imagem.

2. Antes da chegada dos portugueses, o Brasil já era habitado pelos povos originários que aqui viviam. Quem eram esses povos? Como eles viviam? Qual era a relação deles com o espaço geográfico?

3. Qual foi a divisão interna estabelecida em 1534 para as terras que hoje compõem o Brasil?

4. Quais foram as primeiras atividades econômicas ocorridas em nosso território, que deram origem à apropriação e ao povoamento do Brasil? Onde elas ocorreram?

5. É importante que o Brasil esteja dividido em regiões? Explique.

6. Reproduza este quadro no caderno e complete-o de acordo com as regionalizações a seguir.

	Regiões político-administrativas do IBGE	Complexos regionais
Nome das regiões		
Critérios		
Limites		

7. De acordo com a regionalização proposta por Milton Santos, em que região se insere o estado onde você mora?

8. Identifique as afirmações que são características dos complexos regionais.
   a) Os limites das regiões coincidem com os limites políticos dos estados.
   b) Os limites das regiões não coincidem com os limites políticos dos estados.
   c) Apresentam o Brasil dividido em três grandes regiões.
   d) Apresentam o Brasil dividido em cinco grandes regiões.
   e) Compreendem Amazônia, Nordeste e Centro-Sul.

9. Observe as paisagens a seguir. A que domínios morfoclimáticos brasileiros elas se referem? Com base nas imagens, descreva as características de cada um.

↑ Sant'ana do Livramento (RS), 2017.

↑ Manaus (AM), 2017.

↑ Cabrobó (PE), 2018.

↑ Parque Nacional da Chapada dos Veadeiros (GO), 2017.

↑ Teresópolis (RJ), 2017.

↑ Cambará do Sul (RS), 2018.

DICAS

LEIA

Histórias e lendas do Brasil, de J. Lanzellotti (DCL). Em oito histórias de cada região do país, o livro faz um panorama do Brasil de norte a sul.

Cidades brasileiras: o passado e o presente, de Rosicler Martins Rodrigues (Moderna). Descubra como surgiram os primeiros povoados, vilas e cidades no Brasil.

ASSISTA

O Tratado de Tordesilhas, 1494: a divisão do mundo, Espanha, 2011. Direção: Rafael Jaén, 50 min. O documentário apresenta o contexto histórico da assinatura do Tratado de Tordesilhas, em 1494, ano em que se iniciou o processo de expansão marítima de Portugal.

ACESSE

IBGE – Evolução da Divisão Territorial do Brasil: 1872-2010: <ww2.ibge.gov.br/home/geociencias/geografia/default_evolucao.shtm>. O *site* do Instituto Brasileiro de Geografia e Estatística traz informações, tabelas e cartogramas sobre a evolução de nosso território desde 1872.

↓ Tarsila do Amaral. *Operários*, 1933. Óleo sobre tela, 150 cm × 205 cm.

TEMA 2
Sociedade brasileira

NESTE TEMA
VOCÊ VAI ESTUDAR:

- origem e miscigenação do povo brasileiro;
- nossa diversidade étnica e cultural;
- estrutura e crescimento da população brasileira;
- mobilidade populacional brasileira;
- territorialidade da população indígena e a qualidade de vida dos brasileiros.

Esta obra se chama *Operários* e foi pintada por Tarsila do Amaral, uma das mais importantes artistas brasileiras. Ela representa a diversidade étnico-racial da população e a grande quantidade de pessoas que se deslocaram, de todas as partes do Brasil, para trabalhar nas fábricas que surgiram na década de 1930, principalmente nas metrópoles, o que impulsionou a imigração.

1. Que diferenças você percebe entre as pessoas do quadro *Operários*?
2. E no dia a dia, nos ambientes onde circula, você observa essa diversidade?
3. Como você avalia a qualidade de vida dos brasileiros?

37

CAPÍTULO 1
Formação e cultura da população

No capítulo anterior, você estudou as regionalizações do Brasil, sua evolução e importância. Neste capítulo, você vai estudar a origem do povo brasileiro, os diferentes grupos que o compõem e nossa diversidade étnica e cultural.

Nossa gente brasileira

O Brasil é um país formado por pessoas com origem em diversas partes do mundo. Alguns desses povos, como os indígenas, já habitavam nosso território quando os primeiros migrantes brancos, vindos de Portugal, aqui chegaram. Outros, como os africanos escravizados, vieram forçadamente, comercializados como mão de obra para trabalhar. Muitos migrantes chegaram ao longo dos anos, de inúmeros países, e essa mistura de traços físicos gerou uma população miscigenada.

Além da mistura de características físicas dos povos, há também a miscigenação cultural. O que é cultura? O conceito é amplo, mas podemos definir cultura como o conjunto de conhecimentos, costumes, crenças e padrões de comportamento adquiridos e transmitidos socialmente. Dessa forma, cada grupo social ou etnia tem uma cultura própria. É necessário respeitar as origens culturais e buscar uma convivência respeitosa em relação a toda essa diversidade. Considerando nossas características físicas e culturais, podemos nos perguntar: Afinal, como é o povo brasileiro?

Observe o gráfico a seguir, feito com dados do Censo 2010, sobre os grupos étnicos que compõem a população brasileira.

↑ Mulher da etnia mbyá-guarani. São Miguel das Missões (RS), 2016.

↑ Jovem estudante de ascendência negra. Salvador (BA), 2018.

↑ Menina parda. Paulista (PE), 2017.

↑ Homem descendente de pais japoneses nascido no Brasil. São Paulo (SP), 2016.

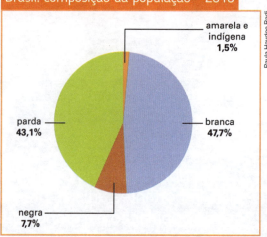

Brasil: composição da população – 2010
- amarela e indígena: 1,5%
- branca: 47,7%
- parda: 43,1%
- negra: 7,7%

↑ O gráfico apresenta a composição da população brasileira de acordo com o Censo 2010.

Fonte: IBGE. *Censo Demográfico 2010*. Rio de Janeiro, 2010. Disponível em: <https://sidra.ibge.gov.br/tabela/3175#resultado>. Acesso em: ago. 2018.

Os indígenas

O grupo indígena atual corresponde aos descendentes dos nativos que já viviam nas terras que posteriormente formaram o território brasileiro. Na época da chegada dos portugueses, estima-se que havia entre 5 a 8 milhões de indígenas, formando grande variedade de povos – cerca de 1400 –, que falavam aproximadamente 1300 línguas.

Apesar das características comuns, como a posse coletiva da terra e a profunda interação com a natureza, os povos indígenas são muito diversos, com culturas próprias. Com a colonização portuguesa, iniciada no século XVI, a história da população indígena que vivia aqui foi alterada. Imensa parcela dessa população foi dizimada, muitos indígenas foram submetidos ao trabalho escravo, suas terras foram expropriadas e eles passaram a sofrer com doenças trazidas pelos colonizadores.

Segundo o IBGE, cerca de 896 mil pessoas se declararam indígenas em 2010. Desses, 57,7% estão em Terras Indígenas (TIs), espaços reservados do território brasileiro, de propriedade da União, nos quais as várias tribos podem exercer suas atividades produtivas e culturais e viver de acordo com seus costumes e tradições.

Os outros 42,3% da população indígena estão fora das TIs e se concentram, principalmente, em áreas urbanas.

O direito dos povos indígenas às terras que ocupam tradicionalmente é um direito originário. O procedimento de demarcação de TI é apenas declaratório, pois esses espaços são anteriores à formação do próprio Estado, sempre existiram, independentemente de qualquer reconhecimento oficial. Mas isso não diminui a importância dessas demarcações: é por elas que os governos estaduais e Federal podem reduzir conflitos pela terra e proporcionar atendimento digno a seus cidadãos, com atenção para as especificidades dos povos indígenas.

A garantia dos direitos territoriais dos povos indígenas contribui para a construção de uma sociedade pluriétnica e multicultural, além de ajudar a proteger o meio ambiente e a biodiversidade, visto que as TIs são áreas protegidas.

Observe, no mapa ao lado, a distribuição de TIs no território brasileiro. Em qual região há maior concentração dessas terras?

Fonte: IBGE. *Atlas geográfico escolar.* 7. ed. Rio de Janeiro: IBGE, 2016. p. 112.

↑ Aldeia Aiha da etnia kalapalo. Querência (MT), 2018.

↑ Bairro Jaraguá, São Paulo (SP), 2017.

Existem também povos indígenas isolados. São grupos que sofreram menor influência direta de povos não indígenas e se mantiveram afastados, desde o início da colonização, tanto de outros povos quanto da população urbana e rural. Há pouca informação sobre eles, mas para garantir seu modo de vida, protegê-los e evitar confrontos, a Fundação Nacional do Índio (Funai) tem equipes destinadas a localizá-los e demarcar suas áreas.

Negros e afrodescendentes

Os primeiros grupos de africanos que aqui chegaram foram trazidos à força a partir da metade do século XVI e vendidos como escravos para os brancos portugueses. Esses grupos foram trazidos de diferentes locais da África e em diferentes períodos, como mostra o mapa a seguir.

Estima-se que cerca de 4 milhões de africanos aportaram em nosso país nos navios negreiros. Inicialmente, eram forçados a trabalhar nas lavouras de cana-de-açúcar e, depois, na mineração e na cafeicultura. Em razão de maus-tratos, castigos e torturas, houve elevado índice de mortalidade da população negra ao longo dos séculos. Infelizmente, esse índice ainda é alto por causa do racismo. Embora muitos passos tenham sido dados na resolução desse problema, persiste no Brasil o privilégio da população branca em detrimento da negra. Essa situação é visível principalmente em termos de escolaridade, renda e mercado de trabalho, o que gera maior desigualdade social e econômica entre brancos e afrodescendentes.

Os africanos escravizados não se submeteram à escravidão que lhes foi imposta. Uma das formas mais significativas de resistência foi a formação de quilombos, locais isolados nos quais eles se refugiavam para escapar da escravidão. Ainda hoje existem remanescentes dessas comunidades, grupos formados por pessoas que se identificam como descendentes de escravos e sempre ocuparam um território específico, motivo pelo qual solicitam a regularização da posse dessas terras.

Atualmente, há cerca de 3 mil comunidades remanescentes de quilombos no Brasil. Elas se organizam de formas variadas e configuram comunidades de grupos étnico-raciais com características históricas e sociais próprias.

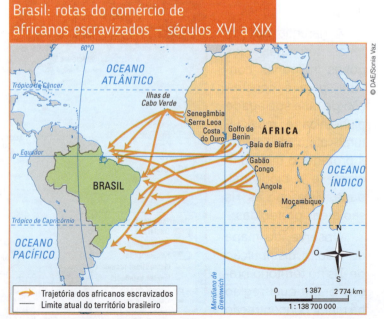

Fonte: David Ellis e David Richardson. *Atlas of the transatlantic slave trade*. New Haven: Yale University, 2010. p. 19.

Por muitos anos, a cultura africana foi desprezada pelos povos brancos. Mesmo após a abolição da escravatura, o ambiente de preconceito e racismo foi mantido, e ainda há muito o que se combater. Apenas na primeira metade do século XX a cultura dos negros africanos, denominada cultura afro-brasileira, passou a ser valorizada e ganhou espaço no cenário nacional.

No Censo 2010, pela primeira vez a população negra (composta de pretos e pardos) ultrapassou a branca nesse tipo de pesquisa. Isso se deve, por um lado, ao maior número de nascimentos entre a parcela da população negra e, por outro, ao aumento da quantidade de pessoas que passaram a ter orgulho de se declararem afro-brasileiras. Este último dado indica que mais pessoas reconhecem sua identidade e origem étnica, demonstrando, também, eficiência das políticas de afirmação.

↑ Samba de roda em Santo Amaro (BA), 2017.

Os imigrantes brancos e asiáticos

Os primeiros brancos que chegaram ao Brasil para dar início à colonização, no século XVI, foram os portugueses. Em menor número, na mesma época, vieram espanhóis, holandeses e franceses.

A partir do fim do século XIX, com a abolição da escravatura, grande quantidade de imigrantes europeus veio trabalhar no Brasil, entre eles italianos, alemães, poloneses, ucranianos, suíços, franceses e espanhóis. Da Ásia, vieram japoneses, chineses e árabes. Todos esses imigrantes aqui chegaram com hábitos, costumes e tradições de seus países de origem, que foram incorporados à cultura brasileira, o que contribuiu para a formação de uma cultura rica e diversificada.

A maior quantidade de alemães chegou ao Brasil entre 1849 e 1872; eles estabeleceram-se, inicialmente, nos estados de Santa Catarina e do Rio Grande do Sul. Dedicaram-se às atividades agrícolas e pecuárias. Os italianos fixaram-se sobretudo nos estados de São Paulo, Rio Grande do Sul e Rio de Janeiro, trabalhando principalmente nas plantações de café paulistas entre os anos de 1880 e 1930. Os japoneses chegaram ao Brasil em 1908. As primeiras 165 famílias desembarcaram do navio Kasato Maru e fixaram-se em São Paulo. Alguns foram trabalhar nas fazendas de café e, mais tarde, passaram a produzir hortaliças. Outros migraram para algumas cidades do norte do Paraná e para o estado do Pará, onde desenvolveram a cultura da pimenta-do-reino.

→ Imigrantes europeus no pátio central da hospedaria dos imigrantes de São Paulo (SP), cerca de 1890.

CARTOGRAFIA

Observe o mapa a seguir, que mostra a distribuição de comunidades remanescentes de quilombos pelo país, e responda às perguntas.

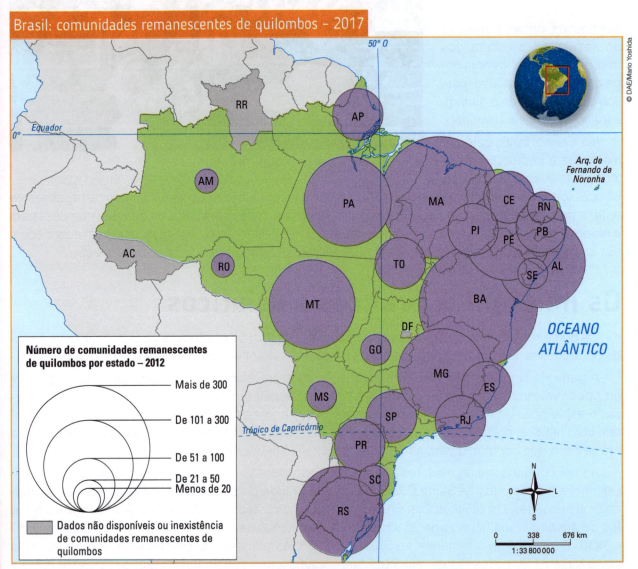

Fontes: Vera Caldini e Leda Ísola. *Atlas geográfico Saraiva*. 4. ed. São Paulo: Saraiva, 2013. p. 62; Fundação Cultural Palmares. Disponível em: <www.palmares.gov.br/?page_id=37551>. Acesso em: ago. 2018.

Esse mapa é do tipo quantitativo – o tamanho dos círculos é proporcional ao número absoluto do fenômeno representado.

1. Qual é o fenômeno representado?

2. O que indicam os diferentes tamanhos de círculos utilizados nessa representação?

3. Cite os dois estados brasileiros com maior número de comunidades remanescentes de quilombos.

4. Em quais estados brasileiros há menor número dessas comunidades? Por que você acha que isso acontece?

5. Qual é a quantidade aproximada dessas comunidades no estado onde você mora?

ATIVIDADES

SISTEMATIZAR

1. A sociedade brasileira estruturou-se, desde o início, por meio de miscigenação étnico-cultural. Quais foram os três grupos que deram origem à formação do povo brasileiro?

2. Explique o que é, para você:
   a) cultura;
   b) miscigenação dos povos.

REFLETIR

1. Leia o texto a seguir, publicado pelo Fundo das Nações Unidas para a Infância (Unicef, sigla em inglês).

> As culturas de origem africana e indígena possuem uma diversidade enorme. De maneira geral, identificam-se características bastante semelhantes entre elas, pois são povos que:
> - se organizam por meio da participação coletiva e valorizam a presença de crianças, jovens, adultos e idosos em todos os processos sociais; [...]
> - foram atingidos por diversas formas de violência física e cultural, ameaças de dissolução e, por isso, entendem como fundamental a transmissão entre as gerações de suas histórias e culturas, nem sempre respeitadas no contexto em que vivem atualmente;
> - elaboram visões de mundo, a partir de suas vivências e sentimentos, valorizam as experiências de pessoas de mais idade e das envolvidas nas religiões – sejam de matriz africana ou indígena;
> - tratam tudo isso (vivências, sentimentos, experiências dos mais velhos e dos líderes religiosos) como legado, herança, bens de família – uma memória que se perpetua oralmente.

Ceafro – Educação e Profissionalização para a Igualdade Racial e de Gênero. *Cultura e identidade: comunicação para a igualdade étnico-racial.* Unicef, 2011. Disponível em: <www.unicef.org/brazil/pt/br_cultura_guia_pam.pdf>. Acesso em: jul. 2018.

a) Quais são as manifestações culturais do estado onde você mora? Você já presenciou alguma? Conte aos colegas.

b) Como as culturas indígena, afro-brasileira e europeia estão incorporadas no dia a dia da população do município onde você mora?

2. Leia o trecho da canção a seguir.

Inclassificáveis

[...]
que índio, que preto, que branco o quê?
[...]
aqui somos mestiços mulatos
cafuzos pardos mamelucos sararás
crilouros guaranisseis e judárabes

orientupis orientupis
ameriquítalos luso nipo caboclos
[...]

Arnaldo Antunes. CD *O Silêncio*. Arnaldo Antunes. © Rosa Celeste (Universal Music Publishing). BMG, 1996. Disponível em: <www.arnaldoantunes.com.br/new/sec_discografia_sel.php?id=62>. Acesso em: jul. 2018.

a) Você conseguiu compreender a mensagem da música? Se necessário, pesquise o significado das palavras que desconhece.

b) Que relação podemos estabelecer entre a letra da canção e a formação da população brasileira?

c) O autor da música faz uma crítica na letra da canção. Que crítica é essa? Você concorda com ela?

d) Forme um grupo de trabalho com alguns colegas. Pesquisem outras canções que façam referência à cultura e ao povo brasileiro. Copiem os trechos das canções que melhor retratam essa questão. Não se esqueçam de anotar o nome de cada canção e identificar os compositores.

43

SOCIEDADE E CIÊNCIA

Catástrofe, migração e esperança: o caminho dos haitianos até o Brasil

Em 2010, uma sequência de abalos sísmicos atingiu a América Central. O mais forte deles, em 12 de janeiro, causou graves consequências à população da Ilha de São Domingos, onde se localizam o Haiti e a República Dominicana.

A Ilha de São Domingos está situada em uma área complexa da superfície terrestre, porque a placa tectônica do Caribe se desloca em meio às placas Norte-Americana, do Coco e Sul-Americana e o bloco do Panamá, o que torna a região bastante suscetível a tremores de terra. Os abalos sísmicos de 2010 afetaram profundamente a vida na ilha: 33 tremores consecutivos atingiram a região em cerca de 9 horas. O sismo alcançou 7 graus na escala Richter. O fenômeno geológico configurou-se como de grande porte e altamente destrutivo, dilacerou cidades e o sistema econômico do Haiti, causou a morte de centenas de milhares de pessoas e desabrigou mais de 3 milhões. Com seus projetos e sonhos destruídos pelo terremoto, parte da população haitiana se viu diante de uma difícil escolha: O que fazer para retomar a vida, superar as perdas familiares e reconstruir o país?

Muitos dos haitianos escolheram o Brasil para buscar melhores condições de vida, trabalho, estudos e ajudar financeiramente os que permaneceram no Haiti. Alguns consideram o Brasil um lugar de passagem para chegar aos Estados Unidos ou ao Canadá. Outros o consideram um destino para morar e refazer a vida.

Deixar o país de origem implica abandonar parte de sua história, cultura, língua materna e o mundo conhecido. Por isso, com a intensificação da chegada de haitianos ao Brasil após 2010, o governo brasileiro começou a adotar algumas políticas públicas para minimizar o sofrimento e a vulnerabilidade dessas pessoas. Medidas como criação de um visto de auxílio humanitário, facilitação de obtenção de documentos brasileiros aos haitianos recém-chegados e alojamentos emergenciais ajudam, mas não são suficientes para garantir-lhes respeito, dignidade e segurança.

Para chegar ao Brasil, muitos haitianos procuram o serviço dos "coiotes", pessoas que cobram para ajudar um estrangeiro a passar legal ou ilegal-

Fontes: *Atlas geográfico escolar*. 7. ed. Rio de Janeiro: IBGE, 2016. p. 32; Duval Fernandes (Coord.). *Estudos sobre imigração haitiana ao Brasil e o diálogo bilateral*. Belo Horizonte: MTE; IOM-OIM; PUC Minas; Gedep, 2014.

mente por uma fronteira. Um dos caminhos mais utilizados para chegar às fronteiras brasileiras consiste em sair do Haiti de avião, aterrissar em terras do Equador, seguir por via terrestre até o Peru ou a Bolívia e passar, por terra, pelas fronteiras desses países com o norte amazônico do Brasil.

Essa viagem pode levar de duas semanas a dois meses e, na pior das hipóteses, nem sequer ser concluída. Ao chegar ao Brasil, as dificuldades dos haitianos não diminuem. Falantes de crioulo – idioma que mescla línguas indígenas locais, termos de diferentes procedências africanas e francês –, os migrantes têm dificuldade para se comunicar em português, o que é um obstáculo para conseguirem trabalhar, estudar, socializar-se e pedir ajuda.

↑ Imigrantes haitianos abrigados em paróquia. São Paulo (SP), 2015.

Apesar da grande diversidade étnica da população brasileira, o preconceito e a discriminação são injustiças frequentes em nossa sociedade. Muitos haitianos, majoritariamente negros, sofrem humilhações e encontram dificuldades para se estabelecer aqui. Em muitos casos, são vítimas de situações ilegais de trabalho, não recebem salários corretamente e enfrentam problemas análogos aos do escravismo. A maioria dos haitianos que consegue chegar ao Brasil tem entre 20 e 40 anos de idade. A migração de homens ainda é mais frequente que a de mulheres, e o nível de instrução varia bastante: alguns já têm nível superior completo ou em andamento, enquanto outros nem concluíram o estudo básico. Chegando ao Brasil, os migrantes costumam se dirigir às cidades de São Paulo (SP), Rio de Janeiro (RJ), Brasília (DF) e Manaus (AM), uma vez que nesses lugares já há centros de atenção especial aos haitianos.

Segundo dados da Polícia Federal, em 2016, cerca de 60 mil haitianos viviam no Brasil. A chegada dessas pessoas trouxe desafios a ambos os governos. Foram criadas políticas especiais para apoiar a reconstrução de estruturas de vias públicas e usinas de energia no Haiti, o Programa Emergencial em Educação Superior Pró-Haiti facilitou a entrada de estudantes em uma universidade federal brasileira e foram implantados outros programas financeiros de apoio aos migrantes.

Tudo isso, porém, não é o suficiente para que o Haiti supere seus problemas ou para que os haitianos que decidiram vir ao Brasil obtenham êxito em seu desafio migratório. É necessário que a sociedade brasileira relembre suas origens e toda a riqueza cultural decorrente da participação de várias etnias na formação de nosso povo. É preciso voltar a discutir a violência do racismo e da **xenofobia**, além de tratar com solidariedade e humanidade os que buscam oportunidades para trabalhar e viver no Brasil.

GLOSSÁRIO

Xenofobia: medo, aversão ou antipatia por pessoas estranhas ao meio daquele que as julga ou que vêm de fora do seu país com cultura, hábitos, etnia ou religião diferentes.

---

1. Retome as características da formação da população brasileira antes do fluxo migratório de haitianos para o Brasil e responda: Em quais outros momentos de nossa história podemos identificar o racismo e a xenofobia como problemas sociais no país? Justifique sua resposta.

2. Com base na resposta anterior, identifique aspectos positivos da participação de diversas etnias na formação da população brasileira e explique de que modo os haitianos podem ajudar a enriquecer a cultura brasileira.

CAPÍTULO 2
Povos tradicionais

No capítulo anterior, você estudou a miscigenação da população brasileira e os grupos étnicos que a formaram: indígenas, negros africanos, brancos europeus e imigrantes. Neste capítulo, você estudará a localização de povos e comunidades tradicionais, além dos aspectos multiculturais do Brasil.

Quem são as populações tradicionais?

No capítulo anterior, estudamos a importância dos indígenas e quilombolas para a formação étnica e cultural do Brasil. Vimos que eles têm direito a territórios específicos em nosso país. Para você, qual é a importância de protegermos e mantermos esses direitos?

Desde 1988, com a promulgação da Constituição Federal, o Brasil busca o respeito às diferentes formas de organização das etnias que compõem nossa nação. Leia a seguir um trecho da Constituição brasileira que fala sobre os aspectos das culturas que compõem o país e devem ser preservados.

> Art. 216. Constituem patrimônio cultural brasileiro os bens de natureza material e imaterial, tomados individualmente ou em conjunto, portadores de referência à identidade, à ação, à memória dos diferentes grupos formadores da sociedade brasileira, nos quais se incluem:
> I – as formas de expressão;
> II – os modos de criar, fazer e viver;
> III – as criações científicas, artísticas e tecnológicas;
> IV – as obras, objetos, documentos, edificações e demais espaços destinados às manifestações artístico-culturais;
> V – os conjuntos urbanos e sítios de valor histórico, paisagístico, artístico, arqueológico, paleontológico, ecológico e científico.
>
> Brasil. *Constituição da República Federativa do Brasil de 1988*. Presidência da República – Planalto.
> Disponível em: <www.planalto.gov.br/ccivil_03/constituicao/constituicao.htm>. Acesso em: jul. 2018.

Os indígenas e quilombolas são considerados povos e comunidades tradicionais, mas não são os únicos, como você verá a seguir.

O que há em comum entre todos os grupos é o fato de que estabelecem, pelo menos em parte, uma dinâmica de baixo impacto ambiental com o espaço ocupado, e atualmente têm interesse em manter o território que exploram ou recuperar o controle sobre ele.

O Decreto nº 6.040, de 2007, tem a função de regulamentar o aspecto territorial e garantir a atividade extrativa dessas comunidades tradicionais. Leia um trecho na página seguinte.

↑ Coleta de castanha-do-pará. Laranjal do Jari (AP), 2017.

I – Povos e Comunidades Tradicionais: grupos culturalmente diferenciados e que se reconhecem como tais, que possuem formas próprias de organização social, que ocupam e usam territórios e recursos naturais como condição para sua reprodução cultural, social, religiosa, ancestral e econômica, utilizando conhecimentos, inovações e práticas gerados e transmitidos pela tradição;

II – Territórios Tradicionais: os espaços necessários à reprodução cultural, social e econômica dos povos e comunidades tradicionais, sejam eles utilizados de forma permanente ou temporária [...].

Brasil. *Decreto nº 6.040, de 7 de fevereiro de 2007.* Institui a Política Nacional de Desenvolvimento Sustentável dos Povos e Comunidades Tradicionais. Presidência da República – Planalto. Disponível em: <www.planalto.gov.br/ccivil_03/_ato2007-2010/2007/decreto/d6040.htm>. Acesso em: jul. 2018.

Comunidades tradicionais pelo Brasil

Região Norte: destaque na Amazônia

São específicas da Floresta Amazônica comunidades que dependem da retirada de produtos vegetais da floresta para sobreviver: as mulheres **andirobeiras**, que extraem a andiroba; os **castanheiros**, que extraem castanhas; e os **seringueiros**, que extraem o látex das seringueiras. Já os **ribeirinhos** dependem mais da dinâmica das águas; eles estão localizados às margens do Rio Amazonas e vivem, principalmente, da pesca.

Há ainda três grupos que vivem no limite entre a Região Amazônica e outras regiões e também dependem da exploração de produtos específicos. Os **piaçaveiros** ficam localizados nos estados de Amazonas, Alagoas, Sergipe e Bahia; eles retiram as fibras da piaçava para vender. As **quebradeiras de coco babaçu** localizam-se entre a Floresta Amazônica, o Cerrado e as áreas semiáridas; elas extraem cocos das áreas de floresta. Os **retireiros**, que vivem perto do Rio Araguaia, em uma área de cerrado, têm como principal atividade a criação de gado.

↑ Palafitas às margens do Rio Tapajós. Itaituba (PA), 2017.

Região Nordeste: destaque na Caatinga

Há quatro grupos principais que vivem na Caatinga. As **catadoras de mangaba** vivem da colheita desse fruto usado na fabricação de sucos, sorvetes, doces e bebidas; a maioria deles está localizado em Sergipe. Outro grupo é o dos **caatingueiros**, que cultivam vários gêneros agrícolas e criam gado. O terceiro grupo é o dos **vazanteiros**, que ficam principalmente nas margens do Rio São Francisco e vivem da pesca ou de atividades agrícolas. Por fim, há os grupos do **fundo e fecho de pasto**, que vivem no Sertão nordestino e têm de lidar com o regime de chuvas irregular. Sua principal atividade é a criação de pequenos animais.

↑ Caatingueiro em Monte Santo (BA), 2015.

Região Centro-Oeste: diversidade do Cerrado

Na Região Centro-Oeste dois povos são particularmente ligados às características do território. O primeiro grupo é o dos **morroquianos**, que vivem no município de Cáceres, em Mato Grosso. Eles desenvolveram um modo de vida próprio, a morraria, com base na agricultura familiar. O segundo grupo é o dos **veredeiros**, que ocupam as áreas de veredas e chapadas entre Goiás, Bahia e Minas Gerais. Sua principal característica é cultivar nas áreas de brejo.

Na região do Pantanal, dois grupos destacam-se. Um deles são os **pantaneiros**, termo geral que se refere a todos que estão sujeitos à sazonalidade das cheias e vazantes e fazem cultivos ou criam animais de acordo com essa dinâmica. Já os **isqueiros**, como são conhecidos localmente, capturam iscas vivas para pesca. Outros grupos desempenham essa mesma atividade e se identificam da mesma forma no litoral de São Paulo, em especial na região de Santos.

Regiões Sudeste e Sul

Mais ao norte, nas áreas de cerrado, dois grupos destacam-se. Os **geraizeiros** ou **chapadeiros** ocupam pequenos cursos de água nas áreas de chapadas, tabuleiros e campinas, principalmente no norte de Minas Gerais. Eles cultivam pequenas plantações e criam animais. Já os **apanhadores de sempre-vivas** têm como atividade principal a colheita dessa espécie vegetal, além de cuidarem do gado. Habitam áreas de cerrado nos estados da Bahia e Minas Gerais.

No litoral das regiões Sul e Sudeste encontram-se comunidades **caiçaras** que, inicialmente, dedicavam-se predominantemente à agricultura. Por volta de 1930 e 1940, começaram a se dedicar mais à pesca e a atividades ligadas à navegação. Especificamente na área do Rio Paraná, na divisa dos estados do Paraná e de Mato Grosso do Sul, alguns ribeirinhos identificam-se com o nome de **ilhéus**.

Nas áreas mais interiores do remanescente da Mata Atlântica, há os **cipozeiros** e os **faxinalenses**. Os primeiros são descendentes de europeus que tentam viver de colher cipó entre os estados de São Paulo, Paraná e Santa Catarina. Entretanto, como essa é uma atividade muito comprometida e difícil, eles também praticam a agricultura. Já os faxinalenses realmente dedicam a maior parte do tempo à agricultura; apesar da propriedade individual da terra, trabalham coletivamente.

↑ Coletor de sempre-vivas no Parque Nacional das Sempre-Vivas. Diamantina (MG), 2013.

Outros grupos

Podemos citar outros grupos que se espalham pelo território brasileiro. Os **pescadores artesanais** estão concentrados ao longo do litoral e praticam a pesca mais rudimentar. Outra comunidade é a dos **ciganos**, povo nômade que chegou ao Brasil entre 1560 e 1570. É um grupo muito diverso no qual três etnias se destacam: rom, calon e sinti. Os **povos de terreiro** formam o conjunto de populações, em sua maioria de origem afro-brasileira, ligadas às comunidades religiosas de matrizes africanas. Os terreiros e suas dependências internas, os locais externos e da natureza são considerados sagrados; sendo assim, a territorialidade dessa população se expande para além do local físico onde se organizam. Por fim, há os **pomeranos**, que praticam uma religião com raízes na cultura alemã e se concentram, principalmente, nas regiões Sul e Sudeste, mas há núcleos em outros lugares, como em Rondônia.

ATIVIDADES

SISTEMATIZAR

1. De acordo com o que estudamos anteriormente, como você pode definir povos ou comunidades tradicionais?

2. Por que a preservação desses povos tradicionais é importante?

3. O que os povos tradicionais do Brasil têm em comum?

REFLETIR

1. Leia o texto a seguir e responda às questões.

Território das comunidades tradicionais: uma disputa histórica

[...] Para o decreto n. 6.040/07, que institui a Política Nacional de Desenvolvimento Sustentável dos Povos e Comunidades, os grupos tradicionais são aqueles culturalmente diferenciados, que se reconhecem como tais [...]. Já os gestores dos grandes empreendimentos e grandes construções definem esses grupos como um entrave para o desenvolvimento do local em que estão construindo suas obras.

[...]

A grande questão a ser discutida, como explica a coordenadora nacional da Comissão Pastoral da Terra (CPT), Isolete Vichinieski, é o reconhecimento dessas comunidades por parte do Estado como espaço diferenciado e sua devida proteção. "As comunidades tradicionais têm uma relação diferente com a terra, com a questão da natureza e com a própria organização social. Esses espaços vão muito além do geográfico porque eles são também culturais. Não adianta levar essas pessoas para outra realidade. Além disso, essas políticas compensatórias que acabam gastando muito mais recursos não resolvem porque são, na verdade, uma maquiagem do desenvolvimento, afinal, acabam gerando apenas dependência dessas comunidades que se autossustentavam, em vez de proporcionar uma melhor qualidade de vida às pessoas" [...].

O desafio se dá por conta da preservação das comunidades tradicionais e o meio em que vivem e o desenvolvimento do país, mas estes dois caminhos são conflitantes? Para Jô Brandão [coordenadora de Pesquisa e Projetos de Povos e Comunidades Tradicionais da Secretaria da Cidadania e Diversidade Cultural do Ministério da Cultura] a resposta é não, mas essa é a principal barreira a ser enfrentada. "De um lado você tem uma legislação de amparo e reconhecimento, mas que ainda é falha, e de outro, você tem um projeto de desenvolvimento que não leva em consideração esses povos. A questão é conciliar a proposta de desenvolvimento com a preservação da vida. As comunidades que reivindicam seus direitos não são contrárias ao desenvolvimento" [...].

Viviane Tavares. *Território das comunidades tradicionais: uma disputa histórica*. EPSJV/Fiocruz, 17 jan. 2013. Disponível em: <www.epsjv.fiocruz.br/noticias/reportagem/territorio-das-comunidades-tradicionais-uma-disputa-historica>. Acesso em: jul. 2018.

a) Qual é o tema principal do texto?

b) Qual é a importância do Decreto nº 6.040/07 para a proteção dos direitos dos povos e das comunidades tradicionais?

c) Segundo o texto, por que é importante que o Estado reconheça e proteja os territórios das comunidades tradicionais?

d) A preservação das comunidades tradicionais e o desenvolvimento do país não devem ser aspectos conflitantes. Você concorda com essa afirmação ou discorda dela? Por quê?

CAPÍTULO 3
Distribuição e estrutura da população

No capítulo anterior, você estudou alguns povos tradicionais do Brasil e sua territorialidade. Neste capítulo, você vai estudar o crescimento e a distribuição da população brasileira, a estrutura atual da população e a distribuição da população por setores de atividades econômicas.

Distribuição populacional

Vimos que o povo brasileiro foi se formando ao longo do tempo em função da miscigenação de várias etnias. Conforme você estudou, apenas os indígenas habitavam o território inicialmente, os demais grupos vieram de outros lugares, por diferentes razões.

Na Copa do Mundo de 1970, uma canção composta por Miguel Gustavo incentivava o time de futebol brasileiro: "Noventa milhões em ação, pra frente Brasil do meu coração". Se cantássemos a mesma música hoje, ela teria de ser atualizada para "Mais de cento e noventa milhões em ação...". Com 190 755 799 pessoas, segundo o Censo de 2010, o Brasil é um país populoso: a quinta maior população absoluta do mundo. **População absoluta** refere-se ao número total de habitantes de determinado território.

Observe no gráfico abaixo a posição do Brasil no *ranking* dos países mais populosos do mundo.

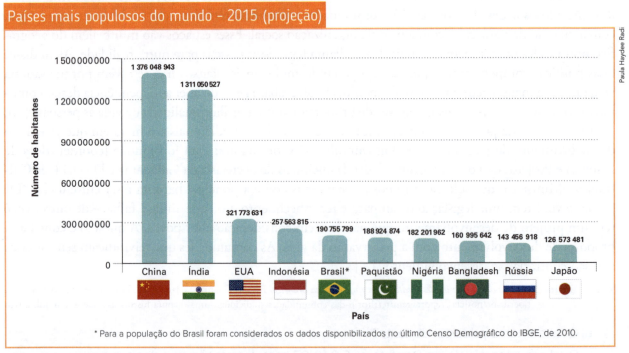

↑ O gráfico apresenta o *ranking* dos países mais populosos do mundo.

Fonte: IBGE Países. Disponível em: <https://paises.ibge.gov.br/#/pt>. Acesso em: jul. 2018.

Apesar de o Brasil ser um país **populoso**, em razão de seu extenso território, a **densidade demográfica** é de apenas 22,4 hab./km², ou seja, o país não é densamente **povoado**.

Um país é considerado populoso quando sua população absoluta – a população total – é muito elevada. No entanto, isso não significa necessariamente que seja densamente povoado.

A densidade demográfica corresponde ao número de habitantes por quilômetro quadrado e indica se a área é considerada muito povoada ou não. Esse dado possibilita mensurar a distribuição da população residente em determinado território e verificar as áreas mais e menos povoadas. Observe a seguir como se calcula a densidade demográfica de um país, estado, município ou outra área a ser delimitada; utilizamos os dados da população brasileira.

$$\frac{\text{população absoluta: } 190\,755\,799}{\text{área: } 8\,515\,767 \text{ km}^2} = 22{,}40$$

Como você pôde perceber, para obter a densidade demográfica dividimos a população absoluta pela área total ocupada, que é o tamanho do território.

Observe, no quadro a seguir, a baixa densidade demográfica do Brasil em comparação com a taxa de outros países. Identifique os países mais povoados e os menos povoados entre eles.

\multicolumn{4}{c}{Comparativo de densidade demográfica – 2015 (projeção)}
País	População absoluta	Área (km²)	Densidade demográfica (hab./km²)
Holanda	16 924 929	41 540	501,9
Japão	126 573 481	377 947	347,2
China	1 376 048 943	9 600 001	146,6
Brasil*	190 755 799	8 515 767	22,40
Canadá	35 939 927	9 984 670	4

↑ Comparativo de densidade demográfica.

Fonte: IBGE Países. Disponível em: <https://paises.ibge.gov.br/#/pt>. Acesso em: jul. 2018; *Dados do Censo IBGE 2010.

É importante destacar que a densidade demográfica corresponde a uma média, pois sabe-se que a população não se encontra regularmente distribuída pelo território, alguns lugares são mais povoados que outros. Na próxima página, você pode entender melhor essa questão.

Observe o mapa: você pode perceber que a população brasileira está irregularmente distribuída pelo território, concentra-se principalmente na faixa litorânea. Essa área de grande concentração populacional vai da orla marítima até cerca de 300 km em direção ao interior. Você consegue imaginar o porquê dessa distribuição da população pelo território?

Essa foi a primeira área do território brasileiro a ser apropriada pelos colonizadores portugueses. Fixar-se no litoral ou próximo a ele facilitava a comunicação da colônia (Brasil) com a metrópole (Portugal). Pelos portos exportavam-se produtos e chegavam da Europa informações e ordens da Corte portuguesa.

Principalmente em consequência desse povoamento litorâneo, é nessa faixa do território que estão hoje as grandes cidades do país (exceto Belo Horizonte, Brasília e Manaus); as maiores áreas industriais e de serviços, geradoras de muitos empregos, como o **eixo Rio-São Paulo**; as **capitais nordestinas** (exceto Teresina); e as **regiões metropolitanas**. Esse também foi o motivo pelo qual os povos indígenas, já abordados nos capítulos anteriores, foram praticamente expulsos ou dizimados do litoral.

No interior do Brasil há áreas de baixa densidade demográfica, como você pode verificar no mapa da página a seguir. As áreas de intensa atividade econômica estão concentradas próximas ao litoral; há extensas áreas de floresta na Região Norte; há áreas de uso agropecuário com baixa demanda de mão de obra; e há uma região semiárida no interior da Região Nordeste – esses diferentes fatores geraram a distribuição desigual da população pelo território.

CARTOGRAFIA

Observe o mapa a seguir. Analise a legenda e, no caderno, faça o que se pede.

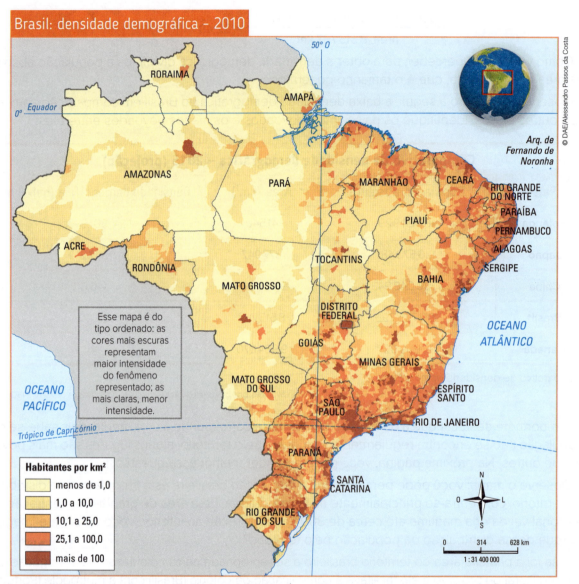

Fonte: Vera Caldini e Leda Ísola. *Atlas geográfico Saraiva*. 4. ed. São Paulo: Saraiva, 2013. p. 60.

1. O que esse mapa representa?
2. O que é densidade demográfica?
3. Que estado brasileiro tem a maior densidade demográfica? Por quê?
4. Cite dois estados com elevada densidade demográfica e dois com baixa densidade demográfica.
5. Qual é a densidade média da população do estado onde você mora?
6. Que região brasileira compreende os estados que têm as maiores densidades demográficas? E em quais regiões estão os estados que têm as menores?

Crescimento populacional

Como você viu, o Brasil é um dos países mais populosos do mundo. A grande população atual deve-se a dois fatores: a imigração ao longo dos séculos e o crescimento natural da população.

O **crescimento** natural (ou **vegetativo**) da população corresponde à diferença entre o número de pessoas que nascem (taxa de natalidade) e morrem (taxa de mortalidade). Observe no gráfico a seguir a evolução do crescimento populacional brasileiro.

Gráfico que mostra a evolução da população residente no Brasil (em milhões de pessoas).
Fonte: Censo 2010. IBGE. Disponível em: <https://censo2010.ibge.gov.br/>. Acesso em: jul. 2018.

Até meados do século XX, o aumento da população brasileira foi bastante acelerado, pois o país seguiu uma tendência mundial de crescimento populacional. Ocorreu grande crescimento vegetativo nesse período e nos anos seguintes em razão das altas taxas de natalidade e da queda brusca da taxa de mortalidade. A revolução médico-sanitária e os novos padrões alimentares contribuíram para a redução da mortalidade.

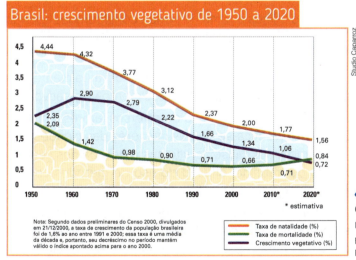

Gráfico que mostra o crescimento vegetativo no Brasil de 1950 a 2020 (estimativa).
Fonte: *Anuário estatístico do Brasil 2001*. Rio de Janeiro: IBGE, 2003. v. 61.

Da década de 1960 até hoje, o país atravessou uma fase de desaceleração demográfica por causa da queda da natalidade, que passou a ser bem superior que a de mortalidade, tendência que pode ser constatada no gráfico anterior.

Atualmente, a taxa média anual de crescimento da população brasileira é de 0,80% (ano de 2016). Isso significa que a população continua crescendo, mas em um ritmo menos acelerado em relação a décadas passadas.

AQUI TEM MAIS

Conceitos demográficos

Para que você compreenda o assunto abordado neste e nos próximos capítulos, é importante entender os conceitos dos indicadores a seguir.

O **crescimento natural** ou **crescimento vegetativo** é a diferença entre os nascimentos e as mortes, ou seja, entre a taxa de natalidade e a taxa de mortalidade, registrada durante um ano em alguma região. Pode ser positivo ou negativo.

A **taxa de natalidade** é representada pelo número de **nascidos vivos** registrados em um ano, por mil habitantes. A **taxa de mortalidade** é representada pelo número de óbitos, registrados em um ano, por mil habitantes. Assim:

CV = TN − TM	CV = crescimento vegetativo
	TN = taxa de natalidade
	TM = taxa de mortalidade

Enquanto as taxas de natalidade e mortalidade são expressas por mil (‰), o crescimento vegetativo é dado em porcentagem (%). O crescimento natural ou vegetativo é positivo quando o número de nascimentos é maior que o de mortes, e negativo quando o número de nascimentos é menor que o de mortes. No caso brasileiro, o crescimento vegetativo tem se mostrado positivo ao longo do tempo.

A **taxa de crescimento populacional** corresponde ao percentual médio de incremento anual da população. Ela indica a intensidade de crescimento da população em determinado período. Sua variação depende da taxa de natalidade, da taxa de mortalidade e das migrações (entradas e saídas) ocorridas no país.

Queda da natalidade

Taxa de fecundidade é o número médio de filhos por mulher, e são consideradas apenas as que estão em idade reprodutiva. Essa taxa tem mostrado uma nova tendência no perfil da população há algum tempo.

Na década de 1970, as mulheres brasileiras tinham, em média, 5,8 filhos; atualmente (dados de 2016), a taxa é de 1,7 filho. Esse fato levou à redução do crescimento vegetativo.

A baixa na taxa de fecundidade brasileira ocorreu em razão de diversos fatores, entre os quais podemos destacar: urbanização do país (verifica-se que as mulheres das cidades têm menos filhos, e mais tarde do que as do campo, por causa do alto custo de vida nos centros urbanos); ingresso da mulher no mercado de trabalho; difusão do uso de métodos contraceptivos para evitar gravidez indesejada; planejamento familiar.

Se, nos dias atuais, ter uma família numerosa acarreta algumas dificuldades, principalmente pelos elevados custos para a criação dos filhos, o controle exagerado dos nascimentos pode, por outro lado, tornar-se um problema para o país. O baixo número de nascimentos pode causar falta de reposição de mão de obra na economia em longo prazo.

1. Forme um grupo com alguns colegas. Com o auxílio do professor, pesquisem dados referentes às taxas de mortalidade e de natalidade do município e do estado onde vocês moram. Registrem no caderno suas conclusões sobre o crescimento vegetativo.

Estrutura etária da população

Os mais de 190 milhões de habitantes do Brasil são classificados em uma composição etária. Ela pode ser expressa por faixa de idade, considerando jovens, adultos e idosos.

Atualmente, predominam os adultos na população brasileira, mas algumas décadas atrás não era assim. Podemos visualizar essa mudança pela leitura de gráficos. Eles são denominados de **pirâmide etária** e representam a estrutura da população total do país conforme o gênero (homem/mulher) e a idade.

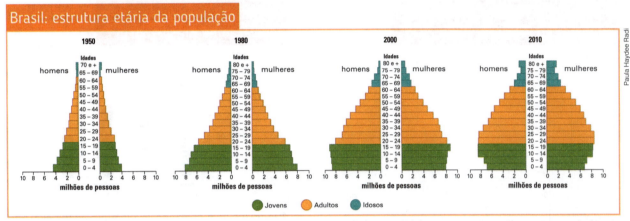

↑ Estrutura etária da população brasileira entre 1950 e 2010.

Vera Caldini e Leda Ísola. *Atlas geográfico Saraiva*. 4. ed. São Paulo: Saraiva, 2013. p. 60.

Em uma pirâmide etária é importante saber que:
- a linha vertical indica as faixas de idade e as linhas horizontais, a quantidade de pessoas;
- a base indica a quantidade de crianças e jovens (0 a 19 anos de idade);
- o corpo indica a quantidade de adultos (20 a 64 anos de idade);
- o topo indica a quantidade de idosos (65 anos ou mais);
- o lado direito representa a proporção de mulheres e o lado esquerdo, a de homens.

Como você pôde observar, no passado o Brasil era um país prioritariamente jovem. Atualmente, essa característica está bastante alterada. Com a redução da natalidade, a população jovem tem diminuído. O estreitamento na base da terceira (2000) e da quarta (2010) pirâmides ocorreu em consequência da redução do número de nascimentos no país.

De forma geral, a população brasileira tem mais acesso a sistemas de saúde, médicos e remédios. Além disso, aumentou a conscientização da importância e da necessidade de se ter uma vida mais saudável, algo que é amplamente divulgado nos programas de saúde e nos meios de comunicação.

Houve, então, aumento na **expectativa de vida** – ou **esperança de vida** – do brasileiro, que é o número médio de prováveis anos de vida de um indivíduo, mediante suas condições sociais e econômicas.

A expectativa de vida dos brasileiros atualmente é de 75,8 anos (2016). A quarta pirâmide (2010) apresenta um alargamento no topo em relação às demais, resultado de melhora na qualidade de vida, o que aumentou a quantidade de idosos na composição da população.

↑ Idoso exercita-se em Salvador (BA), 2016.

Questões de gênero

No Brasil, há mais mulheres do que homens: 4 milhões de mulheres a mais, aproximadamente. Isso se deve, em especial, ao fato de a expectativa de vida feminina ser maior do que a masculina. Muitas transformações ocorreram na sociedade brasileira no século XX, o que levou à maior participação feminina em vários setores, como no mercado de trabalho e na política, resultado da conquista do voto em 1932. Verificou-se significativo aumento da quantidade de mulheres que se tornaram chefes de família, como você pode observar no gráfico a seguir.

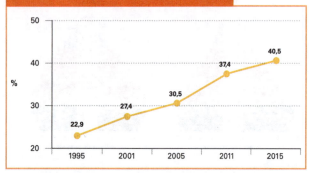

↑ Gráfico que evidencia a proporção de famílias chefiadas por mulheres no Brasil entre 1995 e 2015.

Fonte: Instituto de Pesquisa Econômica Aplicada (Ipea). Disponível em: <www.ipea.gov.br/retrato/indicadores_chefia_familia.html>. Acesso em: jul. 2018.

↑ Rendimento médio mensal, em reais, no trabalho principal da população ocupada de 16 anos ou mais de idade, por sexo, segundo cor/raça.

Fonte: Instituto de Pesquisa Econômica Aplicada (Ipea). Disponível em: <www.ipea.gov.br/retrato/indicadores_pobreza_distribuicao_desigualdade_renda.html>. Acesso em: jul. 2018.

Embora a mulher tenha alcançado igualdade em relação aos homens em alguns setores, o Brasil está entre os países mais desiguais do mundo quando se trata de mercado de trabalho, e o motivo dessa desigualdade é o machismo estrutural que perdura na sociedade. Ainda que tenha o mesmo nível de preparo dos homens, as mulheres enfrentam muitos obstáculos; o maior deles é a diferenciação salarial. As mulheres negras sofrem ainda mais: além do machismo, o racismo é um grande entrave para que haja justiça social.

➕ AQUI TEM MAIS

O Brasil caiu para a 90ª posição em *ranking* do Fórum Econômico Mundial que analisa a igualdade entre homens e mulheres em 144 países. [...]

Segundo o relatório Global Gender Gap Report 2017, [...] apesar de igualdade de condições nos indicadores de saúde e educação e de "modestas melhorias" em termos de paridade econômica, as mulheres brasileiras ainda enfrentam acentuada discrepância em representatividade política, o que empurra o índice do Brasil para baixo. [...]

↑ Bancada Feminina do Congresso Nacional em Brasília (DF), 2015.

Darlan Alvarenga. G1, 2 nov. 2017. Disponível em: <https://g1.globo.com/economia/noticia/brasil-cai-para-a-90-posicao-em-ranking-de-igualdade-entre-homens-e-mulheres.ghtml>. Acesso em: jul. 2018.

1. No seu município e estado, foram eleitas mulheres nas últimas eleições? Quantas? Qual é a diferença entre a quantidade de mulheres e a de homens?

ATIVIDADES

SISTEMATIZAR

1. Explique com suas palavras os conceitos de população absoluta e densidade demográfica.

2. Copie a afirmativa correta sobre o perfil da população brasileira.
   a) Predominam a população de idosos e menor número de jovens.
   b) A população de jovens tem aumentado nos últimos anos em virtude da alta natalidade.
   c) A pirâmide etária brasileira já teve a base mais larga e o topo mais estreito em décadas anteriores, o que indica que a natalidade já foi maior e a expectativa de vida, menor.
   d) A população de idosos tem aumentado nos últimos anos devido à entrada de muitos estrangeiros no Brasil.

3. Analise os dados da tabela ao lado, referentes à população brasileira e responda às questões.
   a) O que é expectativa de vida?
   b) Qual tem sido a tendência da expectativa de vida do brasileiro ao longo dos anos?
   c) Que fatos justificam essa tendência?

Expectativa de vida (anos)		
Ano	Homem	Mulher
1910	33,4	34,6
1960	54,9	52,3
1980	59	64,7
2000	64,8	72,6
2010	69,3	76,6
2013	71,3	78,6

Fonte: IBGE. *Séries históricas e estatísticas*. Disponível em: <http://seriesestatisticas.ibge.gov.br/lista_tema.aspx?op=0&no=10&de=35>. Acesso em: jul. 2018.

REFLETIR

1. O gráfico ao lado mostra a dedicação de homens e mulheres no "trabalho doméstico não remunerado", ou seja, os afazeres domésticos no próprio lar. Observe os dados.

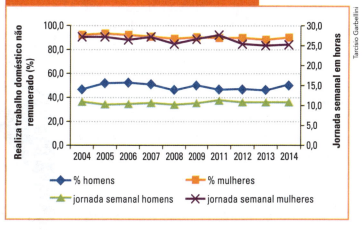

Proporção da população de 16 anos ou mais de idade que realiza afazeres domésticos e jornada média semanal dedicada aos afazeres domésticos no Brasil de 2004 a 2014.

Fonte: Instituto de Pesquisa Econômica Aplicada (Ipea). Disponível em: <http://www.ipea.gov.br/portal/images/stories/PDFs/nota_tecnica/160309_nt_24_mulher_trabalho_marco_2016.pdf>. Acesso em: abril 2019.

a) A que se atribuem as diferenças evidenciadas no gráfico?
b) Discuta com os colegas como essa disparidade está relacionada à desigualdade de renda entre homens e mulheres no Brasil.
c) Apresentem soluções para o problema de inequidade de gênero em nosso país.

CAPÍTULO 4
Indicadores socioeconômicos

No capítulo anterior, você estudou a densidade demográfica do Brasil e os indicadores estruturais da população. Neste capítulo, você vai estudar os principais indicadores sociais e econômicos de nosso país.

Como vivem os brasileiros?

Se um estrangeiro perguntasse a você como é a qualidade de vida da população brasileira, qual seria sua resposta? O território do Brasil é bastante extenso, por isso o que você vê em seus lugares de vivência talvez não sirva como parâmetro para todo o país. Como podemos, então, saber quais são os aspectos de nossa sociedade que precisam de atenção?

Uma das formas de responder a essas questões é utilizar os **indicadores sociais**, variáveis que informam quantitativamente aspectos relacionados às condições de vida de uma população e seu desenvolvimento socioeconômico. Alguns desses indicadores são: expectativa de vida, taxa de natalidade, de mortalidade (no geral e, especificamente, infantil) e de alfabetismo. Há também os **indicadores econômicos**, como o de renda *per capita*. Alguns desses conceitos você já conhece, outros são novos, e é preciso entendê-los para avaliar melhor a qualidade de vida da sociedade brasileira.

Indicadores do Brasil

A taxa de **mortalidade infantil** expressa o número de mortes de crianças com até 1 ano de idade em determinados ano e local. É um indicador que reflete, de maneira geral, as condições de desenvolvimento socioeconômico, o acesso aos recursos disponíveis para a saúde materna e a qualidade desses recursos para a população infantil.

Em 2016, a taxa de mortalidade infantil no Brasil era de 13‰ (lê-se 13 por mil). Isso significa que, a cada mil crianças que nasceram naquele ano, 13 morreram antes de completar 1 ano. O que se tem verificado nos últimos anos é uma redução das taxas de mortalidade infantil no país, pois em 2000 essa taxa era de 30‰. A queda no número de mortes de crianças explica-se, entre outros fatores, pelo aumento da renda da população, o acesso dos pais à informação e a melhoria da saúde básica. Apesar disso, se compararmos esse valor com o de outros países, ele ainda é alto.

A vacinação é importante para o controle da mortalidade infantil. Todos têm direito à imunização gratuita. Infelizmente, a má distribuição de recursos faz com que, muitas vezes, faltem vacinas em alguns postos de saúde, e as campanhas de vacinação não conseguem alcançar toda a população.

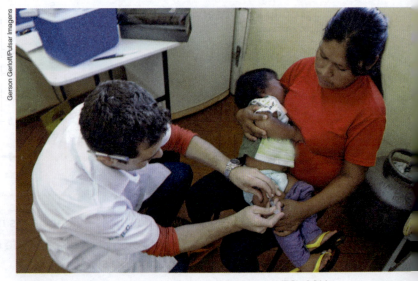

↑ Criança da etnia kaingang é vacinada. Redentora (RS), 2014.

A **renda *per capita*** refere-se ao valor da renda nacional por habitante. Ela indica quanto cada pessoa do país teria de renda se o valor total da produção nacional fosse distribuído igualmente entre todos os habitantes. É um valor médio, por isso não pode ser analisado isoladamente.

Essa renda costuma ser usada para medir o desenvolvimento econômico dos países. Quanto mais alta, melhor é o padrão de vida da população. O valor dessa renda depende do Produto Nacional Bruto (PNB) de um país, que equivale à soma de toda a produção dele, interna e externa.

O Produto Interno Bruto (PIB) é apenas a soma da produção interna. Ambos, PNB e PIB, são utilizados para medir o desenvolvimento econômico de um país ou região e servem de base de cálculo para a renda *per capita*.

Outro indicador importante que contribui para a avaliação das condições de vida das pessoas é a qualidade de **saneamento básico** oferecido à população. Esse indicador se refere à infraestrutura de água tratada e canalizada, rede de coleta e tratamento de esgoto, coleta de lixo etc.

Embora esses serviços sejam essenciais para a saúde da população, eles ainda são precários ou completamente ausentes em vários lugares do Brasil. Além de serem direitos básicos, a oferta de água e a coleta de esgoto são serviços obrigatórios que o governo deve proporcionar à população.

Para avaliar a dimensão **educação**, calcula-se o percentual de pessoas com mais de 15 anos capazes de ler e escrever um bilhete simples, considerados adultos alfabetizados. O calendário do Ministério da Educação indica que, se a criança não se atrasar na escola, ela completará esse ciclo aos 14 anos de idade; por isso, a medição do analfabetismo ocorre a partir dos 15 anos.

 **AQUI TEM MAIS**

Desigualdades no Brasil

Embora tenha havido grandes avanços sociais e econômicos em nosso país nas últimas décadas e o Brasil esteja classificado entre os principais países em desenvolvimento do mundo, a quantidade de pessoas pobres permanece alta: cerca de 13,4 milhões de brasileiros vivem com menos de 2 dólares ao dia, segundo dados de 2016. Isso ocorre porque o país está entre os primeiros com maior desigualdade de renda. A desigualdade significa que a maior parte da renda nacional está concentrada com uma pequena parcela da população, enquanto a maioria divide a menor parte. Independentemente do setor da sociedade avaliado (educação, saúde ou nível de renda), a desigualdade constitui uma ameaça considerável ao desenvolvimento humano, sobretudo porque reflete a má distribuição de oportunidades para todos.

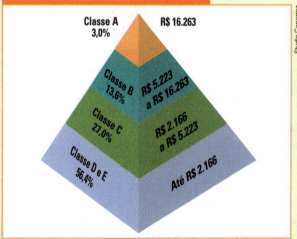

↑ Pirâmide de renda das famílias brasileiras.

Fonte: Fátima Fernandes. Poder de compra dos brasileiros será limitado até 2026. *Diário do Comércio*, 13 fev. 2017. Disponível em: <https://dcomercio.com.br/categoria/economia/poder-de-compra-dos-brasileiros-sera-limitado-ate-2026>. Acesso em: jul. 2018.

1. Observe os dados da pirâmide acima, discuta com os colegas os motivos pelos quais há tanta desigualdade de renda no Brasil e, juntos, e apontem medidas que vocês consideram importantes para modificar essa realidade.

Índice de Desenvolvimento Humano (IDH)

A qualidade de vida nos países pode ser medida de várias formas. A Organização das Nações Unidas (ONU) utiliza o **Índice de Desenvolvimento Humano (IDH)**, que mede o bem-estar da população utilizando três dimensões: educação, qualidade de vida e índices econômicos do país. Esse índice foi criado pela ONU na década de 1990 com o objetivo de medir a qualidade de vida dos países, considerando os aspectos sociais da população.

Contudo, como se faz esse cálculo? Qual é o critério utilizado para saber se a qualidade de vida em um país é boa ou ruim? Observe a seguir como são mensurados os três indicadores que constituem o IDH – saúde, educação e renda.

- **Vida longa e saudável**: é medida pela expectativa de vida.
- **Acesso ao conhecimento**: é a média de anos de educação de adultos e a expectativa de anos de escolaridade para crianças.
- **Padrão de vida**: é medido pela Renda Nacional Bruta (RNB) *per capita*.

Como base de classificação são utilizados os valores de 0 a 1: quanto mais próximo a 1, melhores as condições socioeconômicas do país. Os países avaliados são divididos em quatro grandes grupos, classificados em:

- desenvolvimento humano **muito elevado** – IDH superior ou igual a 0,800;
- desenvolvimento humano **elevado** – IDH entre 0,799 e 0,700;
- desenvolvimento humano **médio** – IDH entre 0,699 e 0,550;
- desenvolvimento humano **baixo** – IDH inferior a 0,550.

Em 2015, o IDH do Brasil era de 0,754, o que o inclui no grupo "desenvolvimento humano elevado". Embora ainda estejamos distantes das nações desenvolvidas, essa melhora ocorreu, sobretudo, por causa de avanços no setor educacional e do aumento da expectativa de vida.

No entanto, há limitações em classificar os países pelo IDH. Ao reduzi-los a dados numéricos e *rankings*, não são evidenciadas as desigualdades internas de cada país. No caso do Brasil, sabemos que há regiões com melhores condições de vida do que outras. Há municípios que apresentam baixo IDH e outros com IDH que pode ser comparado ao de muitos países desenvolvidos. Mesmo nos países com melhor colocação, existem desigualdades, e sempre há uma parcela da população que vive em más condições.

Ranking do Índice de Desenvolvimento Humano por país

Ranking	País	IDH 2015
Desenvolvimento humano muito elevado		
1º	Noruega	0,949
10º	Estados Unidos	0,920
38º	Chile	0,847
Desenvolvimento humano elevado		
54º	Uruguai	0,795
79º	Brasil	0,754
94º	Jamaica	0,730
Desenvolvimento humano médio		
110º	Paraguai	0,693
119º	África do Sul	0,666
Desenvolvimento humano baixo		
150º	Angola	0,533
187º	Níger	0,353

↑ A tabela mostra o Índice de Desenvolvimento Humano em diferentes países em 2015.

Fonte: Human Development Report 2016. Disponível em: <www.br.undp.org/content/dam/brazil/docs/RelatoriosDesenvolvimento/undp-br-2016-human-development-report-2017.pdf>. Acesso em: jul. 2018.

ATIVIDADES

SISTEMATIZAR

1. Elabore no caderno um quadro e preencha-o com a definição detalhada dos indicadores do IDH.
   a) educação
   b) saúde
   c) renda

2. Observe a tabela a seguir e compare os dados dos países.

Indicadores sociais em diferentes países			
País	Taxa de alfabetização das pessoas de 15 anos ou mais de idade em % (2015)	Esperança de vida ao nascer em anos (2015)	PIB *per capita* em dólares (2016)
Canadá	n.d.	82	43.206
Bolívia	95,1	68,3	3.077
Moçambique	58,8	55,1	529
Filipinas	96,6	68,2	2.904

Fonte: IBGE Países. Disponível em: <https://paises.ibge.gov.br/#/pt>. Acesso em: jul. 2018.

Entre os países da tabela, quais provavelmente apresentam maior e menor IDH? Justifique sua resposta.

REFLETIR

1. Analise a charge e explique a crítica que ela faz ao cálculo do IDH.

61

Índice de Gini
O que é?

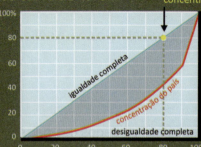

Como ler os gráficos da curva de Lorenz

Os 80% mais pobres da população concentram 80% da renda

Renda é distribuída igualmente entre toda a população

Renda é concentrada completamente em uma pessoa

O índice de Gini, criado pelo matemático italiano Conrado Gini, é um instrumento utilizado para mensurar o grau de desigualdade de renda em um país ou entre países, ou seja, demonstra a diferença entre os mais ricos e os mais pobres. Embora seja comumente usado para essa finalidade, pode ser aplicado a qualquer tipo de distribuição, como a que se refere à concentração de terras, de riquezas, entre outras. Vale ressaltar também que esse índice pode ser calculado em diferentes escalas: no mesmo município, entre municípios do mesmo estado, entre estados do mesmo país e entre diferentes países.

A medida do índice de Gini varia de zero a um (alguns consideram de zero a cem), sendo o valor zero correspondente à igualdade total, ou seja, todos os habitantes têm a mesma renda. O valor um (ou cem) representa a situação oposta, isto é, apenas uma pessoa concentra toda a renda e as demais não recebem nada.

Contudo, é importante considerar que os dados brutos de distribuição de renda de um país são uma média e têm caráter muito mais abrangente, não se resumindo a um único índice.

O coeficiente de Gini é baseado na curva de Lorenz.

A curva de Lorenz é uma demonstração gráfica, representada por uma curva, que mostra de que maneira a proporção acumulada de renda varia em função da proporção populacional.

Índices de Gini
- 0,40 a 0,44
- 0,45 a 0,49
- 0,50 a 0,54
- 0,55 a 0,59
- Ausência de dados

Vantagens e desvantagens do índice de Gini

Vantagens
- Pode ser utilizado para comparar distribuição de renda ou concentração de bens, riquezas, terras etc. entre diferentes setores da população, por exemplo, entre as zonas urbanas e rurais.
- Trata-se de um índice simples e de fácil interpretação, especialmente quando se refere a comparações entre países.
- Por ser simples, facilita a comparação da desigualdade ao longo do tempo em diferentes países ou mesmo em um único país.

Desvantagens
- O índice de Gini mede a desigualdade de renda, mas não de oportunidades.
- Algumas vezes, o índice pode levar a um erro de interpretação, por medir aspectos diferentes. Por exemplo, se dois países têm o mesmo índice de Gini, mas um é pobre e o outro, rico, no primeiro caso ele estaria medindo a desigualdade com relação à qualidade de vida em termos de posse material, enquanto no segundo estaria relacionado à distribuição e às necessidades básicas.
- O índice de Gini mede a desigualdade em determinado momento baseado apenas na concentração de renda, ignorando as mudanças que podem ocorrer na vida das pessoas.

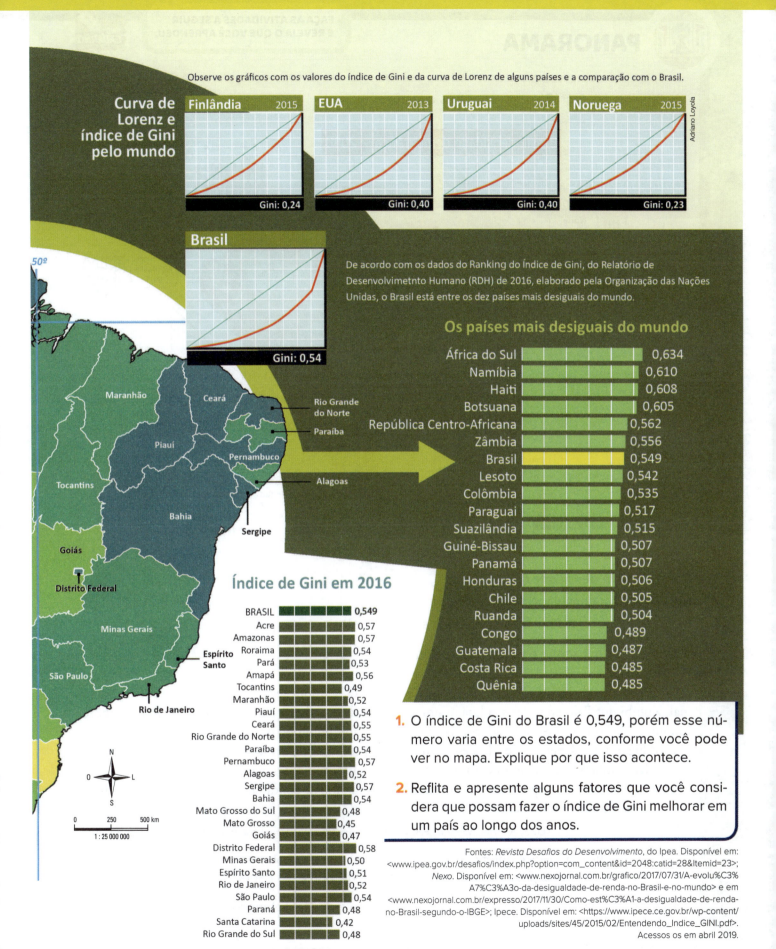

PANORAMA

FAÇA AS ATIVIDADES A SEGUIR E REVEJA O QUE VOCÊ APRENDEU.

NO CADERNO

1. Observe o infográfico e responda às questões.

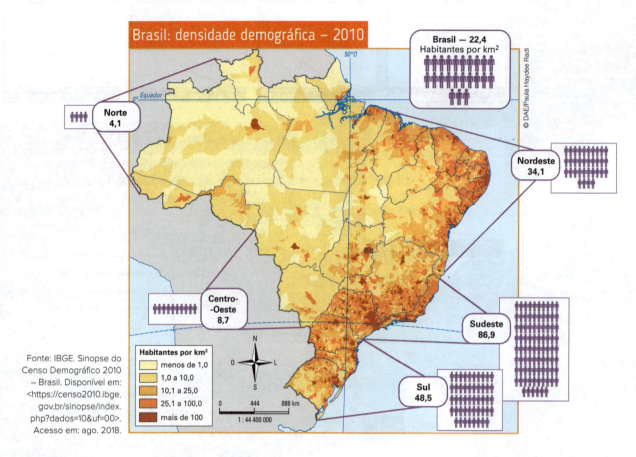

Fonte: IBGE. Sinopse do Censo Demográfico 2010 – Brasil. Disponível em: <https://censo2010.ibge.gov.br/sinopse/index.php?dados=10&uf=00>. Acesso em: ago. 2018.

a) O que é densidade demográfica?
b) Qual é a densidade demográfica do Brasil?
c) Qual é a região mais povoada e a menos povoada de nosso país?

2. Leia o texto a seguir e faça o que se pede.

  Mais um 20 de Novembro. Dia da Consciência Negra. Lembra-se da morte do maior Herói Nacional, Zumbi dos Palmares. Por sua luta, o nome Zumbi deixou de ser sinônimo de morto-vivo para ser sinônimo de homens negros lutadores. Tal qual Zumbi do Quilombo dos Palmares na Serra da Barriga, outros lugares do planeta por onde a escravidão deixou suas marcas também possuíam seus "Zumbis".
  A determinação de homens negros na luta contra a discriminação racial por todos os cantos onde a escravidão deixou suas sequelas os transformam em paradigma de conduta. E é graças a esses homens de fibra que o mundo está mudando. [...]

Eliane Almeida. Várias nações, vários Zumbis. *Afirmativa Plural*. São Paulo: Afrobras, n. 51, p. 14, 2014.

- Explique o que você entendeu do trecho acima. Cite exemplos de pessoas que você conhece, ou das quais já ouviu falar, que assumiram na vida esse papel de "Zumbis".

3. Leia o depoimento de uma mulher sobre a pergunta a que foi submetida no Censo 2010. Depois responda às questões.

[...] Moradora de Campo Grande, Zona Oeste do Rio, a vendedora Gisela Zerlotine fez questão de se declarar parda no Censo de 2010:

– Apesar de não ter pele tão escura, eu me sinto mais próxima de pardos e negros, minha família tem muitos negros – diz Gisela, casada há sete anos com Luiz Carlos de Oliveira, negro. – A gente tem dois filhos. Um é meu de uma relação anterior, Pedro, de 8 anos, branco mesmo, o pai era bem branco. E a outra é a Milena, de 2, filha minha com o Luiz Carlos. Ela já é caramelo. É bem misturada.

Alessandra Duarte. Censo 2010: população do Brasil deixa de ser predominantemente branca. *O Globo*, 29 abr. 2011. Disponível em: <http://oglobo.globo.com/politica/censo-2010-populacao-do-brasil-deixa-de-ser-predominantemente-branca-2789597>. Acesso em: jul. 2018.

a) Como é possível saber qual é a cor da pele/etnia da pessoa entrevistada?

b) As informações apresentadas pela entrevistada revelam uma característica marcante do povo brasileiro. Qual?

4. Observe no gráfico a seguir a evolução de um dos indicadores sociais do Brasil.

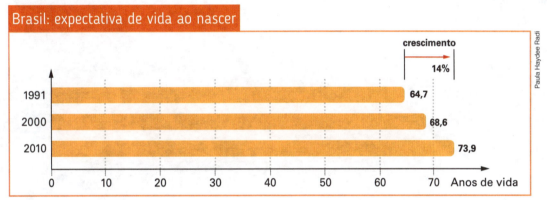

↑ O gráfico mostra a expectativa de vida no Brasil ao nascer (em anos), em 1991, 2000 e 2010.
Fonte: Pnud. Disponível em: <www.br.undp.org/content/brazil/pt/home/library/idh/longevidade.html>. Acesso em: jul. 2018.

a) O que os dados do gráfico revelam?

b) Escreva as razões que têm proporcionado as mudanças apresentadas.

5. Elabore no caderno um quadro como o modelo a seguir e preencha-o com o nome dos grupos humanos relacionados aos processos imigratórios no Brasil.

Imigração	Grupos humanos
Imigrantes – séculos XIX e XX	
Imigrantes – século XXI	

6. O que é IDH? Como esse índice pode nos ajudar a conhecer a qualidade de vida da população dos países?

DICAS

📖 LEIA

Made in África, de Luís da Câmara Cascudo (Global). O livro é o resultado de uma viagem à África Ocidental e à Oriental empreendida pelo autor no início da década de 1960. Em contato com a vida dos povos africanos, ele constatou grandes pontos de encontro entre essas culturas e a brasileira.

Enquanto o dia não chega, de Ana Maria Machado, ilustrado por Rodrigo Rosa (Alfaguara). Ambientado em três lugares diferentes do mundo que acabam tendo como elo o Brasil, o livro é uma breve incursão por fatores de formação da cultura brasileira.

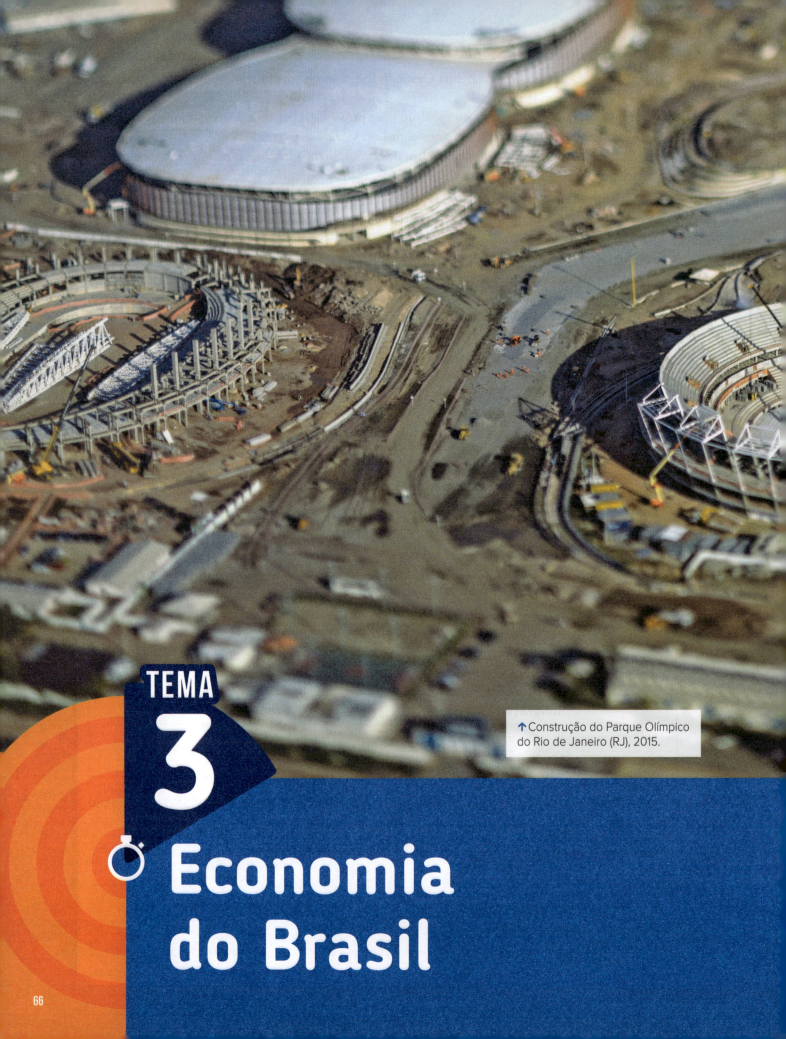

Construção do Parque Olímpico do Rio de Janeiro (RJ), 2015.

TEMA 3
Economia do Brasil

NESTE TEMA
VOCÊ VAI ESTUDAR:

- os sistemas econômicos mercantilista e capitalista;
- as desigualdades sociais;
- nossa urbanização e a rede de cidades;
- a produção agropecuária;
- histórias e mudanças socioespaciais da indústria brasileira.

As relações entre a sociedade brasileira e seu espaço geográfico são bastante diversificadas. Isso acontece tanto no espaço urbano — onde estão concentradas, principalmente, as atividades industriais, comerciais e de serviços — como no espaço rural, onde se desenvolvem, sobretudo, as atividades relacionadas à prática da agricultura e da pecuária.

1. Em sua família, as fontes de renda são provenientes de quais setores da economia?

CAPÍTULO 1

Sistema econômico capitalista

No capítulo anterior, você estudou os indicadores de desenvolvimento humano de nossa população. Neste capítulo, você vai estudar temas fundamentais para compreender as paisagens brasileiras: o que são mercantilismo e capitalismo; as fases do capitalismo; o desenvolvimento de empresas de informática, microeletrônica e robotização.

Produzir e transformar

A forma de produzir, comercializar e consumir os bens e serviços em determinado espaço geográfico está diretamente relacionada à maneira pela qual a sociedade se apropria, constrói e organiza esse espaço. Esse conjunto define o modo de produção adotado por ela.

Atualmente, o **capitalismo** é o sistema ou modo de produção **hegemônico** na economia global e as sociedades capitalistas são predominantes no mundo. Mas o que é capitalismo?

Observe as imagens a seguir. Elas são indicativas desse sistema. Discuta essas questões com os colegas.

> **GLOSSÁRIO**
>
> **Hegemonia:** situação em que determinados povos, governos, ideologias etc. têm mais influência ou poder do que os outros; supremacia.

↑ Entrada de *shopping*. Brasília (DF), 2018.

↑ Caixas registradoras em supermercado. Altamira (PA), 2014.

Capitalismo é o sistema econômico e social em que os meios de produção (fábricas, terras, máquinas etc.) são, em grande parte ou totalmente, de propriedade privada, ou seja, pertencem a alguém ou a um grupo de pessoas.

Numa economia capitalista, a produção e a distribuição de riquezas são regidas pelo mercado, pela lei da oferta e da procura. Isso significa que o mercado influencia o quê, quando, onde, como e quanto produzir. Quando há grande oferta de um produto no mercado, seu preço tende a diminuir; quando a oferta do produto é menor, o preço tende a subir. Por isso dizemos que os preços dos produtos que consumimos são definidos pela economia de mercado.

No capitalismo, as mercadorias são produzidas por meio do trabalho assalariado, ou seja, a maior parte das pessoas vende sua força de trabalho às empresas em troca de um salário.

É importante salientar, entretanto, que o capitalismo não se desenvolve da mesma forma, nem no mesmo ritmo, em todos os lugares. E essas diferenças são visíveis na paisagem.

Essas características evidenciam o principal objetivo do capitalismo: **a obtenção de lucro**. Todo o processo produtivo está voltado para a aquisição e o acúmulo de capital (que pode estar aplicado de diversas formas, por exemplo, em propriedades). Uma vez garantido, o capital será reinvestido na produção da mesma empresa ou em outros setores.

Apesar de haver impulsionado a capacidade produtiva das sociedades, o capitalismo promoveu a divisão de classes sociais, consequência das relações de propriedade e de trabalho. Um dos resultados desse fato é a desigualdade social perceptível nas paisagens urbanas.

Observe a paisagem ao lado. Que contrastes ela mostra?

O Brasil faz parte do sistema econômico capitalista. Para entender como o capitalismo age na economia brasileira, precisamos voltar um pouco no tempo e compreender como ele surgiu e se desenvolveu no mundo. Estudaremos, a seguir, o contexto histórico do capitalismo em escala global para, mais adiante, compreendermos as suas consequências na economia do Brasil.

↑ Recife (PE), 2018.

Surgimento e evolução do capitalismo

O capitalismo consolidou-se na Europa Ocidental com a decadência do **feudalismo** e a ascensão das **monarquias absolutistas**. No feudalismo, a terra era propriedade dos senhores feudais. Eles distribuíam pequenas partes da terra a seus servos (camponeses), que, em troca, deveriam trabalhar para eles ou lhes dar parte da produção obtida.

A partir do século XI, muitas alterações ocorreram nas relações de trabalho e produção no espaço europeu que levaram ao surgimento do capitalismo:

- o renascimento urbano e comercial;
- a formação de uma nova classe de comerciantes e artesãos nas cidades;
- as modificações nas relações de trabalho no campo, causadas pelo avanço tecnológico e pela organização da produção;
- a mudança do sistema de troca de produtos por produtos para o sistema de troca de produtos por moedas.

Nesse contexto, a produção para o mercado cresceu gradualmente, incentivada por inovações nas técnicas de produção, que aumentavam a produtividade do trabalho. Assim, o comércio se expandiu em busca de novos compradores.

À medida que as cidades prosperavam, os comerciantes passaram a liderar o desenvolvimento econômico e a se aliar a monarcas. Lentamente, encerrava-se o sistema feudal e iniciava-se o capitalismo comercial.

Com o nascimento do capitalismo, os servos passaram a trocar o espaço agrário pelas pequenas cidades (burgos), o que possibilitou o aparecimento do trabalhador livre, que se configuraria mais adiante em trabalhador assalariado. O crescimento e desenvolvimento de cidades foi uma importante transformação do espaço geográfico nesse período.

> **GLOSSÁRIO**
>
> **Feudalismo:** modo de produção que predominou na Idade Média, entre os séculos V e XV. A autoridade política era a nobreza e o sistema baseava-se, essencialmente, na posse de terras e no trabalho agrícola.
>
> **Monarquia absolutista:** forma de governo na qual o rei ou o imperador tem poderes absolutos.

Capitalismo comercial

O capitalismo comercial vigorou na Europa entre os séculos XV e XVIII, quando o acúmulo de capitais por meio do comércio originou o capitalismo. Nessa época predominava uma política **mercantilista** de expansão marítima, na qual terras até então desconhecidas pelos europeus foram conquistadas. Essas empreitadas comerciais foram financiadas por comerciantes ricos e viabilizadas devido aos investimentos em inovações dos transportes marítimos, com destaque para os conhecimentos desenvolvidos em Portugal.

Nesse período, chamado Grandes Navegações, as potências europeias da época (Portugal, Espanha, Holanda e França) chegaram a lugares distantes, estabeleceram colônias e expandiram o comércio de riquezas naturais e produtos manufaturados. Com o comércio, acumulava-se capital.

> **GLOSSÁRIO**
>
> **Mercantilismo:** doutrina econômica vigente entre os séculos XV e XVIII baseada na balança comercial favorável, na acumulação de reservas de prata e ouro e na intervenção do Estado na economia.

↑ Detalhe de ilustração japonesa que mostra cena no porto com a chegada de mercadores portugueses ao Japão, século XVII. Tinta e folha de ouro sobre papel.

As transformações no espaço geográfico mundial foram profundas entre o final do feudalismo e o início do capitalismo comercial. As Grandes Navegações proporcionaram o contato entre povos de diferentes continentes e a expansão da cultura ocidental. Iniciaram-se o intercâmbio de produtos, os avanços nas técnicas de navegação e a produção de mercadorias. Nos territórios colonizados, os países colonizadores começaram a dizimar os povos nativos, escravizar e comercializar as pessoas negras africanas e a explorar os recursos naturais. Além de fornecer recursos, as colônias eram importantes mercados consumidores dos produtos manufaturados europeus. A acumulação de capitais foi essencial para o desenvolvimento da segunda fase do capitalismo, o industrial.

Capitalismo industrial

Essa fase do capitalismo se desenvolveu entre os séculos XVIII e XIX, quando ocorreram a Primeira e a Segunda Revolução Industrial, nas quais a indústria dominou a atividade econômica. O acúmulo de capital, originado na fase do capitalismo comercial, possibilitou grandes investimentos na mecanização e no desenvolvimento de novas técnicas de produção. Assim, o capitalismo ganhou um novo rumo, e as cidades, além da atividade comercial, começaram a abrigar também a produção industrial.

Os métodos artesanais e manuais foram aos poucos substituídos pelo uso de máquinas. Esse período também é marcado pela queda das monarquias absolutistas e do clero e pela ascensão da burguesia (classe de comerciantes). Uma nova classe social também nasceria na Revolução Industrial: o proletariado. Os proletários formam o grupo social que não possui capital acumulado e não dispõe de indústrias ou máquinas (meios de produção); portanto, para garantir a sobrevivência, precisam vender sua força de trabalho em troca de um salário.

Capitalismo monopolista ou financeiro

É a fase atual do capitalismo, iniciada na segunda metade do século XIX, com o desenvolvimento da Segunda Revolução Industrial. Nela, a economia é monopolizada (uma ou poucas empresas dominam o mercado de determinados produtos) e há a expansão de grandes corporações, como os bancos e as empresas **transnacionais**. Estudaremos a seguir as fases industrial e financeira do capitalismo atreladas à Revolução Industrial.

> **GLOSSÁRIO**
>
> **Transnacional:** empresa cujas filiais não seguem as diretrizes da matriz, pois têm interesses próprios e, às vezes, conflitantes com os do país de origem.

CARTOGRAFIA

Observe o mapa a seguir e responda às questões na sequência.

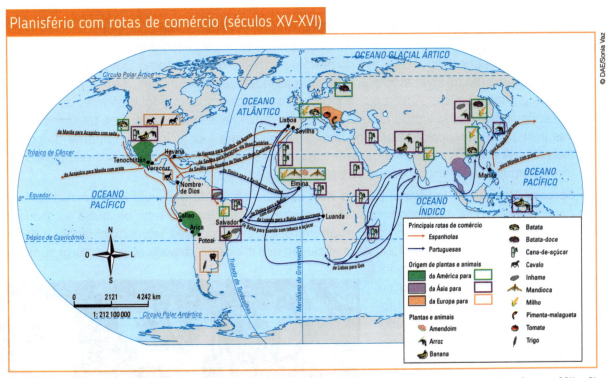

Planisfério com rotas de comércio (séculos XV-XVI)

Fonte: Claudio Vicentino. *Atlas histórico geral e do Brasil*. São Paulo: Scipione, 2011. p. 91.

1. As rotas demonstram que havia comércio no período. A que fase do capitalismo ela faz referência?

2. Além de novas mercadorias, que outros elementos você acha que passaram a ser "trocados" entre os lugares por causa dessas viagens?

3. Como os lugares podem ter se transformado em decorrência do contato com os europeus que chegavam?

A tecnologia e as mudanças no espaço geográfico

Grandes transformações ocorreram nas relações de trabalho no decorrer da História, como o extraordinário desenvolvimento das técnicas de produção, circulação e distribuição de mercadorias.

A história do desenvolvimento tecnológico passa pelas revoluções industriais, que causaram profundas transformações econômicas e sociais. Essas etapas também imprimiram mudanças significativas nas paisagens, com intensa diversificação de atividades.

- **Primeira Revolução Industrial (século XVIII):** iniciada na Inglaterra. A produção de mercadorias deixou de ser manufaturada (caracterizada pela utilização de ferramentas simples) e passou a ser mecânica, com o emprego de máquinas. Predominou o uso da máquina a vapor (movida a carvão mineral) e do ferro. Houve aumento na quantidade de profissões, de mercadorias e de unidades de produção (as fábricas). As cidades cresceram e a necessidade de matérias-primas agrícolas e minerais ampliou-se, ocasionando a exploração de muitos povos, sobretudo africanos. Duas principais classes sociais emergiram: capitalistas, que detinham o capital (fábricas, meios de produção e investimentos), e trabalhadores assalariados (mão de obra). A indústria passou a ser dominante na atividade econômica e foi gradativamente se espalhando pelos países mais ricos da Europa, solidificando o capitalismo industrial.

- **Segunda Revolução Industrial (século XIX):** a indústria expandiu-se para além do continente europeu. Surgiram novas formas de produção, como a especialização da mão de obra operária e a produção em série. Iniciou-se o uso do petróleo e da eletricidade como fontes de energia. O motor de combustão foi inventado e apareceram as indústrias siderúrgicas, metalúrgicas, automobilísticas e petroquímicas. Acentuou-se a divisão social do trabalho e foi estabelecida a produção em série, aumentando a produtividade. O capital industrial se integrou ao capital financeiro e novas instituições financeiras, como os bancos, começaram a participar diretamente da produção industrial. A evolução das grandes empresas levou à formação de gigantescos complexos industriais e industriais-financeiros, que se espalharam pelo mundo.

- **Terceira Revolução Industrial (século XX):** também chamada de Revolução Técnico-Científica, caracteriza-se pela maior incorporação do conhecimento científico e da pesquisa à produção industrial. Despontaram setores como microeletrônica, biotecnologia, telecomunicações, robótica e informática. O uso de computadores, a evolução dos meios de comunicação e o surgimento da internet proporcionaram um grande salto na produtividade e no desenvolvimento de novas tecnologias. A atividade industrial passou a exigir trabalhadores mais qualificados, o que explica a importância e a necessidade de investimentos na educação e na pesquisa.

Observando ao lado a tela pintada por Clive Gardiner, você consegue apontar a qual Revolução Industrial ela faz referência?

Clive Gardiner. *Fabricação de motor*, 1928. Litografia colorida, 152,5 cm × 102 cm.

ATIVIDADES

SISTEMATIZAR

1. Com base no que você estudou, defina capitalismo e cite dois fatores que impulsionaram seu surgimento.

2. Faça no caderno um quadro como este a seguir. Complete-o com características correspondentes a cada fase do capitalismo.

Período	Características	Fase do capitalismo
séculos XV a XVIII		capitalismo comercial
séculos XVIII e XIX		capitalismo industrial
séculos XIX a XXI		capitalismo financeiro

3. A máquina de tear revolucionou a indústria têxtil. A que fase da Revolução Industrial essa invenção se refere?

4. Responda:
   a) Quais foram as novas fontes de energia que originaram a Segunda Revolução Industrial?
   b) Que indústrias essas matrizes energéticas incentivaram?
   c) Que transformações na paisagem podem ter ocorrido a partir desse período? Por quê?

REFLETIR

1. Observe a sequência de imagens a seguir. Elas retratam o entorno do Rio Tâmisa em Londres, na Inglaterra, em dois momentos históricos diferentes: 1620 e 1829.

↑ Escola flamenga. *Rio Tâmisa em Richmond com o Antigo Palácio Real*, c. 1620. Óleo sobre tela, 152,1 cm × 304,2 cm.

↑ Clark. *Panorama do Rio Tâmisa a partir do Adelphi*, c. 1829. Água-tinta (detalhe).

- Escreva sobre as mudanças que a indústria causou nessa paisagem.

DESAFIO

1. Faça uma redação com o seguinte título: "A fábrica e a sociedade". Para escrevê-la, use seus conhecimentos prévios e os adquiridos neste capítulo.

73

CAPÍTULO 2
Distribuição de riquezas e ambiente

No capítulo anterior, você estudou o surgimento e o desenvolvimento do capitalismo. Neste capítulo, vamos começar a relacionar o desenvolvimento do capitalismo com as paisagens atuais e a realidade brasileira.

Industrialização e globalização

Você já viu, em um de seus objetos ou roupas do dia a dia, uma etiqueta com a inscrição "*Made in*", seguida do nome de outro país? Isso significa que aquele produto não foi fabricado em território brasileiro, e sim em outro país, que exportou esse produto para cá. Esse é um dos aspectos do capitalismo atual: a **globalização** do comércio e da indústria.

Desde o século XV, as trocas de matérias-primas e produtos manufaturados ou industrializados entre os continentes vêm sendo intensificadas. O desenvolvimento recente de modernos sistemas de transporte e comunicação diminuíram as distâncias e reduziram o tempo de deslocamento das pessoas entre os países. A mobilidade de mercadorias e empresas, do capital e das informações acentuou a integração entre países e regiões do mundo.

A globalização e o desenvolvimento das tecnologias de informação possibilitaram que as grandes corporações transnacionais, na busca de lucros e de redução de custos, produzissem suas mercadorias em diversas partes do mundo, dominando importantes mercados. Os países industrializados instalaram empresas em países cujo setor industrial não era significativo para a economia, e estes últimos passaram, então, a fabricar produtos industrializados.

Observe no mapa a seguir o grande fluxo comercial de produtos industriais no mundo. O que podemos destacar em relação ao Brasil?

GLOSSÁRIO

Globalização: processo de aprofundamento da integração entre regiões do planeta nos setores econômico, social e cultural, com base no elevado desenvolvimento das telecomunicações e dos transportes.

Mapa-múndi: indústria e comércio – 2013

Fonte: Vera Caldini e Leda Ísola. *Atlas geográfico Saraiva*. São Paulo: Saraiva, 2013. p. 186.

Distribuição das riquezas

As transações comerciais não são iguais para todos os lugares. Regiões como a Europa ocidental, a América Anglo-Saxônica e parte dos países da Ásia são altamente participativas no comércio internacional. Estes são os países que centralizam os maiores fluxos de produção e consumo de mercadorias. Por outro lado, os países da América Latina (entre eles, o Brasil), a África e o sudoeste da Ásia têm participação menos influente no desenvolvimento industrial e tecnológico, apresentando fluxos menores de importação e exportação.

As empresas **multinacionais** e transnacionais são as principais responsáveis por impulsionar e controlar o comércio internacional. Os países que são sedes dessas empresas se tornam grandes polos globais de desenvolvimento científico, tecnológico, produtivo e econômico.

Com o intuito de diminuir os custos de produção, as multinacionais buscam os países subdesenvolvidos para utilizar a matéria-prima, a mão de obra barata e aproveitar os grandes mercados consumidores.

> **GLOSSÁRIO**
>
> **Multinacional:** empresa que mantém filiais em vários países do mundo, comandadas de uma sede situada no país de origem.

↑ Galpão de empresa exportadora de mangas. Petrolina (PE), 2015.

↑ Contêineres de produtos importados chegam ao porto. Itajaí (SC), 2018.

Maior desigualdade entre os países

A atual fase do processo de globalização criou, por um lado, a possibilidade de integração e conexão entre os países de um modo jamais imaginado cem anos atrás. Por outro lado, aumentou significativamente as desigualdades socioeconômicas entre eles. Os países desenvolvidos produzem e exportam produtos altamente tecnológicos e importam os produtos do setor primário da economia, feitos nos países subdesenvolvidos e com pouco valor agregado. A realidade econômica e social dos países ricos e a dos países pobres são cada vez mais diferentes.

↑ Pessoas em situação de rua. Curitiba (PR), 2015.

Segundo a ONU, atualmente cerca de 800 milhões de habitantes vivem nas 50 nações menos desenvolvidas do mundo. Dessas, 34 estão na África, 15 na Ásia e ilhas do Oceano Pacífico e uma na América Central. A maioria de seus habitantes vive com menos de 1 dólar por dia e a renda *per capita* desses países não ultrapassa os 400 dólares. Do ponto de vista social, muitas dessas nações ainda passam por guerras civis, têm expectativa de vida inferior a 50 anos e altas taxas de mortalidade infantil.

Desemprego

O aumento da produtividade visto na atual fase do capitalismo não gerou um aumento significativo na oferta de novos postos de trabalho. Segundo a Organização Internacional do Trabalho (OIT), existem cerca de 190 milhões de habitantes desempregados (dados de 2017). De acordo com a própria OIT, o número de pessoas sem emprego é um dos índices mais altos já registrados, afetando principalmente os mais jovens.

A OIT afirma ainda que, mesmo havendo 3,2 bilhões de pessoas empregadas, quase a metade dessa quantidade – cerca de 1,3 bilhão de pessoas – ainda se encontra em situação de pobreza e miséria. Em sua maioria, esses trabalhadores recebem menos de 2 dólares por dia. Na América Latina, observa-se o crescimento do setor informal como uma alternativa para minimizar os riscos do desemprego e da miserabilidade extrema.

↑ Desempregados fazem fila em busca de vagas de emprego. Porto Alegre (RS), 2018.

Produção, consumo e meio ambiente

O objetivo do sistema capitalista é que as mercadorias sejam produzidas para serem vendidas no mercado, e não para serem utilizadas apenas por quem as produz. O modelo de desenvolvimento adotado no mundo em geral visa à produção em excesso, muito superior às necessidades básicas das sociedades. Alguns mecanismos estimulam o consumo, como a propaganda nos **meios de comunicação de massa**, que induz as pessoas a comprar mais – até mesmo bens considerados supérfluos. A isso chamamos de **consumismo**.

As inovações tecnológicas contribuem muito para o consumismo, pois, por causa delas, novos produtos são lançados no mercado constantemente, novos hábitos de consumo são criados e muitos produtos, mesmo com pouco uso, perdem a serventia. Você já pode ter passado por essa experiência.

> **GLOSSÁRIO**
>
> **Meios de comunicação de massa:** relaciona-se à mídia de forma geral, como o rádio, os jornais, as revistas, o cinema, a televisão e a internet.

← Clientes compram em loja que faz liquidação. São Paulo (SP), 2016.

Nas sociedades capitalistas, o ato de consumir tornou-se sinônimo de prestígio social, e a vida das pessoas é fortemente marcada pelo desejo de compra. As campanhas publicitárias ocupam todos os meios de comunicação com o objetivo de induzir a sociedade ao consumo.

O aumento crescente da produção coloca à nossa disposição uma variedade de produtos e serviços para consumo. Muitos deles são necessários à nossa sobrevivência; outros, entretanto, são comprados por nós por fatores como o conforto e as facilidades da vida moderna.

Para atender à grande produtividade e à demanda atual do mercado por vários produtos, exploram-se incessantemente os recursos da natureza em todos os estágios da produção, desde a obtenção da matéria-prima para a fabricação do produto (minérios e madeira, por exemplo) até o destino final, o consumidor. Em todo o processo são necessários recursos naturais, capital, energia, água e trabalho humano.

A humanidade vive um momento em que é preciso uma mudança drástica na relação com o meio ambiente, pois os recursos da natureza não são mais capazes de manter a sustentabilidade dos espaços geográficos e, ao mesmo tempo, suprir a demanda de consumo cada vez mais intensa imposta pelos padrões das sociedades modernas.

Os recursos naturais somente deveriam ser utilizados no processo industrial até o limite da capacidade do meio ambiente de se renovar, o que não acontece atualmente.

↑ Indústria petroquímica emite poluentes no ar. Camaçari (BA), 2015.

Diversos problemas ambientais são decorrentes dessa situação provocada pelos seres humanos. As indústrias são responsáveis por grande parte da poluição do planeta, pois liberam, principalmente, dióxido de carbono na atmosfera. Isso também acontece com a opção pelo uso de veículos automotores. Os recursos financeiros requeridos para combater essa poluição poderiam ser investidos em outros setores da sociedade, melhorando assim a qualidade de vida.

Desde a Primeira Revolução Industrial, as atividades econômicas estão fundamentadas na queima de combustíveis fósseis – inicialmente o carvão mineral e, posteriormente, o petróleo. China, Estados Unidos, Índia, Rússia e Japão estão entre os países que emitem mais gases de efeito estufa, resultado de seu alto nível de industrialização. Muitos países já tomaram providências para racionalizar o uso de matéria-prima, água e energia e, assim, reduzir os impactos ambientais causados pela emissão de gases e resíduos tóxicos. A produção de energias alternativas, como a solar e a eólica (que não impactam o meio ambiente), é uma alternativa.

↓ Usina solar. Boa Vista das Missões (RS), 2017.

A globalização e o mercado brasileiro

O Brasil é um grande exportador de produtos do setor primário: agricultura, pecuária e extrativismo vegetal (principalmente as atividades madeireiras). Os maiores impactos ambientais brasileiros estão ligados a essas atividades, bem como à má gestão dos resíduos urbanos, esgoto e lixo.

A agricultura e a pecuária desenvolvida no país demandam áreas extensas para o cultivo e criação de animais, que são obtidas por meio do desmatamento. A retirada da cobertura vegetal causa diversos impactos ao ambiente, como: a perda de fertilidade do solo e aceleração de processos erosivos; a redução da biodiversidade animal e vegetal; o desequilíbrio no regime de chuvas e alterações climáticas. Nas grandes metrópoles brasileiras, são altos os índices de poluição atmosférica devido à queima de combustíveis fósseis dos automóveis e à emissão de gases poluentes das indústrias.

A intensificação das trocas comerciais propiciada pelo processo de globalização e o aumento do consumo causam impactos irreversíveis ao ambiente. No longo prazo, além do esgotamento dos recursos naturais, grandes áreas se tornarão improdutivas e a água disponível será de má qualidade para consumo, com a contaminação e poluição das águas subterrâneas e superficiais.

Construção do Porto do Açu, em São João da Barra (RJ), 2015.

 **DIÁLOGO**

Cartão de visita

Acende o incenso de mirra francesa
Algodão fio 600, toalha de mesa
Elegância no trato é o bolo da cereja
Guardanapos *gold*, agradável surpresa
Pra se sentir bem com seus convidados
Carros importados garantindo translados
[...]

O governo estimula e o consumo acontece
Mamãe de todo mal, a ignorância só cresce
[...]
Acha que tá mamão, tá bom, tá uma festa
Menino no farol cê humilha e detesta
Acha que tá bom, né não, nem te afeta
Parcela no cartão essa gente indigesta

Criolo. In: Criolo. *Convoque seu buda*. São Paulo: Oloko Records, 2014.
Disponível em: <www.vagalume.com.br/criolo/cartao-de-visita.html>. Acesso em: jul. 2018.

1. Como você interpreta a crítica que o *rapper* Criolo faz nessa música?

2. Um dos pontos levantados na canção é a ostentação de coisas caras como símbolo de *status*. Você observa essa ostentação nos meios em que vive ou nas mídias que utiliza?

ATIVIDADES

SISTEMATIZAR

1. Explique a relação entre consumismo e impactos ambientais.

2. Considerando a desigualdade nas transações comerciais do planeta, explique as diferenças entre os países que são sedes de multinacionais e aqueles onde se instalam as fábricas e filiais dessas empresas.

3. Observe o mapa da página 74 e faça o que se pede a seguir.
   a) Quais são os dois principais países exportadores de produtos industrializados?
   b) Quais são as principais rotas comerciais de produtos industrializados?
   c) Com base no mapa e considerando seu conhecimento sobre produção e consumo no mundo globalizado, explique por que em algumas regiões como a América do Sul e a África há um baixo fluxo comercial de produtos industrializados.

4. Por que o capitalismo é um sistema econômico cujo motor é o consumo?

5. Considerando que o Brasil é um grande exportador de produtos do setor primário, identifique ao menos três problemas ambientais ligados a essas atividades e explique de que maneira o atual modelo de consumo intensifica esses impactos.

REFLETIR

1. A Terceira Revolução Industrial provocou profundas mudanças nos sistemas de produção e nas relações de trabalho que incidiram diretamente na organização do espaço geográfico. Leia o texto a seguir e responda às questões.

   Em 2017, foram comercializados 381 mil robôs industriais em todo o mundo. O número representou um recorde de vendas desses produtos e um aumento de 30% em relação ao ano anterior, quando foram vendidas 294 mil unidades. [...]

   Os robôs industriais são instrumentos centrais da automação de linhas de produção. A substituição de trabalho humano por máquinas vem sendo considerada uma tendência da indústria contemporânea por organismos internacionais como o Fórum Econômico Mundial e a Organização para a Cooperação e o Desenvolvimento Econômico (OCDE).

   Por outro lado, a introdução de sistemas autônomos em fábricas também levanta questionamentos sobre o impacto desse fenômeno na geração de empregos.

   Jonas Valente. *Agência Brasil*, 23 jun. 2018. Disponível em: <http://agenciabrasil.ebc.com.br/economia/noticia/2018-06/vendas-mundiais-de-robos-industriais-batem-recorde>. Acesso em: jul. 2018.

   a) A que elemento dessa fase industrial o texto se refere?
   b) Por que o uso de robôs reduz os custos com a mão de obra?

2. Observe o cartum a seguir.

Em sua opinião, é possível conciliar o acúmulo de capital com o desenvolvimento sustentável? Justifique.

CAPÍTULO 3
Redes de transporte e comunicação

No capítulo anterior, você estudou os impactos do capitalismo na distribuição de riquezas e no meio ambiente, com destaque para a realidade brasileira. Neste capítulo, vamos abordar as redes de transporte e comunicação que integram a economia do Brasil.

Dinâmicas do espaço geográfico

Considerando a evolução do sistema capitalista ao longo dos séculos e as transformações que possibilitaram a integração mundial, estudadas nos capítulos anteriores, podemos dizer que, em muitos aspectos, a evolução da globalização é uma série contínua de desenvolvimento nos meios de transporte e na comunicação.

Uma das formas de compreender a dinâmica do espaço geográfico é estudar a relação entre seus **elementos fixos** e seus **fluxos**. Como elementos fixos consideramos tudo aquilo que está fixado nos lugares, seja natural, seja construído pelo ser humano.

A relação que criamos entre esses elementos gera uma diversidade de fluxos, os quais são as circulações que ocorrem no espaço geográfico. Por exemplo: as mercadorias que circulam entre produtores e consumidores ou o trânsito de veículos que leva as pessoas diariamente de casa ao trabalho são os chamados **fluxos materiais**. Já as informações que trocamos pela internet por meio de aplicativos e redes sociais, ou até mesmo as transações bancárias virtuais, são os **fluxos imateriais**.

As redes de transporte, portanto, são a consequência das múltiplas e diversas combinações entre elementos fixos e fluxos materiais que circulam no espaço geográfico. Já as redes de comunicação garantem a circulação imaterial de informação, tecnologias, valores e conhecimento.

Observe o mapa ao lado. Ele apresenta os principais **modais** de transporte e de circulação fixados no território brasileiro, como rodoviário, ferroviário, hidroviário e aeroviário. A distribuição entre eles revela como os fluxos são desiguais no território nacional, com maior concentração na região centro-sul, área de maior dinamismo econômico do país.

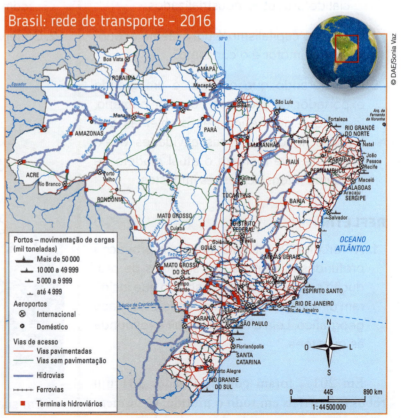

Fonte: *Atlas geográfico escolar*. 7. ed. Rio de Janeiro: IBGE, 2016. p. 143.

GLOSSÁRIO

Modal: relativo a modo ou modalidade.

Ferrovias

O sistema ferroviário é considerado um dos mais eficientes meios de transporte devido a sua capacidade de transportar grandes cargas e percorrer longas distâncias, além do baixo consumo de combustível. Justamente por essas características, as ferrovias assumiram um importante papel histórico no desenvolvimento econômico e produtivo de diversos países, inclusive do Brasil.

↑ Carga de minério de ferro transportado por ferrovia. Rio Piracicaba (MG), 2016.

Ferrovias no Brasil

O trem tornou-se o principal modal de transportes de carga e de passageiros durante a expansão da produção de café na região do Vale do Paraíba (estados de São Paulo e Rio de Janeiro), no século XIX. Após 1930, quando o café perdeu valor, as atividades industriais cresceram e, com elas, surgiram as rodovias. Essa expansão causou o enfraquecimento das ferrovias e algumas foram substituídas por estradas de rodagem.

Atualmente, o Brasil conta com cerca de 30 mil quilômetros de ferrovias, majoritariamente voltadas para o escoamento de mercadorias, o que representa 21% da matriz de transportes de cargas do país, como você pode observar no gráfico ao lado. Essa dimensão é considerada de baixa extensão se comparada à área do país e, de acordo com dados de 2018 da Confederação Nacional de Transportes (CNT), cerca de 8 mil quilômetros não são utilizados em decorrência das condições precárias.

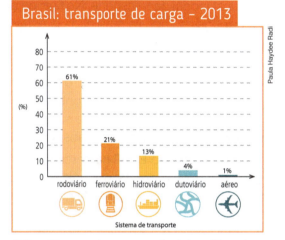

↑ O gráfico mostra o percentual dos diferentes sistemas de transporte utilizados no Brasil.

Fonte: Alessandro Serrano Colavite e Fabio Konishi. A matriz do transporte no Brasil: uma análise comparativa para a competitividade. In: *Simpósio de Excelência em Gestão e Tecnologia*, XII, 2015. Disponível em: <www.aedb.br/seget/arquivos/artigos15/802267.pdf>. Acesso em: jul. 2018.

Hidrovias

O transporte hidroviário engloba um conjunto de modais de transporte que utilizam o curso natural das águas para o deslocamento. Os rios formam vias de transporte fluvial e os mares e oceanos, a via de transporte marítimo.

Esse modelo de transporte é considerado um dos mais eficientes justamente pelo menor custo de investimento em infraestrutura de deslocamento, ao mesmo tempo que possibilita mover grandes volumes por extensas distâncias e ainda é pouco poluente.

Atualmente, o Brasil tem cerca de 43 mil quilômetros de vias fluviais potencialmente navegáveis, mas utiliza somente 27,5 mil quilômetros.

↑ Barca de transporte de carros no Rio Negro. Amazonas, 2014.

O sistema hidroviário movimenta cerca de 13% das cargas transportadas dentro do país, como você pode observar no gráfico da página 81. O Brasil exporta diversos produtos industrializados e matérias-primas para muitos países. O sistema mais utilizado para escoar os produtos para o exterior é o transporte marítimo, e os portos brasileiros são fundamentais nessa atividade.

Rodovias

A partir da década de 1920, o transporte rodoviário passou a receber forte investimento, e novas rodovias foram abertas com o objetivo de integrar o território brasileiro. O período entre 1950 e 1970 foi marcado pelo projeto desenvolvimentista de modernização do país, no qual se destacaram a indústria automobilística e o modelo rodoviarista de transporte. As ferrovias do século anterior perderam o protagonismo e o sistema rodoviário tornou-se o principal modal de transporte. No final da década de 1970 todas as capitais brasileiras já estavam interligadas por estradas.

Ao observar novamente o mapa da página 80, é possível notar que nem todo o território nacional é atravessado por rodovias; contudo, a densidade da malha rodoviária é bastante superior à densidade dos demais sistemas de transporte.

Atualmente no Brasil há cerca de 1,7 milhão de quilômetros de rodovias, os quais são responsáveis por 63% da carga transportada no país. O transporte rodoviário propicia criar rotas mais flexíveis, o que possibilita o escoamento de diversos tipos de carga. Justamente por sua flexibilidade, ele é um dos modais mais eficientes para curtas distâncias e transporte de mercadorias finais e perecíveis.

↑ Trecho da rodovia Presidente Dutra. Taubaté (SP), 2017.

 AQUI TEM MAIS

Greve dos caminhoneiros

Em 21 de maio de 2018, caminhoneiros iniciaram bloqueios em estradas de 19 estados para protestar contra o preço do *diesel*. A greve durou dez dias.

Os reflexos, principalmente do desabastecimento de combustível, foram diversos e sentidos em todo o país. Na cidade de São Paulo, todos os postos ficaram sem gasolina e etanol. A coleta de lixo em algumas cidades foi suspensa. Durante alguns dias, as empresas de ônibus rodaram com apenas 50% da frota, e universidades e escolas suspenderam parcial ou totalmente as atividades acadêmicas e administrativas. Aeroportos também enfrentaram dificuldades por causa da falta de abastecimento, e as empresas aéreas foram obrigadas a cancelar voos. Medidas judiciais foram expedidas para que os suprimentos de hospitais não fossem prejudicados.

1. Debata com os colegas a greve dos caminhoneiros. Depois, elabore um texto curto comentando por que ela causou problemas tão graves e que estratégias seriam possíveis para evitá-los.

Integração modal

As características dos diferentes modais de transporte determinam sua maior ou menor eficiência, de acordo com critérios como quantidade de carga transportada, distância percorrida, custos de implantação e manutenção, impactos ambientais e emissão de poluentes, flexibilidade de trânsito etc.

A matriz de transportes do Brasil é baseada no modelo rodoviarista, considerado de baixa eficiência, pois demanda alto custo tanto para o transporte ao longo de grandes trajetos como para a manutenção das vias, além de emitir grande índice de poluentes e consumir muito combustível.

↑ Transporte de bicicleta em ônibus. São Paulo (SP), 2014.

Assim, a complementariedade e integração modal se tornam um dos principais mecanismos de dinamismo e eficiência para a circulação de mercadorias no país. Considerando as condições geográficas dos locais de transporte de mercadorias, os sistemas podem ser utilizados de maneira integrada, o que aumenta a eficiência e diminui os custos e os impactos ambientais.

A integração modal também é uma alternativa para a melhoria da mobilidade urbana. Quando existe um sistema de integração modal eficiente, os passageiros ganham mais acesso à cidade, pois há ligação entre os diversos bairros.

Redes de comunicação

O desenvolvimento tecnológico vem ampliando as redes de comunicação a ponto de conseguirmos conectar espaços extremamente distantes fisicamente de maneira praticamente instantânea. Como consequência, o espaço geográfico também ganha novas características e os **fixos geográficos** são cada vez mais transformados.

Exemplo disso é a diminuição de agências bancárias e de lojas especializadas em aluguel de filmes nas cidades, ao mesmo tempo que são construídos edifícios modernos, com portarias virtuais conectadas a uma central pela internet.

Em decorrência das **tecnologias da informação**, que possibilitaram o acesso a diversas partes do mundo, os fluxos de informação se tornaram cada vez mais intensos. Assim, a produção e transporte de mercadorias e a circulação de pessoas foram facilitadas e ampliadas.

Houve grande aumento na proporção de domicílios com acesso à internet no Brasil, que saltou de 18% em 2008 para 54% em 2016 (segundo a Cetic.br).

No entanto, essa grande conexão informacional ainda não atinge a todos e ocorre de forma desigual. Essa desigualdade está associada à dificuldade de acesso a recursos e tecnologias por uma parte significativa da população.

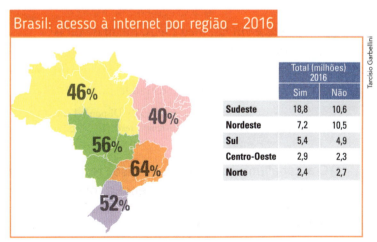
↑ Proporção e total de domicílios com acesso à internet no Brasil por região.

Fonte: Centro Regional de Estudos para o Desenvolvimento da Sociedade da Informação (Cetic.br). *TIC Domicílios 2016: pesquisa sobre o uso das tecnologias de informação e comunicação no Brasil.* São Paulo, 5 set. 2017. Disponível em: <http://cetic.br/media/analises/tic_domicilios_2016_coletiva_de_imprensa_2.pdf>. Acesso em: jul. 2018.

ATIVIDADES

SISTEMATIZAR

1. Defina o que são os fixos e os fluxos geográficos.

2. No século XIX, ocorreu grande crescimento e desenvolvimento do setor ferroviário. Quais foram os fatores fundamentais para essa expansão?

3. Por que o projeto desenvolvimentista de modernização do Brasil, entre 1950 e 1970, transformou a matriz de transporte do país?

4. Embora o Brasil seja um país rico em rios, aponte uma característica natural que impossibilita a utilização de todos eles no transporte hidroviário.

5. Reproduza a tabela abaixo no caderno e escreva uma vantagem e uma desvantagem de cada modal de transporte.

	Vantagem	Desvantagem
Ferroviário		
Rodoviário		
Hidroviário		

6. O comércio eletrônico é uma das principais características do crescimento da tecnologia da informação. Explique como as novas redes de comunicação surgem e alteram as relações de comércio tradicional. Quais são as consequências espaciais dessas novas redes?

REFLETIR

1. A seguir, leia o trecho da letra de uma canção.

Frete

Quantas idas e vindas, meu Deus, quantas voltas
Viajar é preciso, é preciso
Com a carroceria sobre as costas
Vou fazendo frete cortando o estradão [...]

Renato Teixeira. *Frete*, 1979. Disponível em:
<www.letras.mus.br/renato-teixeira/271362>.
Acesso em: jul. 2018.

a) O autor afirma que "viajar é preciso". No entanto, em 2018 uma paralisação de caminhoneiros no país alterou significativamente a rotina de diversos brasileiros. Explique como a expressão "viajar é preciso" da música pode ser relacionada aos impactos da paralisação desses trabalhadores.

b) Deslocar uma grande quantidade de produtos pelos eixos rodoviários gera consequências para a economia brasileira. Quais são elas?

CAPÍTULO

4 Agropecuária e industrialização

No capítulo anterior, você estudou os principais modais para transporte no Brasil e a importância dos fluxos de comunicação. Neste capítulo, você vai conhecer as principais atividades econômicas de nosso país.

A produção agropecuária e extrativista

Você já estudou que o Brasil é um país muito extenso territorialmente, por isso há grande diversidade de paisagens, climas, relevos e tipos de solo. Essa variedade se reflete também na economia. Todos esses elementos resultam em recursos extrativistas, agropecuários e industriais que movimentam o comércio brasileiro.

A produção agropecuária é um setor importante da economia brasileira. Além de empregar muitas pessoas, é fonte de alimentos e de matéria-prima para as indústrias. A produção não é igual em todas as regiões porque os fatores determinantes variam, como condições climáticas, tipos de solo, posse de terra, destino da produção e investimento de capital.

O Brasil também se destaca na economia mundial pelos produtos do extrativismo vegetal, animal e mineral, como ouro, ferro bauxita e cassiterita. Além disso, a exploração de petróleo no país é crescente. Atualmente, o Brasil é o segundo país da América do Sul que mais produz petróleo, ficando atrás apenas da produção venezuelana.

O Brasil está entre os cinco maiores exportadores de alimentos do mundo, com forte participação da agropecuária no total de produtos exportados. De acordo com o Ministério da Agricultura, China, Holanda e Estados Unidos estão entre os principais compradores dos produtos agrícolas brasileiros.

Veja no infográfico ao lado alguns destaques da exportação agropecuária e extrativista do Brasil.

Brasil: destaques na exportação – 2017

Óxidos e hidróxidos de alumínio
Principal estado produtor: Pará
Total exportação em toneladas: 9 607 202

Celulose
Principal estado produtor: Bahia
Total exportação em toneladas: 13 841 745

Soja
Principal estado produtor: Mato Grosso
Total exportação em toneladas: 68 154 569

Minério de ferro
Principal estado produtor: Minas Gerais
Total exportação em toneladas: 383 537 172

Carne de frango
Principal estado produtor: Paraná
Total exportação em toneladas: 3 944 215

Petróleo
Principal estado produtor: Rio de Janeiro
Total exportação em toneladas: 51 965 421

Açúcar de cana
Principal estado produtor: São Paulo
Total exportação em toneladas: 23 331 299

1 : 45 000 000

Fontes: *Atlas geográfico escolar*. 6. ed. Rio de Janeiro: IBGE, 2016. p. 90; Ministério da Indústria, Comércio Exterior e Serviços. Comex Vis: principais produtos exportados. Disponível em: <www.mdic.gov.br/comercio-exterior/estatisticas-de-comercio-exterior/comex-vis/frame-ppe>. Acesso em: jul. 2018.

Além da agricultura de exportação, merecem destaque também os pequenos produtores agrícolas, responsáveis por parte expressiva da produção de mandioca, feijão, arroz, milho, leite e **hortifrutigranjeiros**, entre outros itens que abastecem o mercado interno de alimentos. Essa produção atende também a compras governamentais (por exemplo, em sistemas de venda de produtos destinados à merenda escolar diretamente do produtor para as prefeituras) e gera muito menos impactos ambientais do que a agricultura de exportação.

> **GLOSSÁRIO**
>
> **Hortifrutigranjeiro:** referente a atividades e produtos desenvolvidos e provenientes de hortas, granjas e pomares.

Processo de industrialização do Brasil

A **indústria** reúne matéria-prima, máquinas e trabalho humano; ela transforma a matéria-prima em produtos elaborados, que serão consumidos pela sociedade.

A atividade industrial ocorre especialmente nos espaços urbanos e está atrelada a outros setores da economia, como a agropecuária e os serviços.

Observe a sequência de imagens.

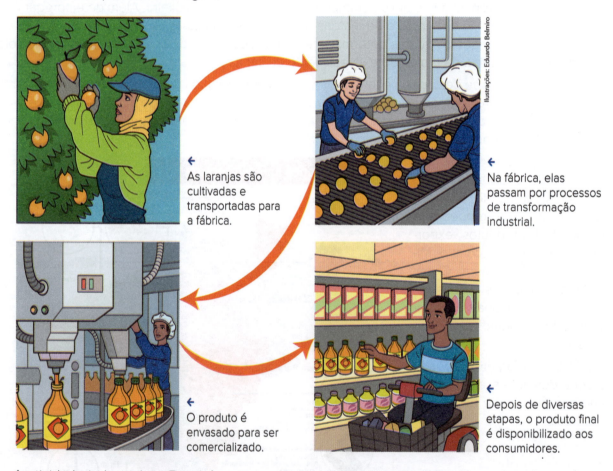

← As laranjas são cultivadas e transportadas para a fábrica.

← Na fábrica, elas passam por processos de transformação industrial.

← O produto é envasado para ser comercializado.

← Depois de diversas etapas, o produto final é disponibilizado aos consumidores.

Ilustrações: Eduardo Belmiro

A atividade industrial no Brasil é recente, se comparada à história da industrialização mundial, porque a política econômica brasileira era fundamentada na agricultura exportadora até a primeira metade do século XX.

No Período Colonial, havia pequenas indústrias artesanais domésticas (têxteis, de calçados, de embarcações etc.). O comando da metrópole portuguesa não permitia nenhum tipo de atividade industrial na colônia que pudesse competir com as de Portugal ou prejudicasse seus interesses comerciais.

Foi somente a partir do século XIX, com a expansão da economia cafeeira na Região Sudeste, que teve início a **primeira fase industrial** do país. Fatores determinantes para isso foram a capitalização dos empreendedores nacionais (com dinheiro proveniente das vendas de café), a institucionalização do trabalho assalariado, a mão de obra imigrante, o aumento do mercado consumidor urbano, entre outros. Por muito tempo, os bens de consumo duráveis e os bens de produção, como máquinas e equipamentos pesados, eram importados.

Durante os governos de Getúlio Vargas (1930-1945 e 1951-1954) ocorreu uma mudança significativa na estrutura industrial brasileira. A atividade industrial intensificou-se com a implantação de indústrias de base (siderurgia, metalurgia, mecânica, indústria de cimento etc.). Isso reduziu as importações e estimulou a produção nacional de bens de consumo duráveis. Nessa **segunda fase da industrialização** brasileira, a indústria tornou-se um importante setor da economia, superando o setor agrícola.

No governo de Juscelino Kubitschek (1956-1961) iniciou-se a **terceira fase da industrialização** brasileira, com o uso de capital externo e o desenvolvimento da indústria de bens de consumo duráveis. Com a entrada de capital estrangeiro, empresas multinacionais ingressaram no país. Nessa fase, foram feitos muitos investimentos e empréstimos a instituições financeiras para manter o ritmo de crescimento econômico nacional, o que gerou grande endividamento.

Na década de 1990, o país expandiu as atividades comerciais. Essa fase ficou marcada pela entrada de vários produtos estrangeiros (computadores, automóveis, eletrodomésticos). Empresas estatais foram privatizadas, ou seja, deixaram de ser do Estado (governo) e passaram a ser empresas privadas. A partir dessa década, o país ingressou na **quarta fase industrial**, marcada pela globalização e abertura econômica, pelo desenvolvimento de tecnologias de telecomunicações, informática, robótica, engenharia genética e transporte.

> **GLOSSÁRIO**
>
> **Bens de consumo duráveis:** produtos que têm ciclo de vida longo, como automóvel, geladeira, computador etc.
> **Bens de produção:** bens intermediários que servem para a produção de outros, como matérias-primas, aço etc.
> **Empresa privada:** empresa que visa ao lucro, cujo proprietário é uma pessoa (indivíduo ou família) ou uma pessoa jurídica.

Indústria metalúrgica. São Paulo, década de 1940.

↑ *Drone* usado para inspeção em agricultura. Rolândia (PR), 2018.

O setor industrial brasileiro está concentrado nos estados de São Paulo, Minas Gerais e Rio de Janeiro e em áreas do Sul e do litoral nordestino.

Embora a indústria esteja concentrada em algumas áreas, nas últimas décadas, muitas fábricas se deslocaram para o interior do país, em busca de mão de obra mais barata e de incentivos fiscais de governos de estado ou prefeituras. Essa mudança na distribuição espacial das indústrias marca nova fase de desconcentração industrial. A desconcentração da produção tem modificado expressivamente os fluxos migratórios por causa da demanda de trabalhadores.

A concentração industrial no Centro-Sul é um importante elemento para avaliar as desigualdades socioeconômicas entre as regiões brasileiras. A descentralização industrial, ainda que insuficiente, foi importante para o desenvolvimento técnico e produtivo de outros municípios e estados do país.

CARTOGRAFIA

O modo pelo qual o espaço foi utilizado ao longo da história, a maneira de uso do solo e a diversificação das atividades econômicas possibilitaram a formação de um país bastante complexo.

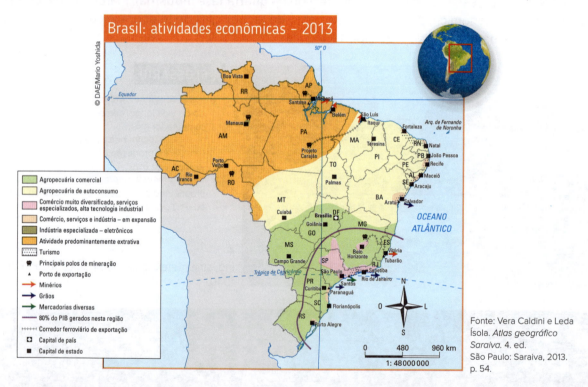

Fonte: Vera Caldini e Leda Ísola. *Atlas geográfico Saraiva*. 4. ed. São Paulo: Saraiva, 2013. p. 54.

1. Observe o mapa acima e faça o que se pede.

    a) Escreva o nome das quatro atividades econômicas predominantes no país, destacando a mais importante no estado em que você mora.

    b) Que estados são responsáveis por gerar a maior parte do Produto Interno Bruto (PIB) do Brasil?

ATIVIDADES

SISTEMATIZAR

1. Quais são os principais destaques da agropecuária e do extrativismo do Brasil?

2. Que fatores impulsionaram a primeira fase da industrialização brasileira?

3. Que fase da industrialização brasileira se caracterizou pela entrada de capital externo, pela instalação de multinacionais no país e pelo desenvolvimento da indústria de bens de consumo duráveis?
   a) Primeira fase da industrialização.
   b) Segunda fase da industrialização.
   c) Terceira fase da industrialização.

4. Discuta como ocorreu o processo de desconcentração da indústria no Brasil.

5. Observe o mapa de densidade demográfica da página 52 e compare-o com o mapa das atividades econômicas do Brasil da página 88. O que é possível concluir?

REFLETIR

1. Escolha dois produtos alimentícios industrializados que tenham como matéria-prima um produto originário do campo. Em seguida:
   a) cole o rótulo desses produtos no caderno ou desenhe a embalagem deles;
   b) verifique e anote as informações referentes a cada produto: matéria-prima de que é feito; a que tipo de atividade está relacionado; cidade, estado e região onde foi produzido.

DESAFIO

1. Junte-se a dois colegas e pesquisem os segmentos industriais de sua cidade. Verifiquem se as atividades industriais mais significativas de seu município coincidem com as da região onde vocês moram mostradas no mapa da página 88. Discutam os resultados com o professor e os demais colegas.

2. Energia é um elemento fundamental para a produção de bens.
   Além da força de trabalho humano, outros recursos foram utilizados para o desenvolvimento das atividades manufatureiras. Na primeira fase da Revolução Industrial, o combustível era o carvão mineral.
   Posteriormente, o petróleo passou a ser amplamente utilizado.
   Sobre esse assunto, pesquise e responda às questões a seguir.
   a) Qual é o nome do processo que transforma carvão mineral e derivados de petróleo (gasolina e *diesel*) em energia?
   b) Qual é a fonte energética usada em maior quantidade nas atividades industriais brasileiras? Ela é considerada uma fonte renovável? Por quê?

3. Pesquise os dados sobre a produção industrial brasileira e suas respectivas regiões. Identifique quais são os segmentos produtivos predominantes em nossa economia.

FIQUE POR DENTRO

A SEGUNDA REVOLUÇÃO INDUSTRIAL E OS NOVOS MÉTODOS DE PRODUÇÃO

A linha de produção em série de Henry Ford é um dos mais conhecidos exemplos de "administração científica" da produção. Veja a seguir o passo a passo da produção de um veículo naquela época e entenda as principais características desse método.

Um dos princípios do **taylorismo** é a divisão de tarefas no interior de uma indústria. No exemplo dessa linha de produção, todas as peças que compõem o veículo foram montadas na própria empresa, em outras pequenas linhas de produção.

A padronização também serve para reduzir os custos da produção. Durante algum tempo, os veículos de Henry Ford eram todos pintados de preto, porque era a tinta de secagem mais rápida.

O objetivo da especialização e da divisão de trabalho era obter maior eficiência do trabalhador. Na linha de produção de Henry Ford (**fordismo**), os trabalhadores executavam suas funções na produção do veículo de forma mais simples e rápida.

Uma forma de racionalizar a produção é criar tecnologias que reduzam a perda de tempo e diminuam a fadiga do trabalhador. Assim, nesse exemplo, a esteira leva as peças do carro, fazendo o trabalho pesado, enquanto os trabalhadores aguardam em suas posições.

Para tornar o processo mais racional, o trabalhador passou a especializar-se em uma etapa da produção: um empregado cuidava do motor; outro, da pintura; outro, da colocação das rodas, e assim sucessivamente.

1. Os modelos produtivos conhecidos como taylorismo e fordismo, introduzidos no processo de evolução do capitalismo industrial, foram marcados pela divisão, especialização e racionalização do trabalho nas fábricas. Explique por que podemos relacionar o taylorismo e o fordismo com o consumismo, fenômeno da sociedade atual.

TAYLORISMO
Introduzido pelo engenheiro americano Frederick W. Taylor (1856-1915), esse método propunha a racionalização no processo de trabalho no interior da fábrica. A produção deveria ocorrer no menor tempo possível. Para isso, criaram-se normas que aumentavam a eficiência e a produtividade. Na primeira metade do século XX, o taylorismo virou a marca da industrialização pesada e dos processos de trabalho do capitalismo.

FORDISMO
Proposto nos Estados Unidos por Henry Ford (1863-1947) em sua fábrica de automóveis, esse modelo de desenvolvimento industrial fundamentava-se na produção em série, uma cadeia de produção semiautomática com a esteira na linha de montagem. O operário tornou-se cada vez mais especializado em uma função repetitiva e com tempo determinado. Esse tipo de produção tornou-se modelo internacional e provocou produção e consumo em massa.

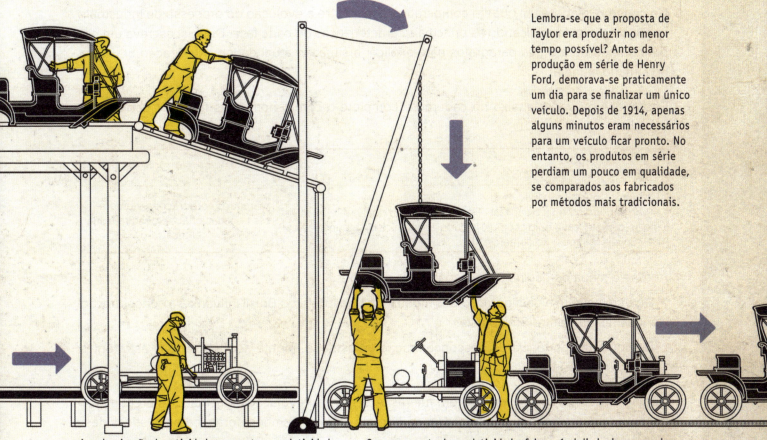

Lembra-se que a proposta de Taylor era produzir no menor tempo possível? Antes da produção em série de Henry Ford, demorava-se praticamente um dia para se finalizar um único veículo. Depois de 1914, apenas alguns minutos eram necessários para um veículo ficar pronto. No entanto, os produtos em série perdiam um pouco em qualidade, se comparados aos fabricados por métodos mais tradicionais.

A padronização das atividades aumenta a produtividade. Um lado negativo da especialização é que os trabalhadores desconhecem o processo inteiro, pois seu trabalho se resume a movimentos muito repetitivos e cansativos, que exigem raciocínio limitado. Eles se tornaram especialistas em "apertar parafuso".

Com o aumento da produtividade, foi possível diminuir o preço da mercadoria. Henry Ford passou a fabricar milhões de carros por ano, vendidos a preços mais baixos, o que popularizou o veículo como meio de transporte. A linha de produção foi uma revolução tecnológica que possibilitou a produção de mais por menos, o que foi essencial para o surgimento da sociedade consumista que conhecemos hoje.

2. Além do taylorismo e do fordismo, outro sistema produtivo que se destacou anos mais tarde foi o toyotismo. Pesquise em livros, revistas e na internet as principais características desse modelo produtivo e suas diferenças em relação aos anteriormente citados.

Fontes: Ulisses Cavalcante. A evolução das linhas de montagem de automóveis. *Superinteressante*, 24 fev. 2016. Disponível em: <https://quatrorodas.abril.com.br/noticias/a-evolucao-das-linhas-de-montagem-de-automoveis/>; Jornal do Carro. *Estadão*, 10 jun. 2010. Disponível em: <https://jornaldocarro.estadao.com.br/fanaticos/veja-como-era-a-producao-do-ford-t/>. Acessos em: out. 2018.

PANORAMA

FAÇA AS ATIVIDADES A SEGUIR E REVEJA O QUE VOCÊ APRENDEU.

1. Identifique as frases verdadeiras sobre o capitalismo.

   a) Sistema econômico que surgiu na Europa Ocidental e pôs fim ao feudalismo.

   b) As fábricas, os instrumentos e as máquinas não podem ser propriedades privadas; devem pertencer ao governo.

   c) A produção é destinada à venda e o capital movimenta a economia.

   d) O Brasil é um país capitalista.

   e) Desde sua origem, esse sistema econômico se mantém como capitalismo comercial, pois as sociedades não modificaram sua forma de produzir desde o século XV.

2. No caderno, elabore um quadro comparativo que mostre a evolução do processo de industrialização brasileira identificando as principais características de cada fase. Depois, escreva um pequeno texto de até três parágrafos para explicar a situação atual da industrialização brasileira no cenário mundial.

3. Reproduza o quadro abaixo no caderno e complete-o com o nome das fases do capitalismo descritas.

Vigente entre os séculos XV e XVIII, período no qual o capitalismo se caracterizava pelo acúmulo de capitais por meio do comércio.	A indústria era dominante na atividade econômica de alguns países.	Grandes corporações e empresas transnacionais expandiram sua atuação.

4. Analise o mapa da página 80 e responda às questões.

   a) De que maneira a configuração dos modais de transporte no Brasil influencia a concentração industrial no Centro-Sul do país?

   b) Explique a importância da desconcentração industrial e aponte ao menos duas estratégias para promovê-la.

5. Copie no caderno as alternativas verdadeiras. A Segunda Revolução Industrial foi marcada pelo desenvolvimento da indústria pesada e da energia elétrica. Também foram características desse período:

   a) o carvão mineral como importante motor da economia;

   b) o uso de petróleo e derivados, o que contribuiu para o desenvolvimento da indústria petrolífera;

   c) grandes investimentos bancários, que originaram o capital financeiro;

   d) o desenvolvimento da eletrônica e das tecnologias da informação;

   e) a fusão entre capital industrial e capital financeiro.

6. Cite setores de atividades criados na Terceira Revolução Industrial.

7. Que recursos tecnológicos você utiliza no dia a dia? Qual é a utilidade deles?

8. Leia o texto a seguir.

À primeira vista, pode parecer que praticar o consumo consciente é algo difícil de fazer no cotidiano, ou inacessível, ou caro. Mas bastam algumas mudanças de hábitos para se iniciar um processo de engajamento nessa prática. [....] Escolher um produto com base no histórico socioambiental de uma empresa é outra forma de exercer o consumo consciente. A internet, as redes sociais e os órgãos de defesa do consumidor estão aí para ajudar a buscar informações. Hoje, mais do que nunca, comprar o produto de uma empresa é validar, com sua escolha, o sistema de produção dessa companhia e compartilhar do seu código de conduta. Por isso é tão importante buscar informações para fazer as escolhas corretas.

Consumo consciente. *Serviço Autônomo de Água e Esgoto (SAAE)*. Disponível em: <www.saaemcr.com.br/destaques/consumo_consciente.html>. Acesso em: jul. 2018.

- Com base no texto e em seus conhecimentos, liste atitudes de consumo consciente que fazem parte de sua prática diária e outras que também podem contribuir para uma vida ecologicamente adequada.

9. Na década de 1990, era muito comum ver adesivos nos vidros de alguns caminhões com a seguinte frase: "Sem caminhão, o Brasil para". Em sua opinião, o que isso significa?

10. Escreva apenas a afirmativa correta no caderno.
   a) O imenso território brasileiro e as condições naturais do país potencializam as atividades agropecuárias.
   b) Os alimentos provenientes da agropecuária brasileira abastecem apenas o mercado interno.

11. Explique as razões que justificam o trecho a seguir.

Mas, aos poucos, a concentração da riqueza nas grandes áreas metropolitanas vai ficando menos rigorosa e a distribuição de emprego e renda começa a ser realidade em regiões tradicionalmente menos favorecidas. [...] Os números não deixam dúvida: Sul e Sudeste ainda concentram o grosso de nossa produção industrial (27,4% e 52,9%, respectivamente), mas a participação do Norte, Nordeste e Centro-Oeste tem sido crescente. E foi no Nordeste que a pesquisa registrou o maior ganho em termos de participação no total do pessoal ocupado na indústria (de 11,7% para 12,7% entre 2003 e 2007).

Taísa Ferreira. Marcha para o interior. *Ipea*, 17 nov. 2009. Disponível em: <www.ipea.gov.br/desafios/index.php?option=com_content&view=article&id=1260:catid=28&Itemid=23>. Acesso em: jul. 2018.

12. Elabore um texto que apresente os elementos observados na paisagem do espaço onde você vive e as principais atividades desenvolvidas pelos moradores desse local. Faça esboços das paisagens para ilustrar o texto.

DICAS

ASSISTA

Tempos modernos, EUA, 1936. Direção: Charles Chaplin, 123 min. Nesse clássico, o personagem de Charles Chaplin tenta sobreviver em meio ao mundo moderno e industrializado. O filme é uma forte crítica ao capitalismo e aos maus-tratos sofridos pelos empregados durante a Revolução Industrial.

LEIA

Açúcar amargo, de Luiz Puntel (Ática). O pano de fundo da história é a realidade dos cortadores de cana-de-açúcar nas grandes propriedades rurais do Brasil. O livro narra a dura vida dos boias-frias.

Revolução industrial, de Francisco M. P. Teixeira (Ática). Nesse livro, ambientado na Londres do século XIX, os personagens Anthony Simpson, advogado, e Gregore Chambers, repórter, guiam o leitor pelas décadas de 1830 e 1840. Nesse período crucial para a consolidação da indústria na Inglaterra e para o fortalecimento do capitalismo, eles mostram o dia a dia de uma época de muitas transformações.

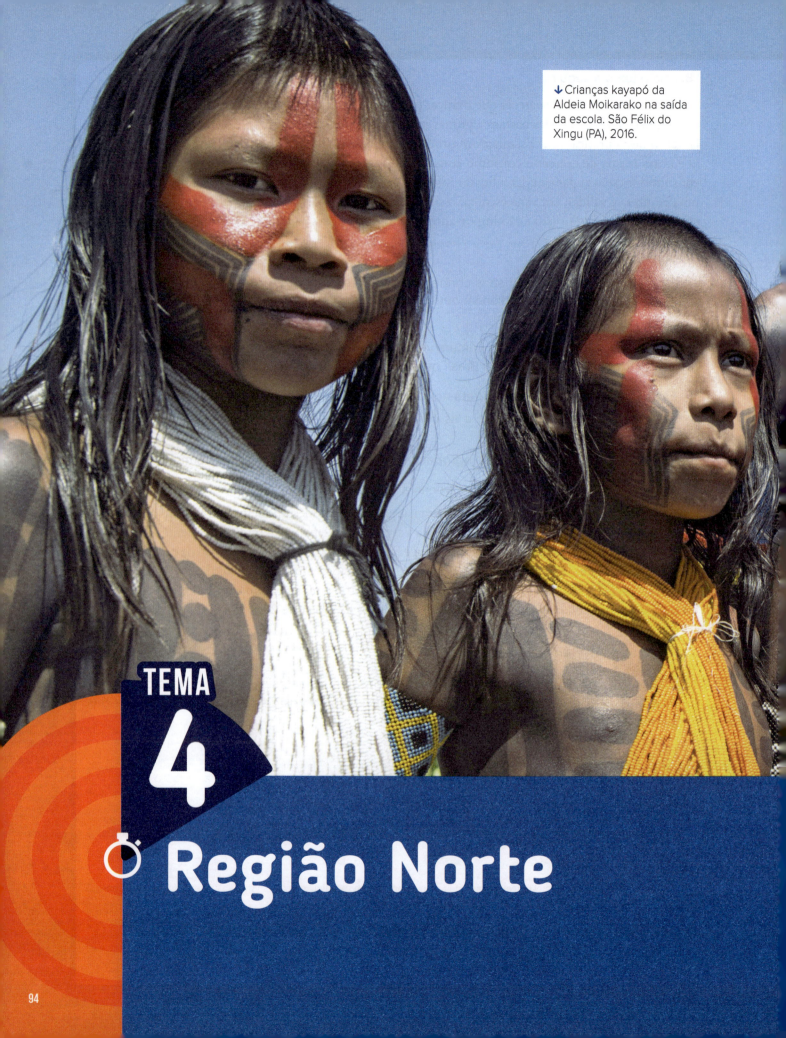

Crianças kayapó da Aldeia Moikarako na saída da escola. São Félix do Xingu (PA), 2016.

TEMA 4
Região Norte

NESTE TEMA
VOCÊ VAI ESTUDAR:

- a localização e ocupação da Região Norte;
- a dinâmica da natureza (relevo, clima, vegetação e rios) desse espaço;
- especificidades da sociedade nortista;
- sua produção econômica.

Nosso país destaca-se em diferentes frentes, tanto em aspectos naturais como econômicos e humanos. A Região Norte, em especial, destaca-se pela exuberância da natureza e pela cultura, como você pode observar na fotografia.

1. O que você sabe sobre a Região Norte do país?
2. Observe as pinturas e os adornos dos indígenas da fotografia. Você sabe o que significam? Imagina a razão de cada etnia indígena usar pintura e adorno diferentes umas das outras?

CAPÍTULO 1
Localização e produção do espaço

No capítulo anterior, você estudou a economia do Brasil, a importância da agropecuária, as fases da industrialização e os principais polos industriais do país. Neste capítulo, você vai estudar a localização e a divisão política da Região Norte, os fatores da ocupação humana na região e a construção do espaço geográfico.

Conhecendo o Norte do Brasil

A partir de agora, estudaremos o Brasil com base na regionalização estabelecida pelo IBGE, que divide o país em cinco macrorregiões: Norte, Nordeste, Sudeste, Sul e Centro-Oeste. Você se lembra de quando estudamos as regionalizações no Tema 1? Esse processo leva em consideração as fronteiras entre os estados, agrupando-os de acordo com semelhanças nos aspectos naturais, sociais, culturais e econômicos.

A primeira macrorregião que abordaremos é a **Região Norte**, a mais extensa do país, com mais de 3,8 milhões de quilômetros quadrados de área, correspondendo a aproximadamente 45% do território brasileiro. Observe no mapa a seguir os estados que a compõem e suas respectivas capitais.

Fonte: *Atlas geográfico escolar*. 7. ed. Rio de Janeiro: IBGE, 2016. p. 90.

Observe que a porção norte é atravessada pela Linha do Equador, ou seja, a região está totalmente localizada na zona tropical do planeta. Ela faz fronteira com Guiana Francesa, Suriname, Guiana, Venezuela, Colômbia, Peru e Bolívia. Além disso, uma pequena faixa, ao norte, é banhada pelo Oceano Atlântico.

A região é pouco populosa, com 15 864 454 milhões de habitantes (dado do Censo 2010), e pouco povoada – são 4,12 hab./km².

Uma das características marcantes da paisagem da Região Norte é o domínio natural, evidenciado pela **Floresta Equatorial Amazônica** e pela **Bacia Hidrográfica Amazônica**.

CURIOSO É...

Muitas vezes se confunde a Região Norte com a Amazônia. Na verdade, a Região Norte é apenas parte dela. A seguir, verifique a diferença entre alguns termos.

- **Amazônia** – nome do bioma, com florestas associadas a outros ecossistemas (mangue, cerrado, campos, várzeas etc.). Estende-se, ainda, a outros países da América do Sul. O bioma Amazônia também coincide, aproximadamente, com o Domínio Morfoclimático Amazônico, que você estudou no Tema 1.
- **Região Norte** – na divisão do IBGE, compreende os estados do Acre (AC), Amazonas (AM), Amapá (AP), Pará (PA), Rondônia (RO), Roraima (RR) e Tocantins (TO).
- **Amazônia Legal** – delimitação legal estabelecida em 1996 para fins de políticas de Estado (por exemplo, incentivos fiscais). Compreende os estados da Região Norte, bordas e áreas vizinhas, como o norte de Mato Grosso e o oeste do Maranhão, como você pode observar no mapa ao lado.

Fontes: IBGE. Disponível em: <ftp://geoftp.ibge.gov.br/cartas_e_mapas/mapas_regionais/sociedade_e_economia/integrado_zee_amazonia_legal/amazonia_administrativo.pdf>. Acesso em: jul. 2018; Gisele Girardi e Jussara Vaz Rosa. *Atlas geográfico do estudante*. São Paulo: FTD, 2011. p. 26.

Ocupação da região

Os primeiros habitantes das áreas que hoje compreendem a Região Norte, assim como de todo o restante de nosso território, foram os **povos indígenas**. Depois da chegada dos colonizadores, houve uma gradual alteração dos espaços e do modo de vida da população nativa. No período da colonização, a partir de meados do século XVII, os **bandeirantes** chegaram à região em busca tanto de metais preciosos quanto de indígenas, para escravizá-los. Eles não pretendiam ocupar e povoar aquelas terras, pois sua motivação era econômica. Por conta do trabalho de catequização feito pelos padres **jesuítas**, mais europeus chegaram à região. O propósito dos jesuítas era disseminar os ensinamentos cristãos entre os indígenas, como você pode observar no quadro ao lado.

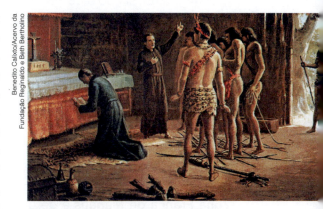

↑ Benedito Calixto. *Anchieta e Nóbrega na cabana de Pindobuçu*, 1920. Óleo sobre tela, 42,5 cm × 65,8 cm.

Aos poucos, os colonizadores portugueses perceberam que as chamadas "drogas do sertão", que nada mais eram do que os produtos da floresta, como castanha-do-pará, guaraná, louro, canela e cravo, somadas à grande disponibilidade de madeira da floresta, poderiam atrair a cobiça e o interesse de outros povos, como franceses e holandeses. Assim, a estratégia adotada foi a construção de **fortes**, principalmente ao longo do Vale do Rio Amazonas. Essas fortificações deram origem a novos núcleos de povoamento.

GLOSSÁRIO

Forte: construção reforçada, com muros altos e boa visualização das áreas do entorno, para a defesa de um território.

Povoamento recente

Os movimentos populacionais mais recentes (final do século XIX e início do século XX) também ocorreram por motivação econômica. Foi o caso do período áureo da **extração do látex**, entre 1860 e 1910. O látex, utilizado na fabricação de **borracha**, é um produto extraído da seringueira, árvore nativa da Floresta Amazônica.

Nessa época, a indústria do automóvel começava a surgir nos Estados Unidos e na Europa, o que demandava grande produção de pneus. A importância da borracha no período atraiu muitos trabalhadores de outras partes do país, principalmente do Nordeste, que contribuíram para o povoamento da região formando comunidades na floresta.

Na segunda metade do século XX, o governo brasileiro entendeu que era preciso adotar algumas iniciativas para estimular o domínio e o controle do território. Assim, passou a investir para promover a efetiva ocupação da região.

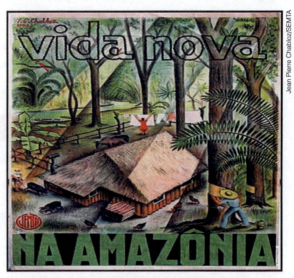
↑ Cartaz que estimulava a ocupação da Amazônia. Jean Pierre Chabloz, 1943.

Foram criados projetos de pesquisa com o objetivo de fazer o levantamento e o mapeamento dos recursos da região e planejar a construção de estradas para acessá-la. Exemplo disso foi a construção da **Rodovia Transamazônica**, na década de 1970, que ligaria a região de oeste a leste. Essa estrada se tornou importante símbolo de integração nacional, promovida pelo **governo militar** da época. Entretanto, ela não foi concluída – há alguns trechos em funcionamento. A obra ficou cara demais e as condições naturais impuseram várias dificuldades a seu andamento. Como a região é muito úmida, com chuvas diárias, e a construção da estrada exigia o desmatamento de amplas áreas, o solo, desprotegido, sofreu erosão e foi sendo destruído, o que resultou em grande impacto ambiental.

↑ Construção da Rodovia Transamazônica (AM), 1971.

GLOSSÁRIO

Governo militar: governo no qual o poder político é exercido por militares, e não por um representante civil; no Brasil, remete ao período entre 1964 e 1985, conhecido como Ditadura Militar.

Outras iniciativas que visavam incentivar a produção na Região Norte a partir da segunda metade do século XX foram a criação da **Zona Franca de Manaus** e de diversos **projetos agropecuários** e **minerais**. Esses projetos atraíram habitantes tanto locais quanto de outras regiões do país. Até hoje, os nordestinos continuam sendo o grupo que mais se deslocou para a Região Norte.

Em todo esse período histórico, antigo e recente, os rios foram um fator natural fundamental para a ocupação do Norte. Como se trata de um território extenso, coberto de florestas e inúmeros rios, a hidrovia é um sistema bastante eficiente de deslocamento nessa área.

Se, por um lado, algumas investidas coloniais e projetos recentes proporcionaram maior povoamento e ocupação da Região Norte, por outro, também foram – e são – responsáveis pela ocupação irregular de terras indígenas e por parte da devastação da floresta.

ATIVIDADES

SISTEMATIZAR

1. O mapa ao lado representa a regionalização do Brasil estabelecida pelo IBGE. Observe-o e, depois, faça o que se pede.

   a) De acordo com a numeração do mapa, identifique as cinco regiões brasileiras.

   b) Que critérios o IBGE considerou para agrupar os estados brasileiros em regiões, segundo o mapa?

   c) Quais estados compõem a Região Norte?

   d) Que países da América do Sul fazem fronteira com a Região Norte?

2. Explique de que forma a ocupação da Região Norte foi intensificada pelo interesse de exploração dos produtos naturais da Floresta Amazônica.

Fonte: *Atlas geográfico escolar*. 7. ed. Rio de Janeiro: IBGE, 2016. p. 94.

3. Embora não tenha sido concluída, a Rodovia Transamazônica foi um dos projetos do governo federal para incentivar o povoamento da Região Norte. Quais foram as dificuldades enfrentadas em sua construção?

REFLETIR

1. Leia a notícia a seguir.

Tribo indígena cria *game* sobre sua história para preservar cultura local

[...]

A tribo Huni Kuin (ou Kaxinawá) desenvolveu um jogo eletrônico, que pode ser baixado gratuitamente, possibilitando uma experiência de intercâmbio de conhecimentos e memórias indígenas.

[...] a comunidade indígena localizada no Acre, Brasil, montou uma equipe de programadores, artistas e antropólogos para criar seu próprio *video game*. O projeto se chama *Huni Kuin: os caminhos da jiboia* e trata-se de um jogo de plataforma de cinco fases, onde cada fase conta uma antiga história do povo Huni Kuin.

A proposta é propiciar uma imersão no universo Huni Kuin, em que os jogadores possam entrar em contato com saberes indígenas – como os cantos, grafismos, histórias, mitos e rituais deste povo – possibilitando uma circulação desses conhecimentos por uma rede mais ampla.

Revista Prosa Verso e Arte. Disponível em: <www.revistaprosaversoearte.com/tribo-indigena-cria-game-sobre-sua-historia-para-preservar-cultura-local/>. Acesso em: jul. 2018.

- Considerando tudo o que você estudou neste capítulo, responda: Por que é tão importante para as tribos indígenas preservar sua cultura e promover a circulação de seus conhecimentos?

CAPÍTULO 2
Dinâmica natural

> No capítulo anterior, você estudou a localização e os estados da Região Norte do Brasil, os primeiros habitantes, sua ocupação e seu povoamento. Neste capítulo, você vai estudar a classificação e as formas de relevo da Região Norte, o clima equatorial, a vegetação da Floresta Amazônica e as bacias hidrográficas da região.

Domínio Morfoclimático Amazônico

No Tema 1, estudamos os domínios morfoclimáticos. Você lembra quais eram as características do Domínio Morfoclimático Amazônico? Predominam nesse domínio formas de relevo com baixas altitudes (planícies, depressões e baixos planaltos), clima equatorial, vasta rede hidrográfica e vegetação florestal, associada a outras coberturas, como cerrado, campos e manguezais. Esse domínio, que estudaremos em detalhes a seguir, abrange a área da Região Norte.

Relevo

Para entender o relevo dessa e das demais regiões, é importante lembrar que, sobre essas formas de relevo (planícies, planaltos, serras, morros, vales etc.), as sociedades constroem o espaço geográfico, onde ocorrem constantes interações entre os seres humanos e a natureza.

Para compreender a natureza da Região Norte, você deve retomar o que aprendeu nos estudos do relevo do Brasil, ou seja, como as diferentes formas de relevo estão distribuídas pelo país. De acordo com a classificação do geógrafo Jurandyr Ross, no Brasil há três formas de relevo: as planícies, os planaltos e as depressões. Vamos relembrá-las e observá-las no mapa a seguir.

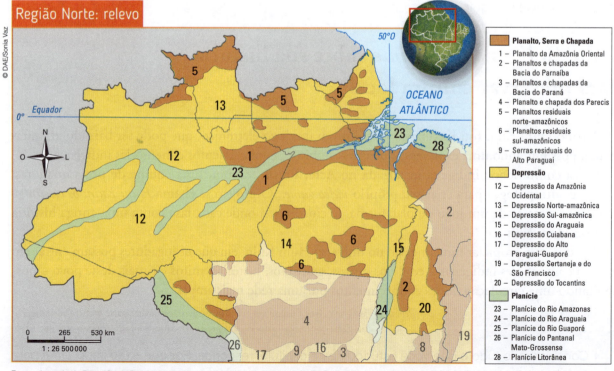

Fonte: Jurandyr L. Ross (Org.). *Geografia do Brasil*. 5. ed. São Paulo: Edusp, 2011. p. 53.

Como você pôde perceber com base na leitura do mapa da página anterior, o relevo da Região Norte é formado, na maior parte, por **depressões**. As depressões apresentam baixa altitude e formas de relevo com predomínio de colinas, com pouca irregularidade na morfologia.

Na Região Norte, as depressões se diferenciam em:

- **depressão norte-amazônica**, nos estados de Roraima e Amapá e no norte dos estados do Pará e Amazonas;
- **depressão sul-amazônica**, no estado de Rondônia e no sul do Pará;
- **depressão da Amazônia ocidental**, no estado do Acre e em boa parte do estado do Amazonas;
- **depressão do Tocantins**, no estado do Tocantins.

As áreas de planaltos da Região Norte destacam-se, sobretudo, nas bordas da região: são áreas de nascentes de rios e funcionam como **divisores de águas**. Ao norte encontram-se os **planaltos residuais norte-amazônicos**, que apresentam as maiores altitudes da região. Esses planaltos dividem as águas das bacias hidrográficas do Rio Amazonas e do Rio Orinoco, na Venezuela. É neles também, na Serra do Imeri, localizada no norte do estado do Amazonas, que fica o ponto mais alto do Brasil: o **Pico da Neblina**, com 2 995 metros de altitude, que você pode ver na fotografia abaixo.

Ao longo do Rio Amazonas e de suas áreas de influência direta encontra-se a planície mais extensa da região, um terreno plano e baixo – a **Planície do Rio Amazonas**. É nela que se concentra a maior parte da população da Região Norte, com destaque para os povos ribeirinhos, que vivem às margens dos rios.

> **GLOSSÁRIO**
>
> **Divisor de águas:** elevação dos terrenos nas nascentes de rios que separa as águas, direcionando seus cursos para as bacias hidrográficas vizinhas.

← Relevo de depressão. Filadélfia (TO), 2018.

↓ Pico da Neblina. Santa Isabel do Rio Negro (AM), 2017.

Hidrografia

O território brasileiro é cortado por muitos rios. Segundo a Agência Nacional de Águas (ANA), o país tem, em suas diversas bacias hidrográficas, 13% da água doce disponível no planeta.

Apenas a Região Norte concentra, aproximadamente, 68% de todos os recursos hídricos do país. É nela que está a maior bacia hidrográfica do mundo: a **Bacia Amazônica**. Formada pelo Rio Amazonas e por seus inúmeros afluentes e subafluentes, ela estende-se por áreas do Brasil e de países vizinhos.

No leste da região há ainda a **Bacia do Tocantins-Araguaia** e a do **Atlântico Nordeste Ocidental**, de menor extensão. Veja essas bacias retratadas no mapa a seguir.

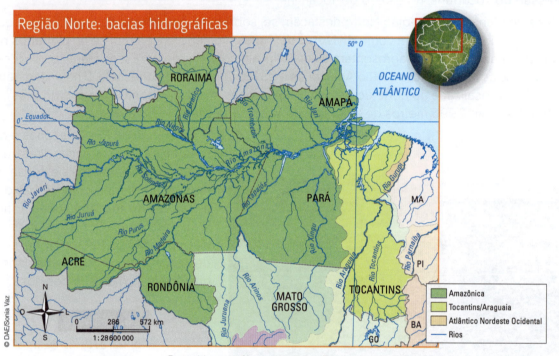

Fonte: *Atlas geográfico escolar: Ensino Fundamental do 6º ao 9º ano.* Rio de Janeiro: IBGE, 2010. p. 16.

O maior e mais importante rio da região é o **Rio Amazonas**, cuja nascente está na Cordilheira dos Andes e origina-se do degelo da neve dessas montanhas.

Ao entrar no Brasil é chamado de Rio Solimões e, depois da **confluência** com o Rio Negro (próximo à cidade de Manaus), passa a se chamar Rio Amazonas, até a foz, no Oceano Atlântico.

Os rios da Região Norte são a principal via de transporte local. Como há poucas estradas, por causa dos limites impostos pela Floresta Amazônica, o Rio Amazonas e seus afluentes são utilizados como hidrovias, pois funcionam como as "estradas da região".

A navegação é favorecida pelo fato de a Região Norte se estender em um terreno de baixa altitude (planícies e depressões), que forma uma imensa área navegável. Como alguns rios da Bacia Amazônica – Xingu e Tapajós, por exemplo – percorrem longos trechos de áreas planálticas, formam quedas-d'água que têm grande potencial hidráulico. Em época de cheia dos rios, a vida da população ribeirinha sofre limitações, principalmente em relação ao plantio de subsistência.

> **GLOSSÁRIO**
>
> **Confluência:** convergência, ponto de encontro, de união; no caso, lugar em que se unem dois ou mais rios.

O potencial técnico de aproveitamento da energia hidráulica do Brasil está entre os cinco maiores do mundo. Desse potencial, 40,5% estão localizados na Bacia Hidrográfica do Amazonas. No total, a Região Norte detém 60% de todo o potencial hidrelétrico do país, mas boa parte tem restrições ambientais para exploração.

Na Região Norte também se encontra o maior volume de água subterrânea do mundo, o aquífero **Alter do Chão**, localizado no subsolo dos estados do Amazonas, Pará e Amapá, principalmente. Várias cidades da região utilizam suas águas para consumo humano, com destaque para Manaus.

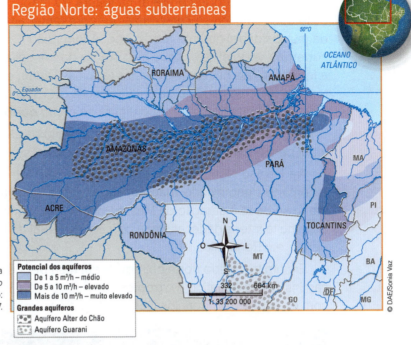

Fonte: Vera Caldini e Leda Ísola. *Atlas geográfico Saraiva*. 4. ed. São Paulo: Saraiva, 2013. p. 37.

Clima

Você já acompanhou a previsão do tempo nos noticiários televisivos do Brasil? Se sim, deve ter notado que a Região Norte registra constantemente altas temperaturas e grande quantidade de chuvas.

Isso ocorre principalmente devido à latitude, ou seja, ao fato de essa região se localizar nas proximidades da Linha do Equador. A zona tropical ou intertropical é a que recebe mais intensamente a incidência de raios solares. A região também apresenta baixas altitudes, com maior pressão atmosférica e retenção de calor.

Observe no mapa a seguir os tipos climáticos da Região Norte.

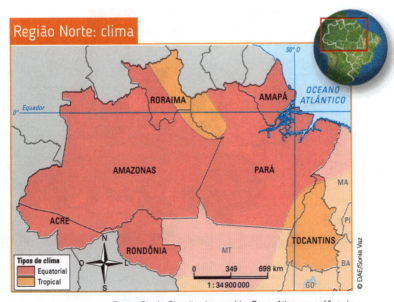

Fonte: Gisele Girardi e Jussara Vaz Rosa. *Atlas geográfico do estudante*. São Paulo: FTD, 2011. p. 24.

👍 FORMAÇÃO CIDADÃ

A construção de usinas hidrelétricas, a exemplo de Belo Monte, envolveu a retirada das comunidades de áreas que foram alagadas. Além dos impactos ambientais, essa ação tem grande impacto social, pois prejudica o modo de vida da população, que é obrigada a se retirar da área afetada, deixando suas propriedades, cultivos, moradias e, principalmente, os vínculos afetivos com o espaço onde vive. A luta e a resistência dessas pessoas fizeram surgir, na década de 1970, um importante movimento social popular no Brasil: o Movimento dos Atingidos por Barragens (MAB).

1. Faça uma pesquisa sobre o objetivo desse movimento e depois redija um texto com sua opinião sobre as reivindicações dos atingidos por barragens.

Como você pôde constatar na leitura do mapa, na Região Norte predomina o **clima equatorial**. Esse tipo climático se caracteriza por apresentar altas temperaturas e chuvas muito intensas (elevada pluviosidade) durante todo o ano. A formação de chuvas também é influenciada pela exuberante cobertura vegetal, cuja água decorrente da transpiração evapora e se condensa, contribuindo para a formação das nuvens. As médias térmicas variam entre 25 °C e 28 °C, o que indica baixa amplitude térmica anual, e o índice de chuvas oscila de 1500 mm a 2500 mm anuais. Em razão dessas características, o clima equatorial configura-se como **quente** e muito **úmido**.

Além da **evapotranspiração**, a evaporação das águas dos rios da Bacia Amazônica também contribui para o elevado nível de chuvas da região. Essa umidade é transportada a outras partes do país.

Na Região Norte, apesar de o clima ser predominantemente quente e úmido, pode ocorrer um fenômeno denominado **friagem**, caracterizado por uma queda brusca de temperatura. Esse fenômeno se deve à atuação da Massa Polar Atlântica (mPa), que entra pelo sul do Brasil. Quando chega com muita intensidade, atinge a porção ocidental do Norte, especificamente no sul do Amazonas, no Acre e em Rondônia.

Em um trecho do norte da região, em uma pequena parte do sudeste do Pará e no estado do Tocantins, o tipo climático é o **tropical**, que se caracteriza pelas **altas temperaturas** durante todo o ano, com estações bem definidas: uma estação seca e outra chuvosa.

↑ Formação de chuva no Rio Japurá. Uarini (AM), 2016.

Vegetação

Você já estudou que o território brasileiro é amplo e que, em razão de sua extensão latitudinal, apresenta diversos tipos climáticos. Essa condição está associada à variedade de tipos vegetacionais.

Veja, no mapa ao lado, as diferentes formações vegetais originais da Região Norte. Observe o domínio da Floresta Amazônica, que ocupa vasta extensão de terras.

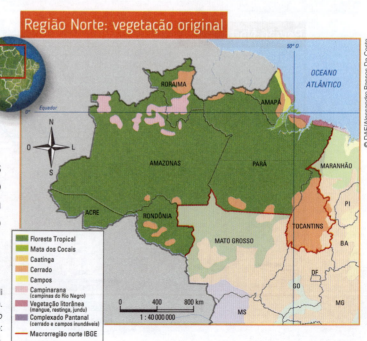

Fonte: Gisele Girardi e Jussara Vaz Rosa. *Atlas geográfico do estudante.* São Paulo: FTD, 2011. p. 26.

A Floresta Amazônica abrange, apenas no território brasileiro, uma área de 4,2 milhões de quilômetros quadrados. Nessa imensa área há muitos ecossistemas, os quais abrigam uma rica fauna e flora – a maior biodiversidade do planeta. Na Região Norte também são encontrados, em pequenas áreas, o cerrado, campos e a vegetação litorânea, em especial os manguezais. Grande parte da diversidade e das características biológicas da região é ainda bastante desconhecida.

Nessa floresta se distinguem três níveis de vegetação, decorrentes de pequenas variações do relevo, do tipo de solo e da proximidade dos rios. Observe o esquema abaixo.

A imagem ilustra os diferentes tipos de vegetação na Floresta Amazônica.

Fonte: Melhem Adas. *Panorama geográfico do Brasil: contradições, impasses e desafios socioespaciais*. São Paulo: Moderna, 2004. p. 360.

A Floresta Amazônica está bastante ameaçada. Entre as principais causas da devastação estão as atividades humanas, como queimadas, construção de usinas hidrelétricas, extração madeireira e mineral e avanço da agropecuária. A maior parte do desmatamento da floresta é ilegal, atingindo inclusive reservas indígenas.

Atualmente, o avanço da agropecuária é um dos fatores de devastação mais preocupantes. O cultivo da soja e a formação de pastagens em áreas que originalmente eram cobertas por florestas têm impactado o meio ambiente. Quando a mata é retirada, a umidade na atmosfera proveniente da evapotranspiração é reduzida, o que altera o regime de chuvas da região. Além disso, o solo e as nascentes ficam desprotegidos e a fauna perde seu abrigo natural. A área ocupada pela agricultura nas bordas da floresta é conhecida como **Arco do Desmatamento**: são aproximadamente 700 mil quilômetros quadrados de terras que vão do leste e sul do Pará ao oeste, passando pelos estados de Mato Grosso, Rondônia e Acre.

No estado do Tocantins predomina a vegetação do **cerrado**, composta basicamente de árvores de baixo porte, esparsas, além de arbustos e campos. Assim como na Floresta Amazônica, o cerrado vem sendo ocupado e destruído pela atividade agropecuária.

Vista aérea de área desmatada em meio à Floresta Amazônica. Itacoatiara (AM), 2015.

CARTOGRAFIA

A Floresta Amazônica tem sofrido intenso processo de desmatamento nos últimos anos, o que preocupa governos e populações do mundo inteiro. Mas por que ela é tão desmatada? Muitos pensam que é somente devido à extração da madeira, mas isso não é verdade.

Segundo dados apurados em 2010 pelo Instituto Peabiru, 85% do desmatamento na Floresta Amazônica é causado pelo aumento da área de pastagem destinada ao gado bovino, 10% pela ampliação da área de cultivo de soja e 5% por outras causas, como expansão urbana, extração de madeira, queimadas naturais etc.

Observe o desmatamento da Floresta Amazônica, representado no mapa e no gráfico, e responda às questões.

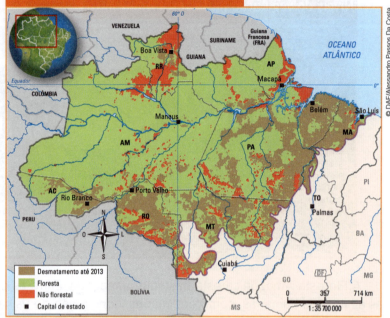

Fonte: Ipam. Disponível em: <http://ipam.org.br/wp-content/uploads/2015/12/Amazonia-desmatamento-2013-ipam-1.jpg>. Acesso em: jul. 2018.

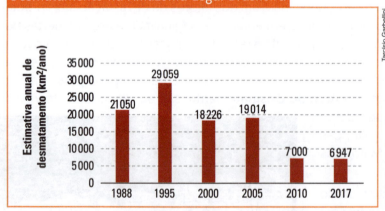

O gráfico mostra as taxas anuais de desmatamento na Amazônia Legal Brasileira (km²/ano).

Fonte: Inpe/Prodes. Disponível em: <www.obt.inpe.br/prodes/dashboard/prodes-rates.html>. Acesso em: jul. 2018.

1. Quais estados da Região Norte apresentaram maior desmatamento no período em destaque?

2. Observe o gráfico. Em que ano ocorreu o maior índice de devastação da Floresta Amazônica? E o menor? O desmatamento aumentou ou diminuiu ao longo do período?

3. Quais são os principais fatores responsáveis pelo desmatamento na região?

4. Que consequências ambientais e sociais esse desmatamento provoca?

ATIVIDADES

SISTEMATIZAR

1. Faça um quadro relacionando as principais características naturais da Região Norte com os itens a seguir:
   - relevo;
   - clima;
   - fauna;
   - vegetação;
   - bacias hidrográficas.

2. Cite as principais atividades humanas que provocam a degradação da Floresta Amazônica.

3. Com base na observação da fotografia abaixo, é correto afirmar que os rios são as "estradas da Região Norte"? Justifique sua resposta.

↑ Barcos de transporte escolar em Manaus (AM), 2016.

REFLETIR

1. Climograma é um gráfico que demonstra a variação média da temperatura (em graus Celsius) e do índice de chuvas (em milímetros) registrada num local no decorrer do ano. Os meses do ano estão indicados na base do gráfico. A seguir, observe um modelo.
Note que a temperatura média mensal está representada pela linha. Para identificá-la, deve-se observar a variação no lado direito do gráfico. Já a variação dos índices pluviométricos é representada pelas colunas e expressa no lado esquerdo do gráfico.
Qual é o tipo climático representado? Justifique sua resposta.

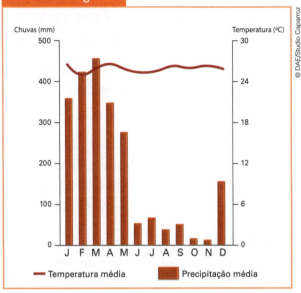

↑ O gráfico mostra temperatura e precipitação médias ao longo do ano em Belém (PA).

Fonte: Instituto Nacional de Meteorologia. Disponível em: <www.inmet.gov.br/portal/index.php?r=clima/graficosClimaticos>. Acesso em: ago. 2018.

DESAFIO

1. Vamos comprovar as elevadas temperaturas anuais da Região Norte? Forme uma equipe com alguns colegas e, juntos, escolham a capital de um dos estados da Região Norte para pesquisarem informações meteorológicas. Com o auxílio de sites de meteorologia, coletem as temperaturas médias e a quantidade de chuvas diárias dessa cidade por um período de 15 dias. Em um segundo momento, façam a pesquisa dos mesmos dados meteorológicos registrados nos últimos 15 dias na cidade em que residem.
Por fim, elaborem uma tabela com as informações pesquisadas. Comparem os dados registrados, dando especial atenção à variação de temperatura das cidades. Em seguida, concluam suas observações e comparações.

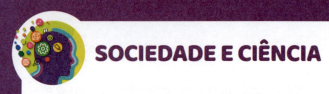

SOCIEDADE E CIÊNCIA

Não basta preservar a floresta

A geógrafa Bertha Becker, falecida em 2013, foi uma incansável pesquisadora da ocupação e da devastação da Floresta Amazônica. Com vasta experiência de campo e estudo, defendia a ideia de conservação com inclusão social para a região, valorizando sua biodiversidade e pluralidade cultural. Leia o trecho desta importante entrevista, feita em 2007.

↑ Geógrafa Bertha Becker. Rio de Janeiro (RJ), 2010.

A solução para evitar a degradação da Floresta Amazônica será o emprego sustentável da produção natural. A Amazônia abriga 20% de toda a água doce do planeta, ocupa 5% da área do globo terrestre, guarda 30% das florestas tropicais ainda vivas, mas é habitada por apenas 3,5 milésimos da população mundial. [...] O futuro é explorar o que ela pode oferecer enquanto está viva, em pé. [...]

Desafios – A senhora cita em suas palestras e livros que o dilema da Amazônia é a conservação com inclusão social. No que ele difere do conceito preservacionista dos anos 90?

Becker – É uma diferença conceitual, mas bastante importante. Preservação é diferente de conservação. Preservar é não tocar, é deixar como está. Conservação é utilizar sem destruir. E eu prefiro a conservação com inclusão, acredito piamente no uso não destrutivo do patrimônio natural de modo a gerar trabalho e renda sem deteriorá-lo.

Desafios – E depois de tanta experiência na academia e em consultorias, a senhora acredita que é possível, operacionalmente, atingir o objetivo da conservação com inclusão?

Becker – Acredito. É possível, mas é difícil. São muitos os obstáculos, especialmente a questão fundiária, que no Brasil é estrutural e está ligada ao poder. As elites, historicamente, querem ter terras, e não estamos falando só do momento presente. Querem terras não somente para a produção organizada, mas porque significa poder, *status*, reserva de valor para o futuro. [...]

Desafios – Além da questão histórica da terra, quais outros fatores dificultam a conservação com inclusão?

Becker – Sou adepta da tese de que a Floresta Amazônica só vai ser conservada quando lhe for atribuído um valor tal que a torne competitiva, com o valor que ela pode ser capaz de gerar enquanto está em pé. Seus produtos precisam assumir preços de *commodities*. [...]

Desafios – E a população está preparada para tal mudança?

Becker – A região amazônica, primeiramente, não pode ser encarada como algo único. É um caldeirão de diferenças sociais, é grande e diversa. Mas uma coisa é comum: o nível de aspirações se elevou enormemente para todos os atores sociais daquela região, desde empresários, agricultores e governos, até ribeirinhos, índios e pequenos produtores agrícolas. [...] Acabou a fase de ocupação pura e simples. É urgente a concepção de uma política de consolidação do desenvolvimento. [...]

Desafios – A senhora já afirmou que está na hora de o movimento ambientalista fazer uma autoavaliação e rever alguns de seus princípios básicos. Quais seriam esses pontos a serem revistos?

Becker – O movimento ambientalista foi muito importante, fundamental, eu diria. Ele foi o responsável por barrar o avanço da fronteira agrícola e a depredação madeireira da região amazônica nos anos 90. Certamente atingiu os objetivos a que se propunha. Hoje, 30% do território amazônico está protegido, o equivalente à área da Espanha. [...]

Desafios – A senhora citou os assentamentos na região. Eles têm se mostrado ineficientes, com altas taxas de evasão. O que está acontecendo?

Becker – O modelo tradicional de assentamento rural, aquele em que cada família ganha um pedaço de terra para trabalhar isoladamente, não funciona na Amazônia. É obsoleto e não atende nem às necessidades ambientais nem ao povo da região. É uma atitude perversa pegar

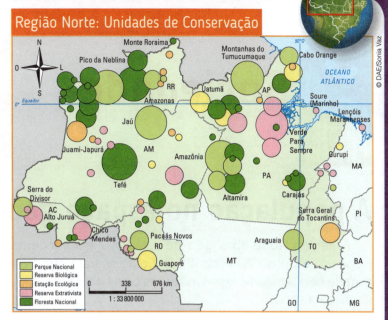

Fonte: Graça M. L. Ferreira. *Atlas geográfico: espaço mundial*. 3. ed. São Paulo: Moderna, 2010. p. 124.

um monte de gente vulnerável, despreparada, e mandar para uma região sem estradas, sem infraestrutura, sem informação, sem nada. [...] Imagine que estão planejados hoje 177 assentamentos ao longo de uma só estrada, a Cuiabá-Santarém. São milhares de pessoas, sendo impossível dar estrada, luz, assistência técnica, estrutura de comercialização para todo mundo. Os assentados ficarão lá alguns meses e depois irão embora, e quem ficará com as terras, como acontece há décadas, serão os grandes agricultores.

Desafios – E como resolver esse impasse?

Becker – Eu tenho uma proposta polêmica, mas que, na minha cabeça, depois de tudo o que eu já vi, faz todo o sentido. Proponho que sejam implementadas grandes fazendas de colonos, num esquema cooperativo. Elas precisam ser enormes, nas proporções amazônicas, para possibilitar produção em escala. Em vez de colocar cada assentado num pedaço pequeno, em que ele só poderá utilizar 20% da área, conforme a legislação ambiental, será melhor partir para unidades maiores, exploradas cooperativamente. Numa grande propriedade, usar 20% da área permitirá uma grande produção, muitas vezes maior do que se fossem utilizados os pedacinhos de cada assentamento individual. Além disso, esse modelo facilita a organização de infraestrutura, ao criar um pequeno polo populacional com luz, esgoto, escola e apoio técnico. [...] A escolha das áreas deve ser precedida de um estudo de mercado, estabelecendo o que deverá ser produzido, dependendo da existência de condições de comercialização. [...] Os assentados, trabalhando cooperativamente, poderiam ganhar algum dinheiro e o governo teria, assim, condição de dar apoio a uma dúzia de núcleos desse tipo, em vez de 200 assentamentos com milhares de pedaços de terra dispersos, que acabariam produzindo apenas para a subsistência. E, de quebra, a área protegida por lei não seria difusa em pequenos pedaços de cada assentado, continuaria sendo protegida, mas estaria interligada em apenas uma fazenda. [...]

Maysa Provedello. Bertha Becker: Não basta preservar a floresta. *Desafios do Desenvolvimento*, Ipea, ed. 11, ano 2, 1º jun. 2005. Disponível em: <www.ipea.gov.br/desafios/index.php?option=com_content&view=article&id=1321:entrevistas-materias&Itemid=41>. Acesso em: jul. 2018.

1. Qual é a forma de utilização dos recursos naturais disponíveis na Amazônia defendida por Berta Becker?

2. De acordo com a proposta da geógrafa, como deve ser a gestão territorial e a preservação ambiental na Amazônia?

Sociedade

CAPÍTULO 3

No capítulo anterior, você estudou o relevo e o clima da Região Norte, a Floresta Amazônica, sua biodiversidade e a Bacia Amazônica. Neste capítulo, você vai estudar a distribuição da população pelo espaço geográfico da Região Norte, suas áreas metropolitanas e a riqueza cultural da região.

A população no espaço geográfico

A Região Norte abrange sete estados. Nela concentram-se mais de 15,8 milhões de pessoas (segundo o Censo 2010, do IBGE). Como se trata de uma região de grande extensão territorial, dominada por densas florestas, há áreas com baixa densidade demográfica, como pode ser observado no mapa a seguir.

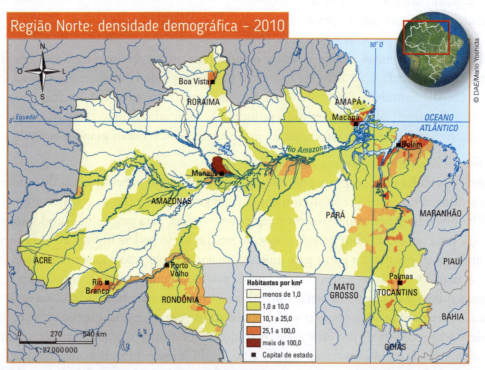

Fonte: *Atlas geográfico escolar*. 7. ed. Rio de Janeiro: IBGE, 2016. p. 105 e 114.

No mapa é possível perceber que o adensamento populacional é mais elevado no entorno das capitais dos estados. A maior densidade demográfica é registrada em Manaus e nas proximidades, área localizada no vale do curso médio do Rio Amazonas. Outro alto adensamento populacional ocorre na Região Metropolitana de Belém, onde desemboca o Rio Pará. Em média, a Região Norte tem 4 hab./km².

Nas proximidades dos rios concentra-se a população ribeirinha, que os utiliza amplamente para transporte e obtenção de alimentos. Aproximadamente 75% da população reside em cidades, numa região que tem cerca de 450 municípios.

A Região Norte tem nove **regiões metropolitanas** (dados de 2014): Manaus (AM), Belém (PA), Santarém (PA), Palmas (TO), Gurupi (TO), Macapá (AP), Capital (RR), Central (RR) e Sul do Estado (RR). Nas regiões metropolitanas de Manaus, Belém e Macapá há maior concentração de pessoas e ocorre o desenvolvimento de atividades ligadas aos setores secundário e terciário.

Dados da população

Observe, a seguir, os dados da pirâmide etária da Região Norte. O que você pode concluir? Segundo dados do Censo 2010, a população dessa região é a mais jovem do Brasil e a que apresenta a menor quantidade de idosos.

→ Pirâmide etária da população residente da Região Norte por sexo e grupos de idade em 2010.

Fonte: Sinopse Censo 2010. Disponível em: <https://censo2010.ibge.gov.br/sinopse/index.php?dados=12&uf=00#topo_piramide>. Acesso em: jul. 2018.

Assim como em outras regiões do país, no Norte há uma expressiva população de imigrantes, além de descendentes de indígenas nativos. Tal como ocorreu com os portugueses – os primeiros colonizadores da região –, houve grande imigração de japoneses. Eles aportaram nas proximidades de Belém, no início do século XX, onde passaram a cultivar pimenta-do-reino e, posteriormente, frutas. Os africanos e afrodescendentes estabeleceram-se, sobretudo, nas áreas litorâneas dos estados do Amapá e Pará. Há grande população de pardos com ascendência indígena e de brancos europeus.

Todas essas etnias têm presença marcante na composição da população da Região Norte. Veja o gráfico a seguir; os dados evidenciam a diversidade da região.

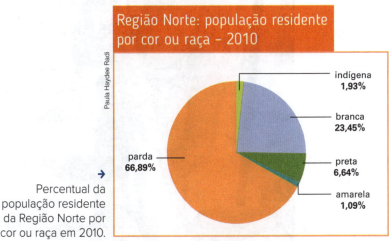

→ Percentual da população residente da Região Norte por cor ou raça em 2010.

Fonte: IBGE. Censo Demográfico 2010. Disponível em: <https://sidra.ibge.gov.br/tabela/3175#resultado>. Acesso em: jul. 2018.

↑ A Região Norte é a que tem maior percentual de pessoas autodeclaradas indígenas no Brasil. Na fotografia, mulher cacique autodeclarada tupinambá. Santarém (PA), 2017.

No que se refere aos indicadores sociais, a Região Norte apresenta alguns índices menores do que a média nacional. Se comparadas aos estados do Sudeste e do Sul, as taxas de mortalidade infantil, principalmente dos indígenas, são superiores.

O saneamento básico precário está entre os principais problemas urbanos da região, como você viu no gráfico da página 29 do Tema 2. De acordo com o IBGE, o número de crianças de 0 a 14 anos que, em 2012, viviam em domicílios com deficiência de saneamento básico (sem abastecimento de água, sem esgotamento sanitário por meio de rede coletora e sem coleta de lixo) era de 10,2% no país. Na Região Norte, 22,1% das crianças não tinham esse serviço em casa.

A educação é outro aspecto que mostra dados alarmantes. Em 2010, a taxa de analfabetismo das pessoas com 10 ou mais anos de idade era de 10,6%, a segunda maior do país. Isso se reflete em outro aspecto do desenvolvimento: a renda da população. Veja no gráfico a seguir o rendimento médio mensal da população da Região Norte em 2010. O que você pode concluir?

Quanto às diferenças de renda entre os sexos, a Região Norte segue a tendência nacional: em média, as mulheres são menos remuneradas do que os homens, segundo o Instituto de Pesquisa Econômica Aplicada (Ipea). Isso pode ser verificado observando-se o rendimento médio mensal *per capita* por sexo: em 2015, as mulheres tinham rendimento médio de R$ 698,10 e os homens, de R$ 723,20.

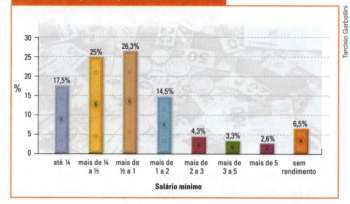

↑ Percentual do rendimento mensal domiciliar *per capita* por salário mínimo na Região Norte em 2010. *O salário mínimo em 2010 era de R$ 510.

Fonte: IBGE. Sinopse Censo 2010. Disponível em: <https://censo2010.ibge.gov.br/sinopse/index.php?dados=P21&uf=00>. Acesso em: jul. 2018.

Indígenas e caboclos

Da miscigenação entre os indígenas e os colonizadores brancos originaram-se os caboclos. Profundamente enraizados na floresta, os indígenas e os caboclos interioranos são extremamente importantes para a preservação ambiental da região amazônica. São grupos humanos que conhecem bem a floresta e dela retiram produtos e alimentos que garantem sua subsistência, sendo reconhecidos pela utilização sustentável da floresta.

Na Região Norte há aproximadamente 342 mil indígenas (Censo 2010), que, no total, falam mais de 180 línguas. Alguns desses povos vivem isolados até hoje. A maioria das comunidades habita as Terras Indígenas demarcadas pelo governo, como você já estudou no Tema 2. Ainda existem grupos que ocupam áreas em processo de demarcação ou que deverão ser identificadas.

→ Cabocla trabalha em produção artesanal de farinha de mandioca. Bragança (PA), 2011.

AQUI TEM MAIS

Avanço da tecnologia em aldeia muda cotidiano de índios no Amapá

[...] O avanço tecnológico nas aldeias possibilitou algumas mudanças de hábitos, segundo avaliação do cacique Azarias Ioio Iaparrá. Eletrônicos antes considerados novidades para os índios, atualmente são itens comuns no dia a dia da tribo. [...]

Apesar de alguns índios terem a tecnologia como distração, Iaparrá ressalta que outros jovens indígenas ainda preservam a cultura com a tradição da caça, pesca e brincadeiras. "A tecnologia é boa, mas não podemos perder nossos traços", concluiu. [...]

Abinoan Santiago. *G1*, 21 maio 2014. Disponível em: <http://g1.globo.com/ap/amapa/noticia/2014/05/avanco-da-tecnologia-em-aldeia-muda-cotidiano-de-indios-no-amapa.html>. Acesso em: jul. 2018.

↑ Indígena suruí, do povo paiter-suruí. Cacoal (RO), 2012.

1. De que forma as tribos indígenas podem utilizar a tecnologia para ajudar a preservar sua cultura e suas tradições?

Aspectos culturais

A mistura de povos que compõem a população imprime à região grande riqueza cultural. A culinária, a música, as artes, as lendas e outras manifestações culturais da Região Norte são extremamente influenciadas pelas culturas indígena, africana e portuguesa.

O **carimbó do Pará**, por exemplo, de influência africana e indígena, é um ritmo típico do litoral paraense. Outra importante manifestação cultural da região é o **Boi-Bumbá** de Parintins, no estado do Amazonas: durante os dias de festival, dois grupos se apresentam, Boi Garantido e Boi Caprichoso. Ambos valorizam e enaltecem a cultura local e os povos indígenas em suas músicas e danças.

O Boi-Bumbá, apesar de ter origem nas festas juninas portuguesas, é muito valorizado no Festival Folclórico de Parintins, com músicas que abordam as belezas naturais da Floresta Amazônica.

↑ Cuia de tacacá. Santarém (PA), 2017.

↑ Dança do carimbó. Santarém (PA), 2017.

A **ciranda de Manacapuru** também é uma manifestação artística tradicional da região, que se expressa por meio de um conjunto de cantigas de roda. Todos os anos o festival de ciranda ocorre no espaço conhecido como Cirandódromo, que fica no município de Manacapuru. Esse tipo de ciranda chegou ao Brasil com imigrantes da Espanha e de Portugal. O ritmo é relativamente lento, ao contrário das demais danças folclóricas da Região Norte.

Uma das grandes riquezas culturais dos povos indígenas são os artefatos artesanais. Utilizando elementos como palha, sementes, barro, madeira, argila, penas e ossos de animais eles produzem cestos, cerâmicas, colares, pulseiras, brincos, cocares e rendas, além de peças que são usadas em atividades de caça e pesca ou nas danças e rituais de algumas comunidades, como o arco e flecha. O artesanato é, muitas vezes, fonte de renda para as comunidades.

↑ 21º Festival de Cirandas de Manacapuru (AM), 2017.

→ A cerâmica marajoara é fruto do trabalho das tribos indígenas que habitavam a Ilha de Marajó (próximo a Belém, no estado do Pará), na foz do Rio Amazonas, durante o Período Pré-Colonial, nos anos de 400 a 1400. Belém (PA), 2017.

DIÁLOGO

A vida que eu levo

Sei que quando eu passo, me olha diferente
e a gente luta para manter a nossa crença
E o homem branco traz doença, dizimou
o nosso povo
causou a nossa miséria e agora me olha com nojo
Sou um índio sim, vou até falar de novo,
Guarani Kaiowá

E me orgulho do meu povo
Esse povo que é guerreiro, é batalhador
Um povo que resiste com força e com amor
Amor pela terra querida
Amor por seus filhos e filhas
Filhos e filhas, marcados pela vida
Mais de quinhentos anos uma ferida que
não cicatriza

Brô Mc's. Disponível em: <www.vagalume.com.br/bro-mcs/a-vida-que-eu-levo.html>. Acesso em: ago. 2018.

Após a leitura, troque ideias com os colegas sobre a visão crítica do indígena em relação ao explorador percebida na letra da canção e responda às questões.

1. Quais são os problemas enfrentados pela população indígena que você identifica na música?

2. Você sabia que existiam grupos de *rap* indígenas? O que acha dessa integração cultural?

ATIVIDADES

SISTEMATIZAR

1. Quais são os principais grupos tradicionais que compõem parte da população da Região Norte?

2. Na Região Norte predomina a baixa ou a alta densidade demográfica? Justifique sua resposta.

3. É correto afirmar que os indígenas e os caboclos são importantes agentes de preservação ambiental na região? Justifique sua resposta.

4. "A mistura dos povos do Norte imprimiu à região uma grande riqueza cultural." Argumente sobre essa afirmação.

REFLETIR

1. Com base em seus conhecimentos e na observação do mapa a seguir, faça o que se pede.

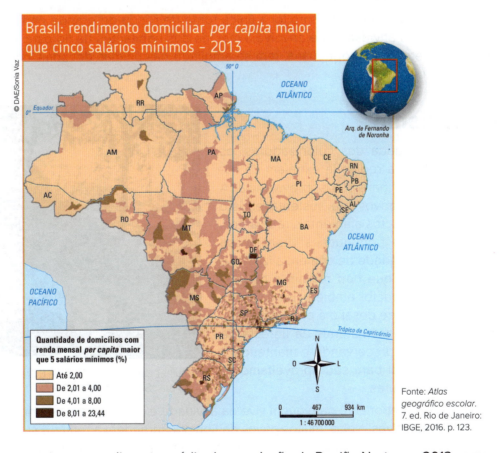

Fonte: *Atlas geográfico escolar*. 7. ed. Rio de Janeiro: IBGE, 2016. p. 123.

a) Como se apresentava o rendimento médio da população da Região Norte em 2013 comparado ao das demais regiões brasileiras?

b) O que você acredita que seja necessário para melhorar o rendimento da população da Região Norte?

DESAFIO

1. Pesquise na internet a presença da colônia japonesa no estado do Pará e elabore um pequeno texto sobre esse tema.

CAPÍTULO 4
Produção econômica

No capítulo anterior, você estudou a densidade demográfica da Região Norte, os adensamentos populacionais nas áreas urbanas, os grupos tradicionais da região e a cultura nortista. Neste capítulo, você vai estudar a atividade extrativista, a agricultura de subsistência e comercial, a atividade pecuária e a atividade industrial nessa parte do Brasil.

Principais atividades econômicas

Volte ao mapa da página 88, que mostra as atividades econômicas desenvolvidas no território brasileiro, e identifique, pela legenda, qual é a principal atividade exercida nos estados da Região Norte. Você perceberá que quase todos os estados têm atividade predominantemente extrativista, com exceção do Tocantins, que se destaca pela agropecuária.

Por muito tempo, o extrativismo foi a única fonte de renda de grande parte da população da região e ainda é a atividade que envolve a maioria dos habitantes da floresta. Apesar disso, a indústria, e sobretudo a agropecuária, tem se ampliado nas últimas décadas, como você verá nas páginas a seguir.

Extrativismo

Antes da chegada dos colonizadores, os povos indígenas da região já extraíam da floresta o necessário para sua sobrevivência. A atividade desses povos era sustentável, isto é, não gerava impactos ambientais relevantes. Posteriormente, os portugueses viram nessa atividade a possibilidade de comercialização e enriquecimento, o que deu origem a processos de grandes impactos ambientais na região. Atualmente, o grande desafio é promover a exploração das riquezas naturais da floresta de forma sustentável, preservando e mantendo o equilíbrio ambiental para seu aproveitamento pelas gerações futuras.

↑ Mulher cata açaí na Reserva Extrativista Tapajós Arapiuns. Santarém (PA), 2017.

Uma iniciativa importante para quem vive da atividade extrativista é a organização dos trabalhadores em **cooperativas**. Nelas, muitos povos da floresta aprendem a retirar o sustento do meio ambiente respeitando-o. É o conceito de extrativismo que mantém a "floresta em pé".

No sistema cooperativista, as pessoas trabalham de maneira integrada, organizando a coleta e a venda dos produtos em feiras locais. Dependendo do desenvolvimento da atividade, podem formar uma agroindústria dos produtos coletados e, assim, dividir o lucro e melhorar a qualidade de vida dos cooperados.

Ainda hoje o **extrativismo vegetal** é uma importante atividade econômica na região, com destaque para os seguintes recursos: castanha-do-pará (usada na produção de alimentos, cosméticos, óleos, remédios), látex (borracha), guaraná (alimento), açaí (sucos, cremes, polpa), madeira (móveis, carvão, construção civil) e cupuaçu (sucos, cremes, geleia, doces, sorvetes), entre outros.

O **extrativismo animal** na Região Norte é representado sobretudo pela pesca. Os rios da Bacia Amazônica têm grande variedade de peixes que servem de alimento para a população. Por questões ambientais, a pesca na região é controlada e monitorada por órgãos governamentais. Essa atividade extrativista ocorre praticamente em toda a região, pois é fonte de alimento para a população ribeirinha.

A fama do comércio de peixe do mercado Ver-o-Peso comprova a importância da atividade para a região. Belém (PA), 2017.

Atualmente, muitas empresas nacionais e internacionais operam no **extrativismo mineral** do Norte do país, pois é grande a quantidade de minerais no subsolo amazônico. Observe o mapa a seguir.

O **Programa Grande Carajás** (PGC), implantado na década de 1980, foi o maior projeto de ocupação econômica da Região Norte. É baseado na exploração mineral e está localizado no sudeste do estado do Pará, em uma área de 900 mil quilômetros quadrados – considerada a maior "província mineral" da Terra. A área mineralógica é fundamental para a região porque conta com diversos recursos, como grandes e variadas jazidas minerais de ferro, manganês, bauxita, cobre e outros.

Por outro lado, a intensa mineração na Região Norte tem levado ao esgotamento das reservas. Além disso, observa-se uma devastação ambiental em larga escala ligada a parte dos empreendimentos de mineração. Destaca-se também a extração de minerais fósseis – como o petróleo e o gás natural – na Amazônia, nas proximidades do Rio Urucu (Campo de Urucu), no estado do Amazonas.

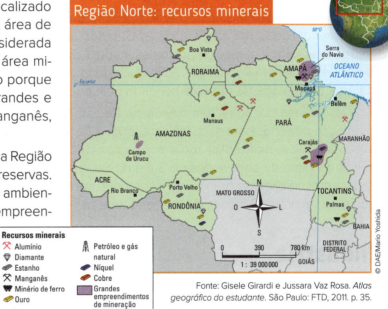

Fonte: Gisele Girardi e Jussara Vaz Rosa. *Atlas geográfico do estudante*. São Paulo: FTD, 2011. p. 35.

CURIOSO É...

O que é uma Reserva Extrativista

As Reservas Extrativistas (Resex) são espaços territoriais protegidos cujo objetivo é a proteção dos meios de vida e da cultura de populações tradicionais, bem como assegurar o uso sustentável dos recursos naturais da área. O sustento destas populações se baseia no extrativismo e, de modo complementar, na agricultura de subsistência e na criação de animais de pequeno porte. [...]

Como uma unidade de uso sustentável, a economia gerada numa Resex não pode ser de grande escala, capaz de concorrer com mercados, mas voltada à sustentabilidade da população tradicional ali residente.

Instituto Socioambiental (ISA). Disponível em: <https://uc.socioambiental.org/noticia/o-que-e-uma-reserva-extrativista>. Acesso em: jul. 2018.

Agropecuária

Na Região Norte é comum a agricultura de subsistência, praticada sobretudo pela população ribeirinha nas várzeas dos rios, cujo solo recebe matéria orgânica quando ocorrem as cheias. Os principais produtos cultivados são cana-de-açúcar, arroz e banana. Na agricultura comercial, destacam-se a cultura da **juta**, da pimenta-do-reino, da mandioca, do arroz e da soja. A fruticultura é a quarta atividade econômica mais forte dessa região, depois da mineração de ferro, da extração de madeira e da pecuária.

Ao longo da história da Região Norte, muitos projetos agropecuários fracassaram. Além de causar profundos impactos ambientais, eles acabaram contribuindo para o aumento de conflitos rurais — a região concentra o maior número de conflitos por terras do país.

↑ Gado pasta em área desflorestada. Pará, 2018.

Nos estados do Pará, Tocantins, Acre e Rondônia predomina a criação extensiva de gado bovino para corte. Grandes áreas de floresta foram derrubadas para o plantio do pasto destinado à criação extensiva de gado, em especial em Rondônia e no Pará. Segundo estudos, a maior parte da área desmatada da região é ocupada pela pecuária.

> **GLOSSÁRIO**
>
> **Juta:** planta da qual se obtêm fibras têxteis. É utilizada como matéria-prima na indústria de sacaria.

Nas últimas décadas, tem havido na Região Norte um aumento da ocupação de terras para pecuária extensiva. A "terra limpa" pela pecuária e pela extração madeireira, aliada ao relevo mais aplainado e aos baixos custos das terras e da produção, atraiu muitos empresários do ramo da soja vindos do Sul e do Sudeste. Há um enorme potencial de expansão da agricultura mecanizada de grãos — com destaque para soja e milho — nas áreas onde o relevo e os solos são mais favoráveis, o que põe em risco uma parte considerável da floresta.

Indústria

↑ Zona Franca de Manaus, 2015.

Na Região Norte, o maior destaque do setor industrial é a **Zona Franca de Manaus**, criada pela Superintendência do Desenvolvimento da Amazônia (Sudam), entre os anos de 1967 e 1972, com o objetivo de incrementar a atividade industrial na região. O plano do governo de ocupação e desenvolvimento econômico da região oferecia às empresas facilidades e incentivos fiscais por meio da isenção da taxação de impostos.

A iniciativa atraiu muitos investimentos. Hoje, estão fixadas na cidade mais de 500 empresas de diversas atividades. O governo prorrogou o prazo de isenção de impostos para 2073.

Atualmente, o Polo Industrial de Manaus tem importante participação no PIB da região, empregando, de forma direta, mais de 100 mil pessoas. As principais indústrias são as de eletroeletrônicos (televisores, computadores, celulares, aparelhos de som etc.), além das montadoras de motocicletas. Entretanto, a capital do Amazonas não é a única cidade com produção industrial: Belém, capital do Pará, também é um centro industrial importante na região.

ATIVIDADES

SISTEMATIZAR

1. A atividade do extrativismo é parte importante da economia da Região Norte. Aponte os principais produtos de cada tipo de extrativismo nesses estados.

2. O que são as reservas extrativistas?

3. Discuta com os colegas: É correto afirmar que as reservas extrativistas não causam impactos na floresta? Justifique sua resposta.

4. Por que as atividades praticadas por meio do Programa Grande Carajás são importantes para a economia da Região Norte?

5. Qual é o principal problema causado pela agricultura e pecuária comerciais na Região Norte?

REFLETIR

1. Com base em seus conhecimentos e na fotografia a seguir, faça o que se pede.

↑ Linha de produção de receptores de TV a cabo. Manaus (AM), 2016.

a) Após avaliar a fotografia, descreva a importância das atividades industriais para o Norte do Brasil.

b) Explique o que é a Zona Franca de Manaus e reflita: É importante aumentar a industrialização na Região Norte? Se sim, quais seriam as formas de incentivá-la?

DESAFIO

1. Além dos minérios de ferro e manganês, outros recursos minerais se destacam na Região Norte. Em Rondônia e no Amapá explora-se a cassiterita, minério do qual se retira o estanho; já a cuprita, minério de cobre, é extraída no Pará.
Em grupos, façam uma pesquisa e, seguindo as orientações do professor, desenhem um mapa do Brasil para localizar as jazidas minerais citadas anteriormente. Criem uma legenda no mapa que mostre o destino de cada produção: se abastece o mercado interno, externo ou ambos.

 **FIQUE POR DENTRO**

UMA VIAGEM PELA AMAZÔNIA

Embarque numa viagem por um afluente do Rio Amazonas e descubra um pouco mais dos segredos e da riqueza da floresta tropical de maior biodiversidade do planeta!

5ª PARADA
E por falar em veneno... Cerca de 10% de todos os anfíbios do mundo são encontrados na Floresta Amazônica. Não se deixe enganar pelas cores desse sapinho (*Phyllobates terribillis*). São criaturas tóxicas! Algumas tribos indígenas usavam seu veneno na ponta de flechas para caçar e se defender.

1ª PARADA
Aqui começa nossa viagem. Com mais de 5 mil quilômetros de águas navegáveis e mais de um quinto do volume total da água do planeta, a bacia hidrográfica do Amazonas é a maior do mundo!

4ª PARADA
Cuidado com a cobra! A Amazônia também é lar da maioria dos répteis brasileiros. São cerca de 350 espécies, entre cobras, lagartos e jacarés. Melhor não chegar muito perto da serpente *Lachesis muta*, a surucucu, pois é muito venenosa!

2ª PARADA
Aquilo era um peixe? Nas águas da Amazônia, são encontradas mais de 3 mil espécies de peixes. E o maior peixe de água doce do mundo está lá: é o pirarucu, que pode medir até 2,5 metros e pesar até 250 quilos!

3ª PARADA
Veja o passarinho! No Brasil, são registradas cerca de 1 840 espécies de pássaros. Dessas, cerca de 1 300 estão na Floresta Amazônica. Lá pode ser encontrado o menor pássaro do mundo, o "caçula", que mede apenas 6,5 centímetros!

PANORAMA

1. Elabore no caderno um texto que sintetize os seguintes aspectos da Região Norte: ocupação, povoamento, aspectos naturais e produção econômica.

2. Na fotografia ao lado está retratado o Forte do Presépio, em Belém do Pará, construído no início do século XVII. Naquela época, qual era o objetivo da construção desse e dos demais fortes da região?

→ Forte do Presépio em Belém (PA), 2017.

3. Relacione os projetos de incentivo à ocupação humana na Região Norte com a violência contra os povos tradicionais.

4. Que formação de relevo se constitui como divisor de águas na região? Por que isso acontece?

5. Explique o fenômeno da friagem nas áreas de clima equatorial.

6. Leia o texto a seguir e, depois, responda às questões.

Amazônia guarda reserva de água potável

[...] A biodiversidade da maior floresta tropical do planeta é tida como uma fonte inestimável de possibilidades econômicas à espera de estudos e descobertas. E é nesse cenário que se localiza o Aquífero Alter do Chão [...].

Cerca de 40% do abastecimento de água de Manaus é originário do aquífero Alter do Chão, como também é o caso de Santarém e de outras cidades situadas sobre a Bacia Sedimentar Amazônica.

[...] aquíferos são grandes depósitos de água de qualidade, pois as águas subterrâneas são muito mais protegidas do que as águas superficiais, uma vez que estão menos sujeitas a processos externos de contaminação.

[...]

Jéssica Souza. Amazônia guarda reserva de água potável. *Beira do Rio*, ano XXX, nº 130, abr./maio 2016. Disponível em: <www.jornalbeiradorio.ufpa.br/novo/index.php/2010/114-edicao-84-junho-e-julho/1053-amazonia-guarda-reserva-de-agua-potavel->. Acesso em: jul. 2018.

a) O que é o Aquífero Alter do Chão?
b) Qual é a vantagem da utilização da água de Alter do Chão em detrimento da água dos rios para o abastecimento público na Região Norte?

7. Comente a afirmação a seguir: A soja e o pasto colocam em risco uma área considerável da Floresta Amazônica.

8. Observe a fotografia a seguir e responda às questões.

Tarauacá (AC), 2017.

a) Qual é a atividade representada na fotografia?
b) Qual é a utilidade econômica dessa atividade?
c) Qual é a importância dessa atividade para a prática sustentável na região?

9. Com base na charge ao lado, responda às questões.

a) Que problema está representado na charge?
b) Quais são as consequências ambientais desse problema para a Região Norte?

DICAS

▶ ASSISTA

Nova Amazônia. Produção TV Cultura. O programa trata de temas que, embora regionais, acabam influenciando todo o planeta. Disponível em: <http://tvbrasil.ebc.com.br/novaamazonia>. Acesso em: jul. 2018.

📖 LEIA

Ekoaboka – Jornadas na Amazônia, de Ana Gibson, Anna Claudia Ramos, Isabella Barbosa, Isabella Massa e Myryam Ruth Coelho (DCL). Nessa obra coletiva, narram-se as aventuras de pai, mãe, filhos e amigo que vêm de lugares diferentes para conhecer a Amazônia.

▶ ACESSE

Povos Indígenas no Brasil: <https://pib.socioambiental.org>. Esse *site* disponibiliza várias informações sobre os diversos povos indígenas do território brasileiro.

Portal Amazônia: <www.portalamazonia.com>. Portal de notícias sobre a Amazônia cujo conteúdo está disponibilizado em texto, fotos, áudio, vídeo e infografia.

Festa do Divino. Vila Bela da Santíssima Trindade (MT), 2014.

TEMA 5
Região Centro-Oeste

NESTE TEMA
VOCÊ VAI ESTUDAR:

- a localização da Região Centro-Oeste;
- aspectos naturais da região e a ação humana no espaço geográfico;
- os primeiros habitantes da região e a ocupação do território no Período Colonial;
- fluxos migratórios – fatores que levaram ao maior povoamento e à integração nacional;
- aspectos sociais e econômicos da região.

A região Centro-Oeste é a menos populosa entre as macrorregiões, mas isso não diminui sua grandeza humana. A mistura entre os indígenas e os migrantes resultou em uma grande riqueza cultural.

1. Você conhece a Festa do Divino, retratada na fotografia? Se não, como imagina que ela seja?
2. Que outras manifestações culturais do Centro-Oeste você conhece?

CAPÍTULO 1

Localização e produção do espaço

No capítulo anterior, você estudou a Região Norte: extrativismo vegetal e animal, exploração sustentável da floresta, agricultura de subsistência e Zona Franca de Manaus. Neste capítulo, você vai estudar a Região Centro-Oeste – localização, os primeiros habitantes, ocupação e povoamento, a construção de Brasília e a expansão das atividades agropecuárias.

O centro do Brasil

A segunda macrorregião que estudaremos é a **Região Centro-Oeste**, formada por três estados – Mato Grosso, Mato Grosso do Sul e Goiás – e o Distrito Federal, onde está Brasília, a capital do Brasil.

É a segunda maior região em extensão territorial, com 1,6 milhão de km², equivalente a 19% do território nacional. Observe no mapa a seguir a localização da Região Centro-Oeste. Identifique os estados que a compõem, as respectivas capitais e o Distrito Federal.

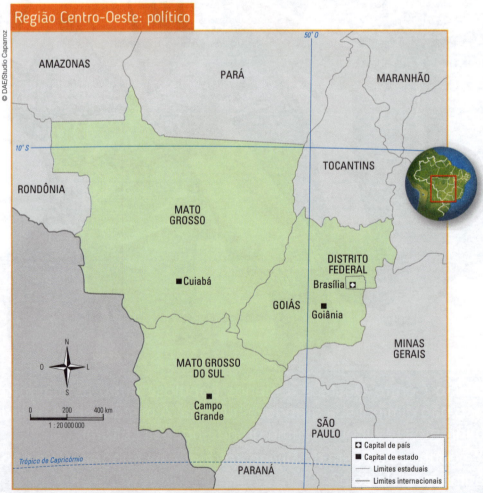

Fonte: *Atlas geográfico escolar*. 7. ed. Rio de Janeiro: IBGE, 2016. p. 90.

Entre as cinco regiões brasileiras, a Região Centro-Oeste é a única que não é banhada pelo Oceano Atlântico, pois está toda localizada no interior do território. É também a única a fazer limite com todas as demais regiões. Além disso, faz fronteira com dois países da América do Sul: Bolívia e Paraguai.

Povoamento e produção do espaço

Durante muito tempo, a região central do território brasileiro foi habitada por diversos povos indígenas, nativos dessas terras. A ocupação de áreas da atual Região Centro-Oeste pelos portugueses ocorreu somente cerca de 200 anos depois do começo da colonização.

Por volta do início do século XVIII, ocorreu novo povoamento nas áreas **auríferas** da região, o que causou mudanças na organização espacial dos territórios indígenas. Leia a seguir um registro sobre esse tema.

> **GLOSSÁRIO**
> **Aurífero:** que contém ouro.

> Os indígenas Paiaguá são hoje um povo extinto. Eles se organizavam em uma estrutura social onde cada indivíduo era independente e livre. Eram caçadores, coletores e pescadores que habitavam a região do Pantanal próxima dos limites do atual Estado do Mato Grosso do Sul. Foram conhecidos pelo espírito guerreiro e combatividade, usada largamente pelo país para guardar as fronteiras nacionais. O registro do último representante da etnia, segundo consta, faleceu em 1943; era a índia Maria Dominga Miranda.
>
> Ariane Laura. Paiaguá: donos do rio. *Diário de Cuiabá*, 18 dez. 2011. Disponível em: <www.diariodecuiaba.com.br/detalhe.php?cod=403922>. Acesso em: jul. 2018.

Ao longo do processo de ocupação e povoamento do Centro-Oeste, as populações indígenas foram expulsas de suas terras em razão dos novos processos de produção do espaço planejados pelos governos. Ao mesmo tempo, a cobertura vegetal original foi extremamente reduzida.

No início do século XVIII, ocorreram as primeiras jornadas de ocupação portuguesa em áreas que atualmente compõem a Região Centro-Oeste. Os **bandeirantes** paulistas desempenharam papel fundamental nesse processo, sendo considerados os desbravadores do interior da colônia.

Com a **descoberta de ouro**, houve grande deslocamento de portugueses e luso-brasileiros para o interior. Muitos eram motivados pela busca de riquezas, o que levou a **mineração** a destacar-se na economia colonial, com indígenas e principalmente africanos escravizados sendo levados às regiões das minas para trabalhar no garimpo.

→ Indígenas karajás que habitavam a atual Região Centro-Oeste, c. 1888.

A atividade de mineração absorvia o trabalho de muitas pessoas; assim, formaram-se os mais antigos núcleos de povoamento que existem ainda hoje, como as cidades de Cuiabá (MT), Vila Bela da Santíssima Trindade (MT) e Goiás (GO), antiga Vila Boa de Goiás. O governo português tinha interesse em ocupar a região por causa das riquezas minerais e para evitar o avanço de espanhóis, que colonizavam as terras a oeste.

Volte à página 18 do Tema 1 e observe no mapa as atividades econômicas do Brasil no século XVIII e a ocupação dos espaços no interior da colônia.

A demanda por alimento nas áreas de mineração impulsionou a **pecuária**, que se desenvolveu paralelamente à atividade mineradora. Com o esgotamento das minas e a decadência da exploração aurífera, a Região Centro-Oeste deixou de ser área de atração econômica e populacional. As atividades de pecuária e agricultura passaram a ser mais importantes; no entanto, economicamente tinham expressão apenas local e a população praticamente parou de aumentar.

← Moacyr Freitas. *As lavras do Sutil*. Ilustração feita para a publicação *Quadros históricos de Mato Grosso: período colonial*, de Paulo Pitaluga Costa e Silva e Moacyr Freitas. Cuiabá, 2000.

Ocupação a partir do século XX

Até as primeiras décadas do século XX, o Centro-Oeste apresentava grandes vazios demográficos, em comparação com outras regiões brasileiras. Era considerado uma região desintegrada e desarticulada das demais e, por muitos, de economia estagnada.

Em 1914, a construção da ferrovia Noroeste (atualmente pertencente à **Ferrovia América Latina Logística**), que liga o estado de São Paulo ao oeste de Mato Grosso e se estende até Santa Cruz de la Sierra, na Bolívia, aproximou a Região Centro-Oeste ao Sudeste. Essa aproximação não se limitava apenas às trocas comerciais, mas acabou estimulando a migração de paulistas para o Mato Grosso.

Na década de 1940, o governo brasileiro intensificou o incentivo à migração para o Centro-Oeste, ampliando os **povoados** e as **cidades** que já existiam e incentivando a **criação de gado**. Essa política visava garantir a integração do território nacional e sua ocupação. Em decorrência dessa iniciativa, mais populações indígenas foram perdendo suas terras de forma bastante violenta.

Dos anos 1950 até início dos anos 1980, ocorreram muitas mudanças na região, reflexos da economia e da sociedade brasileira, que passou a caracterizar-se pela industrialização e urbanização. Em áreas limítrofes com o estado de São Paulo, desenvolveu-se a atividade da **pecuária** melhorada e houve a instalação de frigoríficos.

↑ O Palácio da Alvorada durante a sua construção. Brasília (DF), 1957/1958.

Nesse período, em razão da construção de **Brasília**, que em 1960 passou a ser a capital federal, ocorreu uma grande onda migratória para a região, especialmente proveniente do Norte e do Nordeste brasileiros. Um dos principais objetivos da construção da capital era ocupar áreas do interior do país. Muitos trabalhadores foram atraídos para a região, o que integrou o Centro-Oeste ao resto do território brasileiro e contribuiu para aumentar seu povoamento. A construção de rodovias ligando Brasília às demais regiões propiciou maior integração econômica e comercial, facilitando as migrações.

CURIOSO É...

O Patrimônio Mundial no Brasil

A UNESCO desenvolve atividades para a proteção e conservação do patrimônio natural e cultural brasileiro, incluindo-se aí os sítios declarados pela UNESCO "Patrimônio Mundial" [...].

Unesco. Disponível em: <www.unesco.org/new/pt/brasilia/culture/world-heritage/list-of-world-heritage-in-brazil>. Acesso em: jul. 2018

Goiás testemunha a ocupação e a colonização das terras do Brasil central ao longo dos séculos XVIII e XIX. O traçado urbano é um exemplo do desenvolvimento orgânico de uma cidade mineradora, adaptada às condições da região. [...]

↑ Casarios coloniais em Goiás (GO), 2018.

Unesco. Disponível em: <www.unesco.org/new/pt/brasilia/culture/world-heritage/list-of-world-heritage-in-brazil/historic-centre-of-the-town-of-goias/#c1464980>. Acesso em: jul. 2018

Brasília, a capital criada do zero no centro do país, em 1956, foi um marco na história do planejamento urbano. O urbanista Lúcio Costa e o arquiteto Oscar Niemeyer pretendiam que cada elemento – da arquitetura das áreas residenciais e administrativas (frequentemente comparadas à forma de um pássaro durante o voo) à simetria dos próprios edifícios – estivesse em harmonia com o *design* geral da cidade.

Unesco. Disponível em: <www.unesco.org/new/pt/brasilia/culture/world-heritage/list-of-world-heritage-in-brazil/brasilia/#c1464972>. Acesso em: jul. 2018.

Novas frentes agrícolas

Nas últimas décadas do século XX, o povoamento do Centro-Oeste ganhou impulso com a abertura de novas frentes agrícolas, que passaram a receber muitos migrantes, em especial da Região Sul.

A agricultura recebeu projetos de correção do solo ácido do Cerrado, tornando-o cultivável, bem como incentivos de financiamento para produção agrícola e incremento de novas tecnologias de produção de grãos (soja, milho) e fibras (algodão), além da modernização da pecuária de corte, o que atraiu tanto recursos quanto pessoas para trabalhar e produzir nele.

→ Agricultor trabalha em horta. Naviraí (MS), 2018.

ATIVIDADES

SISTEMATIZAR

1. Por que o governo português se interessou em ocupar e povoar a região central do Brasil a partir do século XVIII?

2. Que papel tiveram os bandeirantes na ocupação da Região Centro-Oeste?

REFLETIR

1. Observe as fotografias e faça o que se pede.

← Fotografia tirada em 1959.

← Fotografia tirada em 2010.

a) As fotos mostram a construção de qual cidade? Cite as alterações ambientais que podem ter ocorrido devido à transformação da paisagem.

b) Justifique em uma frase a importância dessa obra para o povoamento da Região Centro-Oeste.

2. O avanço das áreas de produção agropecuária no Centro-Oeste cria conflitos com as etnias indígenas da região.

a) Identifique os motivos desses conflitos.

b) O que você acha que pode ser feito para proteger os interesses das etnias indígenas?

DESAFIO

1. Observe o mapa da rede multimodal de transportes brasileira na página 80 do Tema 3.

a) Quais tipos de transporte seriam utilizados para levar a produção da cidade de Campo Grande (MS) até o Porto de Santos (SP)?

b) Observando o mapa, que tipo de transporte está ausente no trajeto e poderia facilitar e baratear o escoamento dessa produção?

CAPÍTULO 2
Dinâmica natural

No capítulo anterior, você estudou a Região Centro-Oeste: os povos indígenas nativos, a mineração, a pecuária, a construção de Brasília, os fluxos migratórios e as novas fronteiras agrícolas. Neste capítulo, você vai estudar os elementos naturais (relevo, hidrografia, clima e vegetação) e as ações humanas no meio ambiente.

Domínio do Cerrado

Se, na Região Norte, o domínio morfoclimático predominante é o amazônico, o Centro-Oeste é majoritariamente dominado pelas paisagens do Cerrado. Além disso, por conta da altitude de seus planaltos, essa região funciona como divisora das águas fluviais do território brasileiro.

Como você já sabe, um domínio morfoclimático é caracterizado pela interação entre os diferentes componentes naturais de um território, capaz de criar uma dinâmica natural própria e característica. Entre esses elementos da natureza, destacam-se o clima, a vegetação e o relevo. No caso do Cerrado, o clima quente, os terrenos mais altos, solos pouco férteis e as chuvas concentradas no verão, com inverno muito seco, criam um ambiente com paisagens muitas vezes associadas à ausência de água.

↑ Lagoas no Pantanal de Nhecolândia. Corumbá (MS), 2017.

Mas o Centro-Oeste não é apenas o Cerrado. Há outras paisagens. Observe as imagens desta página. Que diferenças você percebe entre elas?

Como está quase totalmente localizado na zona tropical, a mais aquecida do planeta, ele é considerado uma área tipicamente tropical. Apenas uma pequena porção do sul de Mato Grosso do Sul situa-se na zona temperada, ao sul do Trópico de Capricórnio. A variedade de relevo, a hidrografia e a atuação das massas de ar conferem à região paisagens diversas, como você verá a seguir.

↑ Vista aérea do Morro do Buracão, Parque Nacional da Chapada dos Veadeiros. Alto Paraíso de Goiás (GO), 2017.

Relevo e hidrografia

O relevo da Região Centro-Oeste é marcado predominantemente pela presença de **planaltos** e **chapadas**. No entanto, no sudoeste de Mato Grosso e no oeste de Mato Grosso do Sul podem ser encontradas extensas **planícies**. Observe no mapa ao lado as unidades de relevo da região.

Entre os planaltos da Região Centro-Oeste, destacam-se os **planaltos e serras de Goiás-Minas**, no estado de Goiás; os **planaltos e a Chapada dos Parecis**, no estado de Mato Grosso; e os **planaltos** e **chapadas da Bacia do Paraná**, localizados nos estados de Goiás, Mato Grosso e Mato Grosso do Sul.

As depressões mais extensas dessa região são a **Depressão Sul-Amazônica**, no norte de Mato Grosso, e a **Depressão Araguaia-Tocantins**, entre os estados de Mato Grosso e Goiás.

Drenada pelo **Rio Paraguai**, a **Planície do Pantanal Mato-Grossense** é a maior planície inundável do mundo. Por apresentar baixa declividade, parte do terreno permanece coberto pelas águas no período de cheias, de outubro a março.

No oeste da região está localizada a vasta **Planície do Pantanal Mato-Grossense**, compondo uma área de relevo baixo (com 80 a 100 m de altitude) e plano, que engloba o sudoeste de Mato Grosso e a porção oeste de Mato Grosso do Sul. No sul da área da Planície do Pantanal, na fronteira com a Bolívia, encontra-se a **Serra do Urucum**, que se destaca pela altitude em meio a terras baixas e pelos recursos minerais, como ferro e manganês. A mineração nessa região é uma atividade intensa, o que ocasiona paisagens de grande impacto ambiental, como você pode ver na imagem ao lado.

Além do Rio Paraguai, que forma uma extensa bacia hidrográfica, ocupando boa parte do Centro-Oeste, há outras bacias que, juntas, compõem a riqueza hídrica da região.

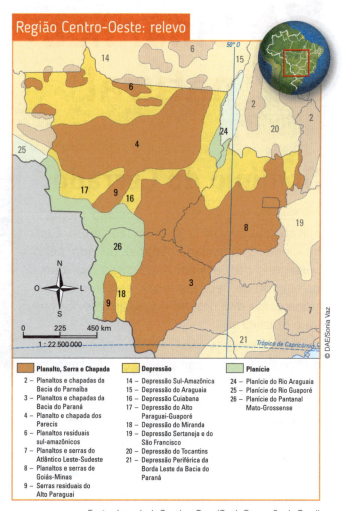

Fonte: Jurandyr L. Sanches Ross (Org.). *Geografia do Brasil.* 5. ed. São Paulo: Edusp, 2011. p. 53.

→ Extração de minério de ferro e manganês do Maciço do Urucum. Corumbá (MS), 2014.

Observe no mapa desta página as bacias hidrográficas e os maiores rios de cada uma delas. Ao fazer a leitura atenta, você perceberá que cursos fluviais correm em todas as direções.

Os planaltos da Região Centro-Oeste atuam como divisores de água de extensas bacias hidrográficas: **Bacia Amazônica**, **Bacia do Rio Paraguai**, **Bacia do Rio Paraná** e **Bacia Tocantins-Araguaia**. Alguns afluentes da margem direita do Rio Amazonas nascem no Planalto Central, bem como o Rio Paraguai e afluentes de sua margem esquerda, além de afluentes do Rio Paraná. Assim, a Bacia Amazônica drena a parte norte de Mato Grosso, enquanto a Bacia do Paraguai banha as partes sul de Mato Grosso e norte-ocidental de Mato Grosso do Sul. Já a Bacia do Paraná banha o sul de Goiás e a porção norte-oriental de Mato Grosso do Sul.

↑ Rio Paraguai. Cáceres (MT), 2018.

Os rios Araguaia e Tocantins também nascem em terras elevadas da região, respectivamente na Serra do Caiapó e na Serra dos Pireneus, ambas em Goiás.

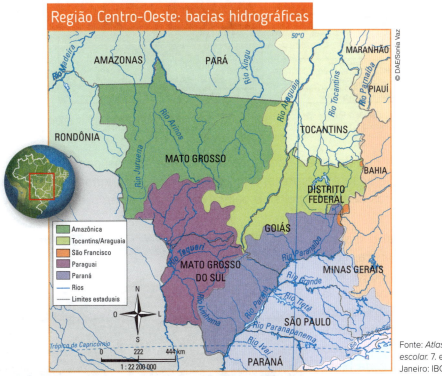

Fonte: *Atlas geográfico escolar*. 7. ed. Rio de Janeiro: IBGE, 2016. p. 105.

Juntos, os rios dessas quatro bacias possibilitam a irrigação dos cultivos agrícolas e a produção de energia elétrica, bem como fornecem alimento e abastecem a população. Além disso, há possibilidade de investimento em infraestrutura para a implantação de hidrovias nesses rios; como eles se estendem por outras regiões e países vizinhos, a navegação fluvial passa a exercer papel fundamental.

Clima e vegetação

Durante boa parte do ano, a Região Centro-Oeste fica sob a ação de massas de ar quente tropicais e equatoriais. No inverno, sofre atuação da massa de origem polar, proveniente do sul.

Na maior parte do território, predomina o **clima tropical**, caracterizado por altas temperaturas ao longo do ano e duas estações bem definidas: verão chuvoso e inverno seco. As áreas localizadas ao norte são as mais úmidas, com predomínio do **clima equatorial**, quente e úmido. No sul de Mato Grosso do Sul podem ocorrer temperaturas relativamente baixas no inverno, sendo o local de ocorrência do **clima subtropical**, com influência da massa polar atlântica (mPa) nessa época do ano.

Observe nos mapas a seguir os tipos climáticos e as formações vegetais originais da região.

Quanto à vegetação, destacam-se o Cerrado e o Complexo do Pantanal nas áreas de clima tropical. No local em que o clima é equatorial, prolonga-se a Floresta Amazônica, cujas características você já estudou no Tema 4.

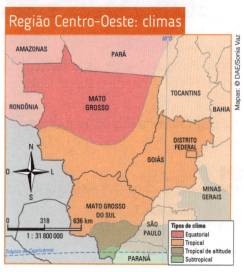

Fonte: Gisele Girardi e Jussara Vaz Rosa. *Atlas geográfico do estudante*. São Paulo: FTD, 2011. p. 24.

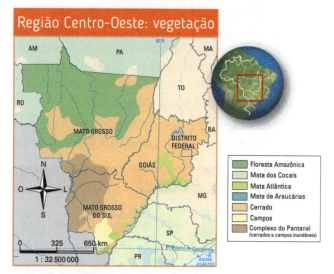

Fonte: Gisele Girardi e Jussara Vaz Rosa. *Atlas geográfico do estudante*. São Paulo: FTD, 2011. p. 26.

O **Cerrado** é um bioma de grande diversidade, que ocupa vastas áreas, com períodos mais prolongados de estiagem. A vegetação é composta, principalmente, de pequenas árvores, arbustos e plantas herbáceas. Com troncos de casca grossa e galhos retorcidos, as árvores de pequeno porte são marcantes nesse bioma.

O **Complexo do Pantanal** é marcado pela imponência da natureza, com grande diversidade de espécies animais e vegetais. A área aproximada é de 150 355 km², ocupando 1,76% do total do território brasileiro. É um dos complexos mais ricos em espécies de todo o país, localizado no sudoeste de Mato Grosso e oeste de Mato Grosso do Sul. Nele, encontram-se espécies da Floresta Amazônica, da Caatinga, do Cerrado, plantas aquáticas e matas ciliares, motivo pelo qual é chamado de complexo. No período de chuvas, muitas áreas são

↑ Vegetação de cerrado. Parque Nacional da Chapada dos Veadeiros (GO), 2016.

inundadas. A diversidade do bioma também é observada nas árvores, nas lagoas e no céu: há mais de 600 espécies de aves, como tuiuiús, cabeças-secas e garças.

A pesca e o turismo predatório, o mercúrio dos garimpos e as usinas de álcool instaladas em áreas pantaneiras são fatores que causam impacto ambiental. Apenas 4,4% do Pantanal estão protegidos por Unidades de Conservação Nacional. Veja na seção **Fique por dentro**, nas páginas 148 e 149, mais informações sobre o Pantanal.

ATIVIDADES

SISTEMATIZAR

1. Cite as formas de relevo predominantes na Região Centro-Oeste.

2. Indique se as características a seguir pertencem ao Pantanal ou ao Cerrado.
   a) É predominante na Região Centro-Oeste.
   b) Predomina no oeste de Mato Grosso do Sul e sudoeste de Mato Grosso.
   c) Árvores menores, com troncos retorcidos e casca grossa.
   d) Complexo com grande variedade de espécies vegetais e animais.

3. Qual é o tipo de clima predominante no Centro-Oeste? Caracterize-o.

4. Quais são as quatro bacias hidrográficas que drenam a Região Centro-Oeste?

REFLETIR

1. Observe a imagem a seguir. Ela reproduz selos temáticos dos Correios.

   a) Escreva um texto sobre a riqueza natural do Complexo do Pantanal.
   b) Em sua opinião, que benefícios a circulação desses selos pode propiciar?

2. Leia o infográfico a seguir, relacione-o aos dados apresentados no mapa e responda às questões.

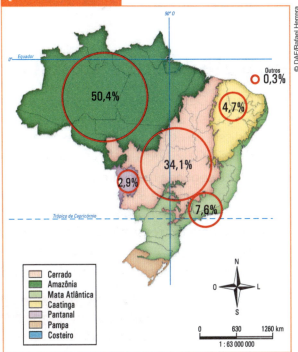

Queimadas – 2017

O Globo. *Brasil termina 2017 com número recorde de queimadas desde 1999.* Disponível em: <https://oglobo.globo.com/brasil/brasil-termina-2017-com-numero-recorde-de-queimadas-desde-1999-22204556>. Acesso em: out. 2018.

   a) Em qual bioma brasileiro houve o maior número de queimadas no período representado? Em qual região ele está localizado?
   b) Que bioma da Região Centro-Oeste é muito afetado pelas queimadas?
   c) Quais problemas a queimada pode causar à saúde das pessoas e ao meio ambiente?

DESAFIO

1. Em grupos, vocês pesquisarão dados e informações sobre os dois parques nacionais do Cerrado brasileiro. Imaginem que precisarão divulgar essas áreas de preservação ambiental em um projeto de turismo ecológico. Elaborem um fôlder com imagens e descrições importantes: localização, descrição da flora e da fauna, clima, preservação, atrativos turísticos, horários de visitação etc.

CAPÍTULO 3 Sociedade

No capítulo anterior, você estudou clima, relevo, vegetação e hidrografia do Centro-Oeste. Neste capítulo, você vai estudar concentração populacional, urbanização, qualidade de vida e aspectos culturais dessa região.

População do Centro-Oeste

O Centro-Oeste é a região menos populosa do Brasil, com mais de 14 milhões de habitantes, de acordo o Censo 2010 do IBGE, o que corresponde a cerca de 7,4% do total da população nacional. Apesar disso, de acordo com os censos, a segunda região com maior crescimento populacional entre 2000 e 2010 (20,74%), atrás apenas do Norte.

Por ter a segunda maior área do país, há locais pouco habitados, que apresentam densidade demográfica de cerca de 8 hab./km². Isso se explica tanto pelos fatores naturais como pelo processo tardio de ocupação e povoamento, em comparação com as demais regiões brasileiras. Os parques nacionais e uma expressiva população indígena (em comparação com outras regiões do país) também ajudam a explicar a baixa densidade em algumas áreas.

Veja no mapa a seguir a distribuição da população na Região Centro-Oeste.

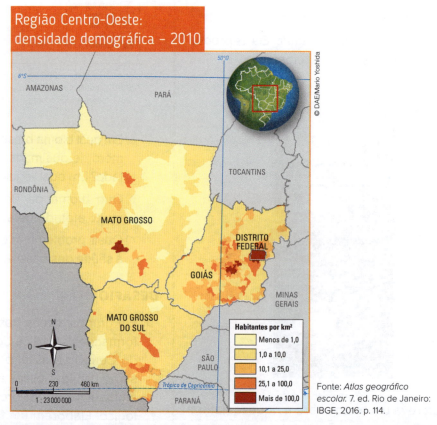

Fonte: *Atlas geográfico escolar*. 7. ed. Rio de Janeiro: IBGE, 2016. p. 114.

A população da Região Centro-Oeste é constituída por grande número de povos indígenas – em 2010, viviam mais de 140 mil indígenas na região – e por pessoas originárias das ondas migratórias ao longo da formação desse espaço geográfico.

A construção de Brasília e de rodovias que passaram a integrar a região com as demais regiões brasileiras acelerou o processo migratório, bem como levou a um aumento significativo no crescimento populacional do Centro-Oeste na segunda metade do século XX. Na década de 1970, ocorreu intenso fluxo de paulistas, paranaenses, catarinenses e gaúchos para a região, motivados pelas políticas de ocupação do Cerrado (Programa Polo Noroeste) e da Amazônia Legal, idealizadas pelos governos militares, resultando em grande atividade agropecuária.

Observe nos mapas a seguir o intenso fluxo migratório para o Centro-Oeste nas últimas décadas do século XX.

Fonte: Gisele Girardi e Jussara Vaz Rosa. *Atlas geográfico do estudante*. São Paulo: FTD, 2011. p. 19.

Fonte: Gisele Girardi e Jussara Vaz Rosa. *Atlas geográfico do estudante*. São Paulo: FTD, 2011. p. 19.

Atualmente, sobretudo por causa da expansão das fronteiras agrícolas, o Centro-Oeste concentra o maior percentual de pessoas nascidas fora da região: 36% da população veio de outros locais do Brasil. Em termos étnicos, a população da região se apresenta com a seguinte composição: 49,45% se consideram pardos; 41,53% se autodefiniram brancos e 6,59% se consideram pretos.

FORMAÇÃO CIDADÃ

Em outubro de 2015, foi realizado na cidade de Palmas, capital do Tocantins, o primeiro festival de Jogos Mundiais dos Povos Indígenas, com o objetivo de resgatar e valorizar a cultura indígena mundial. As modalidades da competição foram arco e flecha, arremesso de lança, cabo de guerra, corrida de tora, lutas, futebol, atletismo e *xikunahati*, um esporte tradicional indígena. Todas as regiões do Brasil e mais de 20 países enviaram representantes de povos nativos.

1. Em sua opinião, qual é a importância desse evento?
2. Pesquise as regras do *xikunahati* e pratique esse esporte com sua turma na quadra da escola. Você consegue relacioná-lo com outros esportes que já conheça?

↑ Indígenas kamayurás em disputa de cabo de guerra nos 1ºˢ Jogos Mundiais dos Povos Indígenas. Palmas (TO), 2015.

Urbanização e indicadores sociais

Contrariando um estereótipo que se tem de que a população do Centro-Oeste vive na zona rural, a região é atualmente a segunda mais urbanizada do país: cerca de 89% da população vive em cidades. Compare os dados apresentados na tabela ao lado.

Um dos aspectos de destaque da Região Centro-Oeste é o fato de que muitas cidades foram planejadas, como Brasília e Goiânia. Essas cidades exercem papel fundamental na disponibilidade de serviços urbanos, influenciando cidades menores. O Centro-Oeste tem duas regiões metropolitanas: **Goiânia**, com mais de 2 milhões e 500 mil habitantes, e o **Vale do Rio Cuiabá**, com mais de 850 mil habitantes.

Urbanização das regiões brasileiras – 2010	
Sudeste	92,95%
Centro-Oeste	88,8%
Sul	84,93%
Norte	73,53%
Nordeste	73,13%

↑ A tabela apresenta as taxas de urbanização em cada uma das regiões brasileiras em 2010.

Fonte: IBGE. *Séries históricas e estatísticas*. Disponível em: <https://seriesestatisticas.ibge.gov.br/series.aspx?vcodigo=POP122>. Acesso em: jul. 2018.

São destaques também as cidades de Dourados e Corumbá (ambas em MS), com importante papel comercial no estado e na região; Anápolis (GO); e as capitais Campo Grande (MS) e Cuiabá (MT).

A população do Centro-Oeste é majoritariamente jovem, com mais mulheres do que homens, seguindo a tendência do país. Veja, a seguir, a pirâmide etária dessa macrorregião.

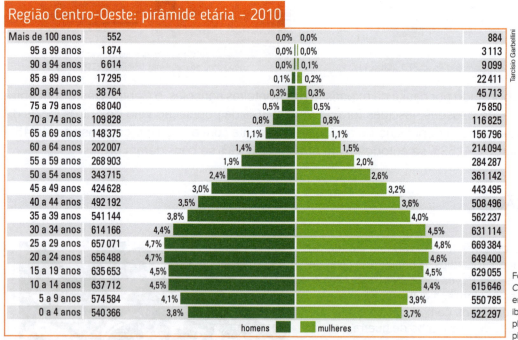

↑ O gráfico apresenta a população residente da Região Centro-Oeste por sexo e grupos de idade em 2010.

Fonte: IBGE. *Sinopse Censo 2010*. Disponível em: <https://censo2010.ibge.gov.br/sinopse/index.php?dados=12&uf=00#topo_piramide>. Acesso em: jul. 2018.

Qualidade de vida da população

Em relação à qualidade de vida da população, assim como nas demais regiões brasileiras, no Centro-Oeste persistem alguns problemas sociais. Comparativamente, a região registra indicadores sociais e de qualidade de vida abaixo da média do país.

Quanto à educação, o Centro-Oeste, no ano de 2010, apresentou taxa de analfabetismo (considerando as pessoas de 15 anos ou mais) de 7,2%, a terceira maior entre as grandes regiões.

O rendimento médio mensal do Centro-Oeste foi acima da média nacional, como você pode ver no gráfico abaixo. Essa média mais elevada pode ser explicada por diversos fatores, entre eles, a importância do setor agropecuário para a região, que tem sido um dos mais dinâmicos do país. Isso não significa que essa região é a mais desenvolvida do Brasil, nem que nela não exista desigualdade social. As cidades-satélites, por exemplo, no entorno de Brasília, apresentam graves problemas de moradia e de infraestrutura. São áreas periféricas que tiveram de acomodar o grande contingente populacional da capital e de seu entorno. A favelização é crescente no Distrito Federal, enquanto a renda *per capita* é, contraditoriamente, a maior do país.

O gráfico também mostra que, seguindo a tendência nacional, há diferença de renda entre os sexos na região: em média, as mulheres são menos remuneradas do que os homens.

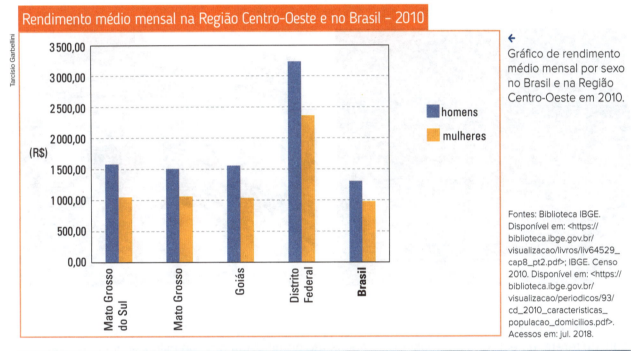

Gráfico de rendimento médio mensal por sexo no Brasil e na Região Centro-Oeste em 2010.

Fontes: Biblioteca IBGE. Disponível em: <https://biblioteca.ibge.gov.br/visualizacao/livros/liv64529_cap8_pt2.pdf>; IBGE. Censo 2010. Disponível em: <https://biblioteca.ibge.gov.br/visualizacao/periodicos/93/cd_2010_caracteristicas_populacao_domicilios.pdf>. Acessos em: jul. 2018.

↑ Bairro com habitações simples conhecido como Favela Sol Nascente, a mais populosa do Brasil. Brasília (DF), 2016.

Cultura regional

A população do Centro-Oeste é formada pela convergência de povos originários de outras regiões do país, que também se miscigenaram com a numerosa população indígena local. Essa característica compôs um grande arranjo cultural, marcando fortemente as tradições. Houve também o acréscimo de traços culturais de migrantes de países vizinhos, que trouxeram festas, danças e músicas típicas regionais.

Entre as várias expressões artísticas e culturais da região, destacam-se a **Festa de São João**, em Corumbá (MS); a **Procissão do Fogaréu**, em Goiás (GO); e a **Festa do Divino**, em Pirenópolis (GO), na qual ocorre a **Cavalhada**, que representa a batalha medieval entre cristãos e mouros. Danças típicas como chupim, catira e cururu, entre outras, revelam a influência espanhola mesclada à cultura indígena.

O artesanato é bem diversificado, com destaque para objetos produzidos com cerâmica, redes bordadas e bolsas e bijuterias elaboradas com capim-dourado.

↑ Arraial do Banho de São João. Corumbá (MS), 2018.

↑ Cavalhada em Pirenópolis (GO), 2015.

A culinária recebe bastante influência do Paraguai. É desse país que vem o gosto pelo mate gelado, ou tererê, e pela sopa paraguaia, que, apesar do nome, é um bolo de milho salgado. Destacam-se também, na culinária local, o arroz carreteiro com guariroba, a pamonha de milho verde, os pratos à base de peixes, a galinhada com pequi e o empadão goiano, além dos diversos frutos do cerrado.

↓ Arroz com pequi. Pirenópolis (GO), 2016.

AQUI TEM MAIS

Modo de fazer a viola de cocho

A viola de cocho é um instrumento musical singular quanto à forma e sonoridade, produzido exclusivamente de forma artesanal, com a utilização de matérias-primas existentes na Região Centro-Oeste do Brasil. Sua produção é realizada por mestres cururueiros, tanto para uso próprio como para atender à demanda do mercado local, constituído por cururueiros e mestres da dança do siriri. O modo de fazer a viola de cocho foi registrado no *Livro dos Saberes*, em 2005.

O nome viola de cocho deve-se à técnica de escavação da caixa de ressonância da viola em uma tora de madeira inteiriça, mesma técnica utilizada na fabricação de cochos (recipientes em que é depositado o alimento para o gado). [...]

Os materiais utilizados tradicionalmente para sua confecção são encontrados no ecossistema regional, correspondendo a tipos especiais de madeiras para o corpo, tampo e demais detalhes do instrumento; ao sumo da batata "sumbaré" ou, na falta desta, a um grude feito da vesícula natatória dos peixes (ou poca) para a colagem das partes componentes; a fios de algodão revestidos para trastes (que, na região, também são denominados pontos) e tripa de animais para as cordas.

↑ Fabricação da viola de cocho. Cuiabá (MT), 2010.

[...] As violas podem ser decoradas, desenhadas a fogo e pintadas, ou mantidas na madeira crua, envernizadas ou não. As fitas coloridas amarradas no cabo indicam o número de rodas de cururu em que a viola foi tocada em homenagem a algum santo – que possui, cada qual, sua cor particular.

O polo de referência da produção e difusão do universo cultural da viola de cocho está em Mato Grosso, porque a maioria dos cururueiros encontrados em Corumbá e Ladário migraram de muitas localidades pelo Rio Paraguai acima, quando os estados ainda estavam integrados. Fronteiras geopolíticas não correspondem necessariamente às fronteiras culturais e a divisão do estado de Mato Grosso e a criação do estado de Mato Grosso do Sul não resultou na descontinuidade da cultura de tradições enraizadas muito antes do fato político.

↑ Pantaneiro tocando viola de cocho. Poconé (MT), 2009.

Instituto do Patrimônio Histórico e Artístico Nacional (Iphan).
Disponível em: <http://portal.iphan.gov.br/pagina/detalhes/57>. Acesso em: jul. 2018.

1. Qual é a importância de preservar e divulgar expressões culturais como a viola de cocho?

2. Disserte sobre a influência, ou a falta dela, de fronteiras geopolíticas na cultura dos estados do Centro-Oeste.

ATIVIDADES

SISTEMATIZAR

1. Observe o gráfico a seguir e classifique a Região Centro-Oeste quanto ao número de habitantes.

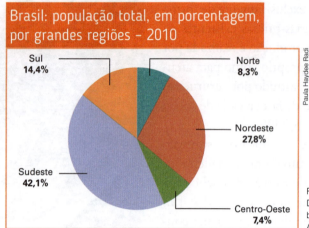

Brasil: população total, em porcentagem, por grandes regiões – 2010

- Sul 14,4%
- Norte 8,3%
- Nordeste 27,8%
- Sudeste 42,1%
- Centro-Oeste 7,4%

Fonte: IBGE. Sinopse Censo 2010. Disponível em: <https://censo2010.ibge.gov.br/sinopse/index.php?dados=5&uf=00>. Acesso em: jul. 2018.

2. Cite fatores que estimularam a migração para a região na segunda metade do século XX.

3. Quais são as regiões metropolitanas do Centro-Oeste? Onde estão localizadas?

REFLETIR

1. A Anistia Internacional é uma ONG e um movimento global que visa mobilizar as pessoas para criar um mundo em que os direitos humanos sejam desfrutados por todos. Segundo o relatório de 2014-2015, um dos dados apontados no caso brasileiro foi a questão indígena. Veja a seguir o que foi registrado.

> [...] Em setembro de 2013, a comunidade indígena Guarani-Kaiowá de Apika'y, no estado de Mato Grosso do Sul, ocupou um canavial que afirma localizar-se em suas terras tradicionais. Um tribunal local determinou a desocupação da área, mas os índios se recusaram a cumprir a ordem. No fim do ano, eles permaneciam naquela área e corriam risco de expulsão. Em 2007, o governo federal havia firmado um acordo com o Ministério Público para que as terras da comunidade fossem demarcadas até 2010, mas o processo jamais foi concluído. No fim do ano, tramitava no Congresso um projeto de lei que, se aprovado, transferiria a responsabilidade pela demarcação de terras indígenas do Poder Executivo para o Legislativo [...].

O estado dos Direitos Humanos no mundo. *Anistia Internacional – Informe 2014/15*. Disponível em: <https://anistia.org.br/wp-content/uploads/2015/02/Informe-2014-2015-O-Estado-dos-Direitos-Humanos-no-Mundo.pdf>. Acesso em: jul. 2018.

- Discuta com os colegas a violação dos direitos humanos que o relatório apontou na Região Centro-Oeste. Emita sua opinião sobre essa questão e elabore um argumento para defendê-la.

DESAFIO

1. Forme um grupo com mais três colegas e, juntos, façam uma breve pesquisa sobre quem são os chamados **candangos** e qual foi a importância deles para a construção e desenvolvimento de Brasília. Em seguida, elaborem um painel para apresentá-los e contar sua origem, suas atividades no Centro-Oeste, suas tradições e sua cultura.

CAPÍTULO 4
Produção econômica

No capítulo anterior, você estudou a população, os fluxos migratórios, a urbanização, a qualidade de vida e aspectos culturais do Centro-Oeste. Neste capítulo, você vai estudar as atividades econômicas dessa região: mineração, agropecuária e indústria.

Principais atividades econômicas

Volte, novamente, ao mapa da página 88 e identifique as principais atividades econômicas dos estados da Região Centro-Oeste. Perceba que a economia dessa macrorregião está atualmente fundamentada na **agropecuária**, com destaque para o cultivo de soja, milho, algodão e a criação extensiva de gado de corte. Outras atividades, como mineração e turismo, também são expressivas. A indústria tem peso menor em sua economia, tendo destaque a presença cada vez maior da chamada **agroindústria**.

↑ Criação de gado. Glória de Dourados (MS), 2018.

↑ Colheita da soja. Nobres (MT), 2018.

Extrativismo mineral e vegetal

Como você já estudou nos capítulos anteriores, a porção interior do Brasil que hoje forma a Região Centro-Oeste teve importância econômica para a metrópole portuguesa no século XVIII por causa da mineração. A partir de 1773, minas passaram a ser descobertas constantemente, não apenas de ouro, mas também de pedras preciosas diversas.

No Cerrado, o ouro era explorado sobretudo em aluviões, facilmente encontradas na beira dos rios, o que era um grande diferencial em relação às demais áreas auríferas da época.

O ouro e as pedras preciosas podiam ser explorados até sua exaustão, pois as riquezas da colônia deveriam servir aos interesses de Portugal. Com isso, ocorreu o rápido esgotamento das minas.

Atualmente, a mineração ainda move a economia de muitos municípios do Centro-Oeste. Os produtos que se destacam são:

- níquel, amianto e ouro, em Goiás;
- ferro e manganês, em Mato Grosso do Sul;
- ouro e diamante, em Mato Grosso e Mato Grosso do Sul.

No extrativismo vegetal, destaca-se a porção norte da Região Centro-Oeste, em áreas da Floresta Amazônica. Além de madeira, são importantes as atividades de extração de látex das seringueiras e de erva-mate.

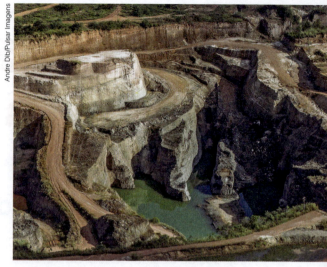
↑ Vista aérea de garimpo de ouro. Poconé (MT), 2017.

CARTOGRAFIA

Observe o mapa a seguir e, no caderno, responda às questões.

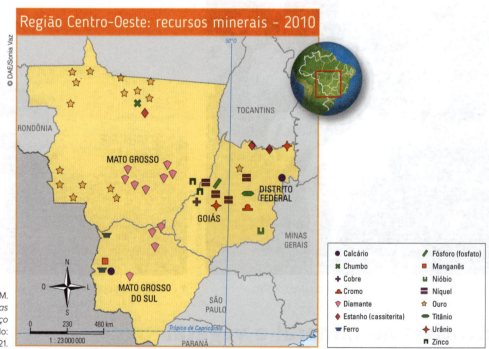

Fonte: Graça M. L. Ferreira. *Atlas geográfico: espaço mundial*. São Paulo: Moderna, 2010. p. 121.

1. Em qual estado da Região Centro-Oeste estão as maiores reservas de ferro e manganês?
2. Quais recursos minerais são encontrados em grande quantidade no estado de Mato Grosso?
3. Quais são os impactos ambientais gerados pela mineração?

Agropecuária

No Período Colonial, as atividades agrícolas e pecuárias atendiam apenas às áreas mineradoras da região. A partir do século XX, especialmente nos últimos cinquenta anos, muita coisa mudou: a agropecuária passou a ocupar vastas extensões de terra que originalmente eram áreas de Cerrado e da Floresta Amazônica.

O investimento no setor primário foi acompanhado de grande mudança na forma de cultivar vegetais e criar animais. O sistema de policultura, por exemplo, que era voltado, principalmente, ao autoconsumo, perdeu espaço para um modelo monocultor de exportação, o que trouxe diversos impactos ambientais para o solo. Para esse modelo, foram intensamente aplicados métodos de queimada, adubação química e correção dos solos, além de tecnologia avançada.

A Região Centro-Oeste tornou-se a **maior produtora de grãos** do Brasil e, nos últimos anos, impulsionada pelo agronegócio, liderou a expansão agropecuária e vem mantendo crescimento no setor acima da média nacional.

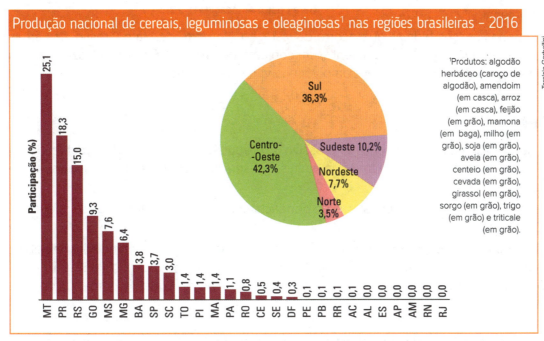

Participação das regiões brasileiras na produção nacional de cereais, leguminosas e oleaginosas (dados de abr./2016).

Fonte: IBGE. *Produção agrícola – 2016*. Disponível em: <ftp://ftp.ibge.gov.br/Producao_Agricola/Levantamento_Sistematico_da_Producao_Agricola_[mensal]/Comentarios/lspa_201604comentarios.pdf>. Acesso em: jul. 2018.

O estado de Mato Grosso destaca-se pelo cultivo de algodão e de soja – é o maior produtor nacional desses vegetais. Por sua vez, Mato Grosso do Sul destaca-se pela produção de arroz, soja, milho e cana-de-açúcar. Goiás também cultiva arroz e milho em larga escala, figurando entre os maiores produtores de feijão do Brasil.

Embora tenha aumentado a logística de transporte para escoar a produção agrícola da região, ainda há necessidade de obras de infraestrutura, como hidrovias e ferrovias, que levem o produto até portos importantes do país, como o de Santos, em São Paulo, e o de Itaqui, no Maranhão.

↑ Sistema de irrigação em plantação de milho. Alto Paraíso de Goiás (GO), 2016.

Além da agricultura, a **pecuária** também tem se expandido. Atualmente, o maior **rebanho bovino do país** encontra-se em terras da Região Centro-Oeste, no estado de Mato Grosso, o que atribui ao estado o título de maior criador de gado do Brasil.

O uso intenso de terras do Centro-Oeste, muitas vezes de forma não sustentável, gerou grandes transformações no Cerrado nas últimas décadas. Boa parte da vegetação nativa foi eliminada para dar espaço ao cultivo de cana-de-açúcar, soja e algodão, bem como à pecuária.

Contudo, muitos produtores rurais têm buscado estabelecer um equilíbrio entre a expansão de suas lavouras e a preservação do Cerrado e do Pantanal.

↑ Vista aérea de região desmatada da Floresta Amazônica para pasto. Apiacás (MT), 2015.

Mas não é apenas nesses biomas que ocorre devastação. No norte de Mato Grosso, nas áreas localizadas no chamado Arco do Desmatamento, um conjunto de áreas da Floresta Amazônica vem sendo destruído para dar lugar à pecuária, como você já viu no tema anterior.

Indústria

Embora o setor secundário seja menos expressivo, a produção industrial tem se destacado no Centro-Oeste nas últimas décadas. A entrada de muitas indústrias na região se deve especialmente ao agronegócio.

Destacam-se as indústrias têxteis, extrativas, de beneficiamento de produtos agrícolas, frigoríficas, automobilísticas, farmacêuticas etc.

A instalação do **Gasoduto Bolívia-Brasil**, que abastece o Brasil de gás natural proveniente da Bolívia, incentivou a implantação de polos industriais na região. Esse duto sai de Santa Cruz de la Sierra, na Bolívia, passa por Corumbá (MS), segue para o estado de São Paulo e, posteriormente, para o sul do país.

↓ Silos para armazenagem de grãos em indústria. Rio Brilhante (MS), 2018.

ATIVIDADES

SISTEMATIZAR

1. Qual é a principal atividade econômica desenvolvida na Região Centro-Oeste?
2. Como se explica a elevada taxa de urbanização da Região Centro-Oeste?
3. Qual é o papel da Região Centro-Oeste na produção de grãos na pauta das exportações brasileiras?
4. A que se deve o recente estabelecimento de muitas indústrias no Centro-Oeste?
5. Qual estado dessa região é o maior criador de gado do Brasil?

REFLETIR

1. Observe o gráfico a seguir.

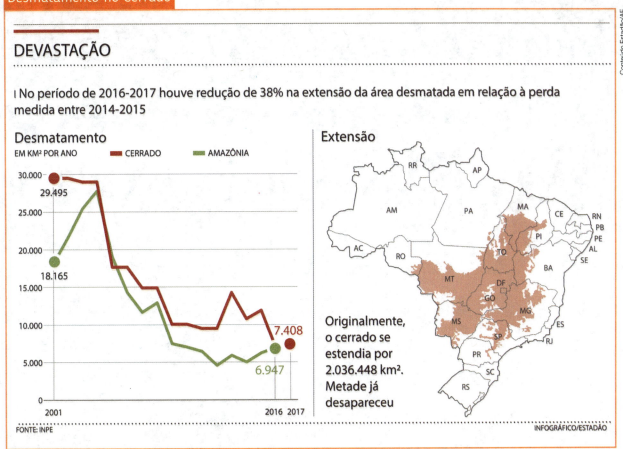

Fonte: Giovana Girardi. Desmatamento no Cerrado recua, mas em 7 anos é 60% maior que perda da Amazônia. *O Estado de S. Paulo*, 21 jun. 2018. Disponível em: <https://sustentabilidade.estadao.com.br/noticias/geral,desmatamento-no-cerrado-recua-mas-em-7-anos-e-60-maior-que-perda-da-amazonia,70002359710>. Acesso em: ago. 2018.

a) O que o gráfico representa?
b) Em qual estado esse fenômeno ocorreu com mais intensidade?
c) Qual é o intervalo de tempo representado no gráfico?
d) Qual é a causa desse fenômeno?

147

FIQUE POR DENTRO

O Pantanal

É uma planície de inundação muito extensa, considerada a maior superfície inundável do mundo.
Localiza-se próximo ao conjunto das serras e chapadas do Centro-Oeste brasileiro e sofre a influência constante do ciclo dos rios da Bacia do Paraguai. Está presente em dois estados brasileiros: Mato Grosso do Sul (ocupa 25% do território do estado) e Mato Grosso (ocupa 7% do território do estado).
A alternância entre os períodos de cheia e de seca nas águas dessa região é a principal responsável pela constante transformação da paisagem ao longo do ano. Veja a seguir outras características desse pantanal.

Fauna e flora
O Pantanal abriga uma grande diversidade de espécies de animais e plantas. Já foram catalogadas 263 espécies de peixes, 41 espécies de anfíbios, 113 espécies de répteis, 463 espécies de aves e 132 espécies de mamíferos, das quais duas são endêmicas. Quanto às plantas, segundo a Embrapa, quase 2 mil espécies já foram catalogadas, e muitas apresentam grande potencial medicinal.

As águas
As inundações anuais do Pantanal garantem o equilíbrio ecológico dessa região, auxiliando a renovação da fauna e da flora.
Nas áreas alagadas são formados canais que se enchem de peixes, atraindo muitas aves.
O movimento de subir e baixar das águas torna o Pantanal um lugar único, mas muito frágil, pois qualquer alteração no ciclo hidrológico ameaça sua biodiversidade.

Fontes
www.mma.gov.br/biomas/pantanal
www.wwf.org.br/natureza_brasileira/areas_prioritarias/pantanal
www.icmbio.gov.br/portal/unidadesdeconservacao/biomas-brasileiros/pantanal
http://riosvivos.org.br/categorias/comunidades-tradicionais-comunidades

Uma característica do Pantanal refere-se às muitas espécies que estão ameaçadas em outras regiões do Brasil e que são encontradas em populações avantajadas nesse bioma, como é o caso do tuiuiú – ave símbolo do Pantanal.

Reserva da Biosfera
O Pantanal foi reconhecido pela Unesco como Reserva da Biosfera, tornando-se assim uma importante área de preservação e manejo sustentável.

Comunidades tradicionais
O Pantanal também abriga importantes comunidades tradicionais, como indígenas, quilombolas, coletores de iscas e ribeirinhos, por exemplo a comunidade Paraguai-Mirim, entre outras, como a comunidade Amolar.

Devastação e proteção
O Pantanal tem sido muito impactado pelas ações humanas. Um dos maiores problemas é o exponencial crescimento da agropecuária no Centro-Oeste, sobretudo nas áreas próximas a esse bioma.
Apenas 4,6% da área do Pantanal encontra-se protegida por Unidades de Conservação (UCs), das quais 2,9% correspondem a UCs de proteção integral e 1,7% a 1,8% de uso sustentável.

1. Como você deve ter percebido pelas informações e imagens do infográfico, o Pantanal Mato-Grossense, apesar de sua exuberância natural, é uma área frágil do planeta, sujeita a todo tipo de ameaça a seu equilíbrio e a sua existência. Reflita sobre essa oposição entre exuberância e fragilidade. O que fazer para que a exuberância de áreas como o Pantanal continue a existir sem que seu equilíbrio seja violado?

2. Que analogias podemos estabelecer, com base no Pantanal, com a situação atual do planeta?

PANORAMA

FAÇA AS ATIVIDADES A SEGUIR E REVEJA O QUE VOCÊ APRENDEU.

1. Elabore no caderno um quadro como o apresentado a seguir e complete-o com os aspectos dominantes na Região Centro-Oeste.

Relevo	Hidrografia	Clima	Vegetação

2. O trecho abaixo traz informações de qual área da Região Centro-Oeste? Justifique sua resposta.

[...] detém 5% da biodiversidade do planeta, sendo considerado a savana mais rica do mundo, porém um dos biomas mais ameaçados do país. Compreende um mosaico de vários tipos de vegetação, desde fisionomias campestres, savânicas e até florestais, como as matas secas e as matas de galeria. [...]

No Bioma desenvolve-se expressiva produção agropecuária e importantes agroindústrias, vivendo aproximadamente 13 (treze) milhões de habitantes, que envolvem, dentre outros, as populações tradicionais, tais como os quilombolas, ribeirinhos, geraizeiros e índios.

Brasil. Ministério do Meio Ambiente. *Fauna e flora*, 3 maio 2012. Disponível em: <www.mma.gov.br/biomas/cerrado/fauna-e-flora>. Acesso em: jul. 2018.

3. Apresente as principais características naturais do relevo do Pantanal e cite o nome do principal rio dessa região.

4. Leia o texto a seguir.

O crescente desmatamento na região do Pantanal e no Planalto, com a retirada de matas ciliares e a substituição da vegetação natural por pastagens e culturas de grãos, tem afetado negativamente as populações de peixes. A situação é ainda mais grave quando se considera que os grandes estoques pesqueiros constituem um dos maiores compartimentos de reserva viva de nutrientes e energia no Pantanal, garantindo a sobrevivência de inúmeras outras espécies e o equilíbrio do sistema. Os peixes, entre outras funções, atuam como dispersores de sementes e constituem a alimentação básica para muitos componentes da fauna. Nos períodos de seca a mortalidade dos peixes aumenta: as populações são obrigadas a concentrarem-se nas lagoas e canais permanentes, constituindo presas fáceis para aves e outros animais, além de ficarem ainda mais suscetíveis à pressão da pesca.

Atividades econômicas. Ecoa. Disponível em: <http://riosvivos.org.br/a/Canal/Atividades+economicas/273>. Acesso em: ago. 2018.

a) Por que se afirma que os peixes são uma reserva viva de nutrientes e energia no Pantanal?

b) Cite exemplos de agressões ambientais que ocorrem na região e interferem na sobrevivência dos peixes.

5. Embora o desmatamento do Cerrado tenha diminuído nos últimos anos, os dados sobre essa agressão ambiental deixaram de ser alarmantes? Comente.

6. Quais são as principais causas do desmatamento atual do Cerrado?

7. A ocupação e o povoamento da Região Centro-Oeste acarretaram perdas humanas e naturais. Justifique essa afirmação.

8. Leia o texto a seguir e responda às questões.

A taxa de urbanização, medida pela proporção de pessoas que viviam em áreas urbanas, foi de 84,8% para o Brasil, em 2013. A Região Nordeste foi a que apresentou menor taxa de urbanização, de 73,3%, seguida pela Região Norte (74,6%). Os estados do Maranhão (58,3%), Piauí (68,4%), Pará (68,9%) e Acre (71,2%) apresentaram os menores indicadores, enquanto Rio de Janeiro (97,0%), São Paulo (96,5%), Distrito Federal (95,5%) e Goiás (91,6%) concentraram parte significativa de sua população em áreas urbanas.

Síntese de indicadores sociais – 2014. *Estudos & Pesquisas*, n. 34. Disponível em: <https://biblioteca.ibge.gov.br/visualizacao/livros/liv91983.pdf>. Acesso em: jul. 2018.

a) Que informação de destaque há sobre a Região Centro-Oeste?

b) Com base no que estudou neste capítulo, como você pode explicar a concentração populacional nas áreas urbanas na Região Centro-Oeste mencionada no texto?

9. Qual é o estereótipo, mencionado no Capítulo 3, que o conhecimento efetivo do Centro-Oeste contraria?

10. Quais são as principais expressões culturais da Região Centro-Oeste?

11. Que minérios são importantes na economia do Centro-Oeste na atualidade?

12. Faça um resumo das atividades agropecuárias da Região Centro-Oeste.

13. Por que o uso intenso de terras no Centro-Oeste gerou grandes transformações no Cerrado nos últimos anos?

14. Que indústrias se destacam no Centro-Oeste?

15. O que a instalação do Gasoduto Bolívia-Brasil trouxe de positivo para a Região Centro-Oeste?

16. Sobre os indicadores sociais do Centro-Oeste, responda:

a) Como se apresentam os dados de educação na região?

b) Como se caracteriza o rendimento médio mensal da população? Que fatores explicam esse fenômeno?

DICAS

ACESSE

Portal Pantanal – O guia do santuário ecológico: <www.portalpantanal.com.br>. Esse *site* é um guia para quem quer conhecer e entender melhor essa região, que se estende por Mato Grosso e Mato Grosso do Sul, além de outros territórios fora do Brasil.

ASSISTA

Brasília: a construção de um sonho, Brasil, 2009. Direção: Rodrigo Astiz e Pedro Gorski, 42 min. O documentário apresenta entrevistas com moradores, urbanistas e políticos, cada um relatando impressões de como sua história se mistura com a da cidade de Brasília.

LEIA

Um pau-de-arara para Brasília, de João Bosco Bezerra Bonfim, ilustrado por Alexandre Teles (Biruta). O livro conta a história da construção de Brasília. Narrado nos versos típicos da tradição oral do cordel, leva o leitor a conhecer a aventura vivida pelos candangos na chegada ao interior do Brasil e sua permanência no local.

Foliões em apresentação de maracatu durante o Carnaval. Olinda (PE), 2016.

TEMA 6
Região Nordeste

NESTE TEMA
VOCÊ VAI ESTUDAR:

- localização, ocupação humana e sub-regiões da Região Nordeste;
- dinâmica da natureza;
- configuração do relevo, da diversidade climática e da vegetação;
- hidrografia;
- formação e características da sociedade nordestina;
- atividades econômicas.

Você conhece o maracatu? É um ritmo nordestino que usa instrumentos de percussão de origem africana. Ele se originou nas congadas, cerimônias de coroação de reis e rainhas da nação negra. O Nordeste é uma região complexa e diversificada nos aspectos humano, econômico, político e natural.

1. Você conhece outras manifestações culturais do Nordeste? Sabe a origem de cada uma delas?
2. Converse com os colegas sobre outros aspectos da Região Nordeste que vocês conhecem.

CAPÍTULO 1
Localização e produção do espaço

No capítulo anterior, você estudou extrativismo, agropecuária e indústria, preservação ambiental e fronteiras agropecuárias da Região Centro-Oeste. Neste capítulo, você vai estudar a localização geográfica, o modo de ocupação e o povoamento da Região Nordeste, além das características de suas sub-regiões.

O Brasil nordestino

Nosso foco de estudo é a **Região Nordeste**, que, como o nome diz, está localizada na porção nordeste do território brasileiro. Limita-se a oeste com a Região Norte, a sudoeste com a Região Centro-Oeste e, ao sul, com a Região Sudeste.

A região é composta de nove estados: Bahia, Sergipe, Alagoas, Pernambuco, Paraíba, Rio Grande do Norte, Ceará, Piauí e Maranhão.

Observe no mapa político a seguir a localização da Região Nordeste no espaço territorial brasileiro e a disposição dos estados que a compõem.

Fonte: *Atlas geográfico escolar*. 7. ed. Rio de Janeiro: IBGE, 2016. p. 90.

Veja no mapa que o Nordeste é banhado pelo Oceano Atlântico e tem cerca de 3 300 quilômetros de orla marítima. Com 1,5 milhão de quilômetros quadrados, é a terceira região de maior extensão territorial do país. Nela, vivem cerca de 53 milhões de pessoas (dados do Censo 2010).

Constituição do território: ocupação e povoamento

Vamos relembrar um pouco a formação do território brasileiro que você estudou nos temas anteriores. No começo do século XVI, iniciou-se, no Nordeste, o processo político e econômico que ficou conhecido como colonização, imposto pelos portugueses. A colonização portuguesa na América espalhou-se por todo o território e foi além do limite do Tratado de Tordesilhas. Esse processo enriqueceu os colonizadores e a Coroa portuguesa, explorou a riqueza e a força de trabalho dos grupos indígenas e, posteriormente, dos negros africanos.

Como você já viu, com a chegada dos portugueses muitos grupos indígenas foram submetidos ao processo de escravidão. Mesmo com as várias tentativas de resistência, parte desses grupos se dispersou e perdeu a soberania sobre o espaço nacional; outra parte foi exterminada.

↑ Oscar Pereira da Silva. *Desembarque de Pedro Álvares Cabral em Porto Seguro*, 1922. Óleo sobre tela, 330 cm × 190 cm.

Onde atualmente é a Região Nordeste foi implantada a primeira atividade econômica da colônia: o cultivo da cana-de-açúcar. Antes disso, os portugueses coletavam a madeira do pau-brasil, da qual se extraía uma tinta rubra usada para tingir tecidos e móveis, de grande valor comercial na Europa.

> **GLOSSÁRIO**
> **Massapê:** solo argiloso de coloração vermelho-amarelada, fértil para a prática agrícola.

O açúcar era um produto muito valorizado no mercado europeu. O nordeste brasileiro era ideal para o cultivo da cana-de-açúcar por causa do clima tropical, quente e úmido, e do solo argiloso, conhecido popularmente por **massapê**. A Mata Atlântica que cobria o litoral foi substituída, em boa parte, por imensos canaviais.

Foi nessa região também que se estabeleceu a primeira capital da colônia, a cidade de Salvador, atualmente capital do estado da Bahia. Salvador foi capital de 1549 a 1763.

↑ Casario colonial no Centro Histórico. Salvador (BA), 2017.

A composição étnica do povo nordestino, com forte participação africana no total da população, imprime à região a categoria de área de maior influência de afrodescendentes do país. A Região Nordeste tem o maior contingente populacional de autodeclarados pretos e elevado percentual de pardos. Em vários lugares, ainda se mantêm diversas comunidades remanescentes de quilombos (reveja o mapa da página 42).

> **GLOSSÁRIO**
>
> **Casa-grande:** residência do senhor de engenho e sua família.
> **Moenda:** maquinário usado no processo de fabricação do açúcar.
> **Senzala:** moradia dos escravos que trabalhavam no engenho.

Na segunda metade do século XVI, grupos de africanos escravizados começaram a ser enviados ao Brasil para trabalhar nas lavouras. O espaço geográfico passou a se organizar em torno do cultivo da cana-de-açúcar, da estrutura de engenhos de açúcar. Os **engenhos** eram instalações com todos os equipamentos da época para produzir açúcar, com destaque para a **moenda**. A divisão social era visível na disposição e na estrutura das edificações do engenho, com duas principais moradias típicas: a **casa-grande** e a **senzala**.

↑ Nicolau Jan Vischer. *Engenho de açúcar*, 1630. Gravura colorida.

Enquanto o cultivo da cana-de-açúcar foi determinante para a conquista e o povoamento do litoral do Nordeste, a pecuária teve papel fundamental em processos similares no interior da região.

Já no século XVII, as primeiras boiadas penetraram o Sertão nordestino, seguindo o curso do Rio São Francisco. Do vale desse rio, a **pecuária** foi logo adentrando o interior e atraiu pessoas que não estavam envolvidas com o cultivo da cana-de-açúcar. O estado do Piauí, por exemplo, foi ocupado do interior para o litoral. Reveja no mapa da página 18 as atividades econômicas que eram desenvolvidas na Região Nordeste naquele período.

Muitas cidades nordestinas preservam traços desse passado histórico, de forte influência europeia. É o caso de Olinda, em Pernambuco, entre outras cidades históricas espalhadas pela região, como você pode ver na fotografia ao lado.

A influência dos portugueses, dos povos nativos e dos africanos trouxe grande diversidade cultural e fez da região a mais mestiça do país. É importante destacar que a maior parte da população do Nordeste concentra-se nas áreas litorâneas.

↑ Casario histórico. Olinda (PE), 2018.

As sub-regiões do Nordeste

No Nordeste, a interação entre a sociedade e a natureza imprimiu traços marcantes na paisagem e no território.

Por causa da ampla diversidade, o Nordeste foi regionalizado em quatro sub-regiões: **Zona da Mata**, **Agreste**, **Sertão** e **Meio-Norte**. Elas são muito distintas, tanto no que se refere aos aspectos naturais originais e transformados como aos aspectos culturais, sociais e econômicos.

Observe essa regionalização no mapa ao lado. Depois veja características de cada uma delas.

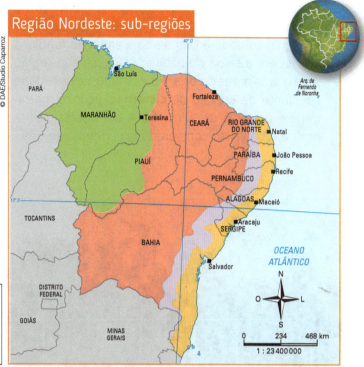

Fonte: Vera Caldini e Leda Ísola. *Atlas geográfico Saraiva*. 4. ed. São Paulo: Saraiva, 2013. p. 72.

- **Zona da Mata**: domínio da vegetação da Mata Atlântica. O clima é tropical atlântico (quente e chuvoso), tem alta densidade demográfica e abrange as maiores cidades da região. É a sub-região dos polos industriais e tem a maior rede de transportes. A base da economia é a monocultura da cana-de-açúcar, indústrias diversas (distritos industriais modernos) e turismo.

↑ Concentração populacional na Zona da Mata. Recife (PE), 2017.

- **Agreste**: sub-região de transição entre a Zona da Mata e o Sertão. Nas áreas úmidas, denominadas brejos, há a prática de agricultura diversificada. A densidade demográfica também é alta e destacam-se as cidades de Caruaru e Garanhuns (PE), Campina Grande (PB), Arapiraca (AL) e Feira de Santana (BA).

↑ Área rural com plantação de bananas no agreste alagoano. Santana do Mundaú (AL), 2015.

157

- **Sertão**: maior sub-região do Nordeste. De clima semiárido – quente e com baixa pluviosidade –, predomina a vegetação da Caatinga. A presença de rios temporários, que resulta em redução da oferta de água, somada à grande concentração fundiária favorecem a saída de habitantes dessa sub-região para outras áreas do país. Há, portanto, necessidade constante da criação de **cisternas**, açudes, barragens e projetos de irrigação. A densidade demográfica é baixa, se comparada com outras regiões.

↑ Irrigação em plantação de milho no sertão baiano. Mucugê (BA), 2016.

- **Meio-Norte**: sub-região de transição entre o Sertão e a Floresta Amazônica. A vegetação predominante é a mata dos cocais (babaçu e carnaúba) e a densidade demográfica é baixa.

GLOSSÁRIO

Cisterna: tecnologia para a captação de água da chuva. A água que escorre do telhado da casa é captada pelas calhas e depositada nas cisternas.

↑ Mata dos cocais no Meio-Norte. Nazária (PI), 2015.

DIÁLOGO

Em 1938, foi publicado *Vidas secas*, do autor alagoano Graciliano Ramos. O livro aborda a pobreza e as dificuldades da vida do retirante nordestino, narrando a fuga do personagem Fabiano e sua família da seca. Leia o trecho a seguir, do primeiro capítulo da obra.

Mudança

Na planície avermelhada os juazeiros alargavam duas manchas verdes. Os infelizes tinham caminhado o dia inteiro, estavam cansados e famintos. Ordinariamente andavam pouco, mas como haviam repousado bastante na areia do rio seco, a viagem progredira bem três léguas. Fazia horas que procuravam uma sombra. A folhagem dos juazeiros apareceu longe, através dos galhos pelados da catinga rala.

Arrastaram-se para lá, devagar, sinhá Vitória com o filho mais novo escanchado no quarto e o baú de folha na cabeça, Fabiano sombrio, cambaio, o aió a tiracolo, a cuia pendurada numa correia presa ao cinturão, a espingarda de pederneira no ombro. O menino mais velho e a cachorra Baleia iam atrás.

Graciliano Ramos. *Vidas secas*. 122. ed. Rio de Janeiro: Record, 2013. p. 9.

1. Em qual sub-região do Nordeste se passa a história de *Vidas secas*? Como você chegou a essa conclusão?

ATIVIDADES

SISTEMATIZAR

1. Podemos afirmar que a história política e econômica do Brasil começou no Nordeste? Por quê?

2. Considerando as quatro sub-regiões nordestinas (Zona da Mata, Agreste, Sertão e Meio-Norte), analise as afirmativas abaixo, sobre as características de cada uma delas, e identifique a sub-região correspondente.

   a) ▓▓▓▓▓▓: clima semiárido com a predominância de vegetação da Caatinga; maior sub-região nordestina, muito afetada pela falta de água.

   b) ▓▓▓▓▓▓: clima tropical atlântico com predominância de vegetação da Mata Atlântica; tem a maior densidade demográfica, polos industriais e extensa rede de transportes.

   c) ▓▓▓▓▓▓: transição entre a Zona da Mata e o Sertão, favorável a diversas práticas agrícolas por causa de áreas úmidas (brejos); a densidade demográfica é alta.

   d) ▓▓▓▓▓▓: transição entre o Sertão e a Floresta Amazônica, a vegetação predominante é a mata dos cocais, formada por carnaúbas e babaçus; tem baixa densidade demográfica.

3. Descreva a importância da produção de cana-de-açúcar e da pecuária para a ocupação e o desenvolvimento econômico da Região Nordeste.

4. Relacione a seca do Sertão nordestino com a migração do sertanejo.

REFLETIR

1. Zé Ramalho, cantor e compositor paraibano, foi intérprete da música a seguir.

Cidadão

[...]
Tá vendo aquele colégio, moço?
Eu também "trabaiei" lá
Lá eu quase me arrebento
Fiz a massa, pus cimento
Ajudei a rebocar

[...]
Essa dor doeu mais forte
Por que é que eu deixei o Norte?
Eu me pus a dizer: Lá a seca castigava
Mas o pouco que eu plantava
Tinha direito a comer

Lucio Barbosa. Intérprete: Zé Ramalho. © EMI Songs do Brasil Edições Musicais (EMI). Disponível em: <www.zeramalho.com.br/sec_discografia_letra.php?id=127&todas=1>. Acesso em: set. 2018.

a) Como você interpreta a letra dessa canção?

b) Qual é o espaço geográfico retratado na canção?

c) A que movimento populacional você acha que a música se refere?

DESAFIO

1. Forme um grupo com alguns colegas. Escolham um estado da Região Nordeste e pesquisem as cidades históricas dele. Coletem gravuras e informações dessas cidades: características arquitetônicas, ano de fundação, pontos turísticos históricos, condições atuais de preservação, estabelecimentos tombados etc. Após a conclusão da pesquisa, elaborem um mural com as fotografias, as gravuras e as principais informações obtidas.

CAPÍTULO 2
Dinâmica natural

No capítulo anterior, você estudou a formação da população e do território nordestino, além das quatro sub-regiões que constituem o Nordeste. Neste capítulo, você vai estudar o relevo dessa região, a diversidade climática, as formações vegetais e as bacias hidrográficas.

Diferentes domínios

Na Região Nordeste, a natureza abrange quatro domínios morfoclimáticos: a Caatinga, o Cerrado, os Mares de Morros e, em uma pequena parte no leste do Maranhão, o Amazônico.

Nesses domínios predomina o relevo de depressões e planaltos. Do litoral para o interior há vários tipos climáticos que possibilitaram a formação de diferentes vegetações. Quanto à rede hidrográfica, é a menos densa do país, com destaque para as bacias hidrográficas do Rio São Francisco e do Rio Parnaíba.

Começaremos o estudo dessa região identificando as principais características do relevo.

Relevo

De forma geral, o relevo do Nordeste é relativamente baixo por ter sofrido processo de erosão e acúmulo de sedimentos no decorrer do tempo. Ao longo da orla marítima, há **planícies** e **tabuleiros litorâneos**. Mais no interior, acompanhando o curso do Rio São Francisco, está a **Depressão Sertaneja e do São Francisco**, além de planaltos residuais como o da Borborema e os Planaltos e Chapadas da Bacia do Parnaíba.

Região Nordeste: relevo

Planalto, Serra e Chapada
2 – Planaltos e chapadas da Bacia do Parnaíba
7 – Planaltos e serras do Atlântico Leste-Sudeste
8 – Planaltos e serras de Goiás-Minas
10 – Planalto da Borborema

Depressão
19 – Depressão Sertaneja e do São Francisco
20 – Depressão do Tocantins

Planície
28 – Planície Litorânea

1 : 16 100 000

Fonte: Jurandyr L. Sanches Ross (Org.). *Geografia do Brasil*. 5. ed. São Paulo: Edusp, 2008. p. 53.

A planície e os tabuleiros litorâneos do Nordeste são planos e formados pelo acúmulo recente de sedimentos. Como pode ser constatado no mapa, essas formas de relevo baixas são compostas de uma estreita faixa de terra que acompanha todo o litoral da região, do Maranhão à Bahia. É nesses tabuleiros e planícies que se concentra a maior parte da população nordestina.

A Depressão Sertaneja e do São Francisco é o maior conjunto de terras baixas da região e acompanha o curso do Rio São Francisco, do litoral norte do Nordeste até o interior de Minas Gerais. Nessa depressão também está concentrada parte significativa da população.

No Nordeste há três áreas planálticas em evidência: **Planaltos e Chapadas da Bacia do Parnaíba**, **Planalto da Borborema** e uma parte dos **Planaltos e Serras do Atlântico Leste-Sudeste** no estado da Bahia, que também adentra a Região Sudeste.

Os Planaltos e Chapadas da Bacia do Parnaíba estendem-se do Maranhão até o oeste da Bahia.

↑ Chapada das Mesas. Carolina (MA), 2017.

Com altitudes médias de 800 a 900 metros, o **Planalto da Borborema** é um dos fatores físicos responsáveis pela retenção de parte da umidade trazida pelos ventos alísios de leste que sopram do Oceano Atlântico para o continente.

O Planalto da Borborema e os Planaltos e Chapadas da Bacia do Parnaíba são os relevos de maiores altitudes da região, destacando-se também por delimitarem setores da Depressão Sertaneja e do São Francisco.

↑ Planalto da Borborema. Teixeira (PB), 2017.

Clima e vegetação

Fonte: Gisele Girardi e Jussara Vaz Rosa. *Atlas geográfico do estudante*. São Paulo: FTD, 2011. p. 24.

Fonte: Gisele Girardi e Jussara Vaz Rosa. *Atlas geográfico do estudante*. São Paulo: FTD, 2011. p. 26.

No Nordeste o clima é quente, caracterizado pela tropicalidade. No entanto, as diferenças de altitude e a atuação das massas de ar causam variações climáticas na região. Essas variações climáticas proporcionaram o desenvolvimento de tipos diversos de vegetação.

Os tipos climáticos da Região Nordeste são: **tropical atlântico**, **equatorial**, **tropical** e **semiárido**.

O clima **tropical atlântico** apresenta médias elevadas de temperatura ao longo do ano, com chuvas concentradas nos meses de inverno. As chuvas resultam da elevada umidade na região oceânica, que é empurrada para o litoral pela massa tropical atlântica (mTa) com ocorrência constante dos ventos alísios do leste. Esse tipo climático possibilitou a formação da Mata Atlântica, que é adaptada ao calor e à umidade.

A **Mata Atlântica** é uma formação florestal de grande porte, fechada, heterogênea (com variedade de espécies), perene (sempre verde), concentrada na fachada litorânea. No início da colonização, estendia-se do Rio Grande do Norte ao estado da Bahia.

Desde a chegada dos portugueses, no século XVI, ela foi bastante devastada, inicialmente para a retirada da madeira do pau-brasil e de outras espécies e, posteriormente, para ampliação das áreas de cultivo de cana-de-açúcar e cacau. Outro fator de desmatamento da Mata Atlântica foi a pressão populacional no processo de expansão urbana da região. Atualmente restam apenas 7% dessa floresta.

O clima **equatorial** predomina em uma pequena parte do noroeste do Maranhão, área contígua à Região Norte, na qual as temperaturas e a umidade são elevadas durante todo o ano. Essa característica climática possibilita o desenvolvimento de formações vegetais, como a **mata dos cocais** e a **Floresta Amazônica**.

A vegetação de **mata dos cocais** se desenvolve nos estados do Maranhão e do Piauí. Nela predominam as palmeiras do babaçu e da carnaúba, árvores muito utilizadas pela população local na atividade extrativista.

O clima **semiárido** é típico do Sertão, com temperaturas elevadas durante o ano e chuvas escassas. As principais causas da seca do Nordeste estão associadas ao fato de que a área não recebe influência de massas de ar úmidas e frias vindas do sul, permanecendo, na maior parte do ano, sob uma grande célula de massa de ar quente e seca que não favorece as chuvas. Estas, quando ocorrem, são causadas por influência da expansão da massa tropical equatorial procedente da Amazônia. O Planalto da Borborema, como já foi dito, também contribui para retenção parcial da umidade procedente do Oceano Atlântico.

Embora o Nordeste esteja localizado em latitudes equatoriais e, portanto, receba grande incidência de raios solares, não há muitos rios na região, por isso ocorre pouca evaporação, o que também reduz as chuvas.

Além da questão climática, a seca dificulta a vida dos moradores. A falta de água causa problemas de abastecimento à população e prejudica a prática agrícola e a criação de animais. Essa situação gera desemprego e consequente êxodo dos pequenos agricultores. A **Caatinga** é um bioma exclusivamente brasileiro e é a vegetação típica do Sertão, encontrada nos estados do Ceará, Rio Grande do Norte, Paraíba, Pernambuco, Sergipe, Alagoas, Bahia, Piauí e no norte de Minas Gerais. Ela se desenvolve em solo raso e pedregoso, adaptada aos longos períodos de seca. Em geral, as espécies são arbustos e plantas baixas, rasteiras e espinhentas, conhecidas como xerófitas, como as cactáceas, que armazenam água em seu interior.

↑ Babaçu em uma área de Mata dos Cocais. Nazária (PI), 2015.

↑ Paisagem da caatinga. Floresta (PE), 2016.

Assim como as demais vegetações do Nordeste, a caatinga, um espaço com flora e fauna variadas, encontra-se ameaçada. O desmatamento é feito principalmente para obtenção de lenha e carvão vegetal, usado como combustível em empresas e residências, em uma região carente de energia elétrica. Segundo a Organização das Nações Unidas (ONU), a Caatinga tem forte propensão à **desertificação**, com perda da vegetação natural, o que deixaria o solo exposto e comprometido pela erosão e **salinização**.

O clima **tropical** abrange uma área extensa do Nordeste, com chuvas no verão e seca no inverno. Nesse tipo climático predomina o **Cerrado**, bioma encontrado no sudoeste da Bahia, no sul do Piauí e no Maranhão. Como você já estudou no Tema 5, a vegetação do Cerrado é dominada por árvores baixas, com vastas áreas de arbustos rasteiros.

> **GLOSSÁRIO**
>
> **Desertificação:** degradação ambiental e socioambiental ocorrida particularmente nas zonas áridas, semiáridas e subúmidas secas, resultante de vários fatores e vetores, incluindo variações climáticas e atividades humanas.
>
> **Salinização:** alta concentração de sais no solo, processo típico de regiões com pouca chuva, o que prejudica o cultivo.

AQUI TEM MAIS

Ameaças à Caatinga

Infelizmente, a Caatinga é um dos biomas mais degradados do país, concentrando mais de 60% das áreas susceptíveis à desertificação. Historicamente, esta região vem sofrendo com a ausência de práticas de manejo do solo e com a monocultura e pecuária extensiva, além de inúmeras queimadas. Atualmente, as principais causas de desmatamento estão associadas à extração de mata nativa para a produção de lenha e carvão vegetal destinado às fábricas gesseiras e para a produção siderúrgica.

[...]

As experiências das populações tradicionais e agricultores familiares que vivem na Caatinga e investem num manejo diferenciado e sustentável do solo têm demonstrado que é possível a convivência com as características da região, com cultivo variado e a criação de animais saudáveis. Frutas, legumes, raízes *in natura* ou beneficiados são produzidos e utilizados para consumo familiar e geração de renda.

Cerratinga. Disponível em: <www.cerratinga.org.br/caatinga/ameacas>. Acesso em: jul. 2018.

1. Segundo o texto, quais são as causas do desmatamento da Caatinga?

2. Explique de que modo as populações tradicionais têm contribuído para a preservação da Caatinga.

CARTOGRAFIA

Região Nordeste: Polígono das Secas

Fonte: Vera Caldini e Leda Ísola. *Atlas geográfico Saraiva*. 4. ed. São Paulo: Saraiva, 2013. p. 72.

O mapa ao lado retrata o Polígono das Secas, espaço definido pelo governo brasileiro, em 1946, que delimita a área do Nordeste mais atingida pela seca na história da região.

1. Com base na observação do mapa, responda:
    a) Que estado do Nordeste não está inserido no Polígono das Secas?
    b) Em quais estados há áreas com precipitações inferiores a 750 mm?
    c) Quais são as consequências da desertificação da região?
    d) Em sua opinião, de que modo a seca interfere no desenvolvimento econômico local?

Os rios

No Nordeste estão os rios e córregos com menor volume de água do país. Esses rios são temporários ou intermitentes, ou seja, secam em períodos de pouca chuva.

Na região encontram-se as bacias hidrográficas do **São Francisco**, do **Atlântico Leste**, do **Atlântico Nordeste Oriental**, do **Parnaíba**, do **Tocantins-Araguaia** e do **Atlântico Nordeste Ocidental**.

A **Bacia do São Francisco** é uma das mais importantes do Nordeste. O imponente Rio São Francisco – ou "Velho Chico", como é carinhosamente chamado pela população local – gera energia e é fonte de alimento e lazer, além de ser usado na irrigação das lavouras e como via de transporte. A população ribeirinha, que vive às suas margens, é a que mais usufrui de seus benefícios, principalmente nas atividades de pesca e agricultura irrigada.

Fonte: *Atlas geográfico escolar: Ensino Fundamental do 6º ao 9º ano*. Rio de Janeiro: IBGE, 2010. p. 16.

O Rio São Francisco também sofre impactos ambientais, como assoreamento, desmatamento das margens e poluição das águas. No caso do assoreamento, a atividade mais prejudicada é a navegação, pois, sem profundidade suficiente, as embarcações não conseguem se deslocar com segurança.

Em 2009, foram iniciadas as obras da **Transposição do Rio São Francisco**, projeto que consiste em desviar uma parte de suas águas para suprir as áreas secas do Sertão. A ideia é que a água desviada seja bombeada e canalizada até as regiões mais secas para abastecer represas e ser distribuída à população.

O projeto está longe de ser consenso. Para os críticos, os beneficiados seriam apenas as empresas e os fazendeiros que praticam agricultura de exportação. Eles também alegam que a obra pode causar impactos ambientais, como a diminuição das águas do rio. Contudo, os defensores da ideia acreditam que o projeto solucionará o problema histórico da falta de água no Sertão do Nordeste, sobretudo nas áreas demarcadas pelo Polígono das Secas.

Outra bacia importante da região é a do **Parnaíba**, que nasce na Chapada das Mangabeiras e escoa no sentido norte, percorrendo 1450 quilômetros até a foz, no Oceano Atlântico. Ao longo de seu curso, divide os estados do Piauí e do Maranhão. No Piauí foi construída a Hidrelétrica de Boa Esperança, que gera energia para a região. O Vale do Rio Parnaíba destaca-se por ter rios perenes em uma região onde há muitos rios temporários, que secam em períodos de estiagem prolongada.

↑ Rio São Francisco. Paratinga (BA), 2018.

ATIVIDADES

SISTEMATIZAR

1. Em que sub-região os rios temporários ou intermitentes são mais comumente encontrados? Por que isso acontece?

2. O bioma mais característico do Nordeste é a Caatinga. Quais são as características da vegetação de caatinga?

3. Utilizando como exemplo o Planalto da Borborema e a pouca chuva do Sertão, explique a influência do relevo nas condições climáticas da região.

REFLETIR

1. Com base no mapa ao lado, faça o que se pede.
   a) Identifique as sub-regiões observando a numeração do mapa.
   b) Em que sub-região predomina a vegetação de caatinga? Por que ela sofre desmatamento?
   c) Em que sub-região predomina a Mata Atlântica? Sugira uma solução viável para a proteção dessa vegetação.

2. O Projeto de Transposição do Rio São Francisco pode ser uma solução para o problema da seca do Nordeste? Que impactos ambientais e sociais podem decorrer dessa transposição? Justifique sua resposta.

3. Escreva no caderno uma frase que relacione as seguintes expressões: "clima tropical atlântico", "planícies e tabuleiros oceânicos", "concentração populacional".

Fonte: Vera Caldini e Leda Ísola. *Atlas geográfico Saraiva*. 4. ed. São Paulo: Saraiva, 2013. p. 72.

DESAFIO

1. Como você pôde observar, os rios do Nordeste têm papel fundamental no desenvolvimento e sustento da população da região. Mas, infelizmente, assim como ocorre com inúmeros rios em todo o Brasil, os rios nordestinos também sofrem com falta de cuidado e de preservação, que resulta em assoreamento, desmatamento das margens e poluição das águas. Que atividades econômicas estão associadas a esses impactos? Como a região pode se desenvolver economicamente de forma sustentável sem poluir ou assorear os rios? Reúna-se com alguns colegas e formem um grupo. Respondam a essas perguntas e depois elaborem um material expositivo para divulgar ao restante da turma. Em um dia agendado pelo professor, apresentem um seminário na sala de aula expondo as informações coletadas, com o objetivo de conscientizar os colegas da importância da conservação dos rios.

CAPÍTULO 3

Sociedade

No capítulo anterior, você estudou os elementos naturais da Região Nordeste: relevo, tipos de clima, vegetação e principais bacias hidrográficas. Neste capítulo, você vai estudar a formação e a composição da sociedade nordestina, as principais cidades, os fluxos migratórios e os indicadores sociais.

População miscigenada

Como você viu nos capítulos anteriores, a população do Nordeste formou-se, no período da colonização, pela miscigenação entre os povos indígenas originários, os colonizadores europeus e os grupos africanos escravizados.

Essa mestiçagem caracteriza a região com uma riquíssima diversidade cultural, expressa na dança, na música, na religiosidade popular e na culinária. Na Região Nordeste originaram-se os primeiros núcleos de povoamento e, nela e no Sudeste, formaram-se as primeiras vilas e cidades do país. Veja, no gráfico ao lado, o percentual de pessoas que se autodeclararam pretas e pardas: é o maior índice entre as regiões brasileiras.

A Região Nordeste concentra cerca de 53 milhões de habitantes (dados do Censo 2010), é a segunda do país em população absoluta, depois do Sudeste. A densidade demográfica da região é de 34 habitantes por quilômetro quadrado. A população tem algumas características marcantes, como o fato de ser jovem – o que você pode observar na pirâmide etária a seguir – e estar concentrada em cidades (73%), com destaque para as áreas urbanas do Agreste e da Zona da Mata.

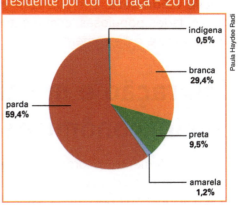

↑ Gráfico da população da Região Nordeste por cor ou raça, em 2010.

Fonte: Sistema IBGE de Recuperação Automática (Sidra). Disponível em: <https://sidra.ibge.gov.br/tabela/3175#resultado>. Acesso em: ago. 2018.

← Distribuição da população da Região Nordeste por sexo e idade em 2010.

Fonte: IBGE. Sinopse do Censo Demográfico 2010. Disponível em: <https://censo2010.ibge.gov.br/sinopse/index.php?dados=12&uf=00#topo_piramide>. Acesso em: ago. 2018.

167

A sub-região da Zona da Mata, em especial, tem atraído a população do interior pela oferta de emprego nos setores industrial, de comércio e de serviços, com destaque para a atividade turística. Há também grande número de pessoas que exercem atividades agrícolas, especialmente cultivo de cana-de-açúcar e cacau.

O Meio-Norte e o Sertão caracterizam-se como áreas de baixa densidade demográfica, marcadas pelo intenso êxodo rural e outros movimentos migratórios. Observe a distribuição da população no mapa ao lado.

Segundo o IBGE (dados de 2014), há 28 regiões metropolitanas na Região Nordeste, localizadas nos estados de Alagoas, Bahia, Ceará, Maranhão, Paraíba, Pernambuco, Rio Grande do Norte e Sergipe. As principais são: **Salvador**, **Recife** e **Fortaleza**, que polarizam a economia da região. São cidades populosas, com o setor industrial em desenvolvimento e o de comércio e serviços muito dinâmico.

Migração e indicadores socioeconômicos

Fonte: *Atlas geográfico escolar*. 7. ed. Rio de Janeiro: IBGE, 2016. p. 114.

Historicamente, o Nordeste é uma região de intensos fluxos migratórios, com destaque para o período entre 1950 e 1970, como pode ser verificado no mapa a seguir, quando houve maior saída de nordestinos para outras regiões do país. O Nordeste caracteriza-se por surtos de emigração.

Na década de 1950, muitos nordestinos migraram para trabalhar na construção de Brasília; esses trabalhadores ficaram conhecidos como **candangos**. Na década seguinte, o destino passou a ser as cidades do Sudeste, principalmente São Paulo e Rio de Janeiro.

As causas da saída da população foram várias, como a seca do Sertão, a concentração de terras e de renda, a falta de emprego e a estagnação econômica da região durante grande parte do século XX. As pessoas migravam para outros lugares movidas pelo desejo de conseguir emprego e ter melhores condições de vida.

Aos poucos, o fluxo de saída de pessoas foi diminuindo e, atualmente, o movimento migratório ocorre mais no âmbito intrarregional: as pessoas saem do interior (Sertão) em direção às médias e grandes cidades do Agreste e da Zona da Mata. Geralmente, as capitais são o principal destino desses migrantes. Mais recentemente, também a migração de retorno está aumentando – muitos nordestinos que haviam migrado para outras regiões têm retornado aos lugares de origem. Observe, no gráfico a seguir, o percentual de população migrante de outras regiões em relação ao Nordeste.

Fonte: Gisele Girardi e Jussara Vaz Rosa. *Atlas geográfico do estudante*. São Paulo: FTD, 2011. p. 19.

Salvador, **Recife** e **Fortaleza** são as cidades que mais recebem migrantes e nem sempre estão preparadas para acolher todas as pessoas que chegam. O resultado são espaços urbanos com grande concentração humana, formação de periferias sem infraestrutura e graves problemas habitacionais.

Os indicadores sociais são uma ferramenta para conhecermos o nível de desenvolvimento social de uma região. No caso do Nordeste, um dos dados mais preocupantes se refere à educação. Veja, no gráfico abaixo, as taxas de alfabetização da região e compare-as com as das demais regiões. Outro dado importante é que apenas 7,1% da população maior de 25 anos tem curso superior de graduação completo, o que coloca a região na última colocação nesse quesito. Para sanar esses problemas são necessários mais investimentos em programas de educação.

É importante destacar, porém, que o nível de instrução das mulheres é mais elevado no Nordeste que o dos homens, seguindo a tendência nacional. A proporção de mulheres de 25 anos ou mais de idade com 12 anos ou mais de estudo em 2015 foi de 14,9%, enquanto de homens foi de apenas 9,7% (dados do Ipea). Infelizmente, isso não refletiu em igualdade de renda entre os sexos, como você pode ver no gráfico da página seguinte.

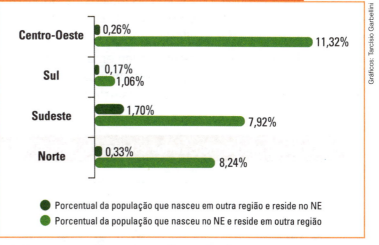

↑ Gráfico de migrações e emigrações da Região Nordeste em 2017.
Fonte: Superintendência do Desenvolvimento do Nordeste (Sudene); Observatório do Desenvolvimento do Nordeste (ODNE). Migração. Disponível em: <http://sudene.gov.br/images/2017/arquivos/boletim-ODNE-Sudene-migra%C3%A7%C3%A3o.pdf>. Acesso em: ago. 2018.

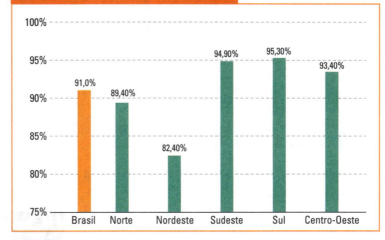

↑ Taxa de alfabetização das pessoas de 10 anos de idade ou mais no Brasil e nas Grandes Regiões.
Fonte: IBGE. Censo Demográfico 2010. Disponível em: <https://sidra.ibge.gov.br/tabela/1383#resultado>. Acesso em: ago. 2018.

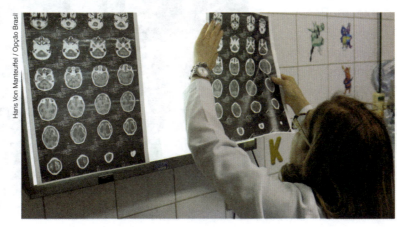

← Mulheres são maioria entre os formados em curso superior. Na fotografia, médica analisa ressonância magnética. Recife (PE), 2016.

As taxas de mortalidade infantil do Nordeste e da Região Norte estão associadas a outros indicadores sociais e econômicos, como os índices de pobreza e de saúde. A desnutrição, por exemplo, que dificulta o ganho de peso e o crescimento das crianças, muitas vezes é causada por bactérias, vírus e protozoários que proliferam em condições insatisfatórias de higiene doméstica e ambiental.

Ao analisarmos outra questão fundamental para o entendimento da dinâmica socioeconômica do Nordeste, a renda da população, percebemos que a região tem a menor média do Brasil. Compare os dados relacionados à renda entre os estados no gráfico a seguir.

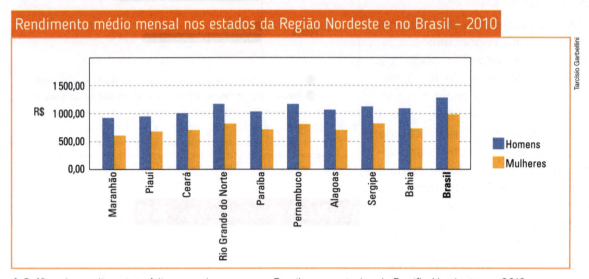

↑ Gráfico de rendimento médio mensal por sexo no Brasil e nos estados da Região Nordeste em 2010.
Fontes: Biblioteca IBGE. Disponível em: <https://biblioteca.ibge.gov.br/visualizacao/livros/liv64529_cap8_pt2.pdf>; IBGE. Censo 2010. Disponível em: <https://biblioteca.ibge.gov.br/visualizacao/periodicos/93/cd_2010_caracteristicas_populacao_domicilios.pdf>. Acessos em: jul. 2018.

Riqueza cultural

A miscigenação de grupos étnicos imprimiu à Região Nordeste grande riqueza cultural. O evento cultural e popular de maior destaque é o **Carnaval**, que atrai turistas do Brasil e do mundo, especialmente para Salvador, Recife e Olinda.

A dança é outra forte expressão popular na região, com inúmeros ritmos. Entre eles, destacam-se o **maracatu** e o **frevo**, com origem em Pernambuco; o **maculelê** e o **axé**, na Bahia; e a **dança do cavalo Piancó**, no Piauí.

As festas também são marcantes, como a **Festa de Iemanjá** e a **Festa do Bonfim**, na Bahia, e os festejos de **São João**, na Paraíba.

A literatura de cordel – estilo literário característico do Nordeste –, a culinária e o artesanato também integram essa rica e diversificada cultura.

→ Desfile do Bloco Filhos de Gandhy no Circuito Barra Ondina. Salvador (BA), 2018.

AQUI TEM MAIS

Qual a origem dos bonecos gigantes de Olinda?

A tradição de construir bonecos gigantes surgiu na Europa, provavelmente durante a Idade Média. Começou com as religiões pagãs, na expressão de seus mitos. Ficaram muito tempo escondidos, por medo da Inquisição.

Chegaram ao Brasil com os portugueses, desfilando inicialmente em procissões e festividades religiosas na figura de bufões ou reproduzindo santos católicos.

Em Olinda, a brincadeira começou com O Homem da Meia-Noite (1931). Segundo o conhecimento popular, todos os dias, exatamente à meia-noite, um homem muito bonito seguia a pé pela Rua do Bonsucesso. Ele fazia sempre o mesmo caminho. Depois de um certo tempo, as moças da rua descobriram a rotina dele e passaram a esperar, escondidas, atrás das janelas, para admirar o belo homem que atravessava a rua. A fama desse costume foi se espalhando e virou uma brincadeira de Carnaval. Fizeram um boneco bem grande, todo bonito e elegante, de terno, gravata e chapéu, para passar à meia-noite, começando a festa de Carnaval, na sexta-feira. Curiosidade: até hoje, o boneco faz o mesmo percurso do Homem da Meia-Noite. Depois dele, surgiram a Mulher do Meio-Dia, o Menino da Tarde, entre outros.

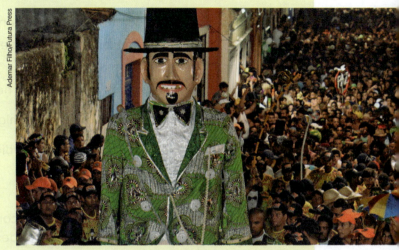
↑ Foliões acompanham o bloco O Homem da Meia-Noite. Olinda (PE), 2017.

↑ Luiz Gonzaga e outras personalidades retratadas como bonecos gigantes. Olinda (PE), 2012.

Os bonecos sempre saem acompanhados por uma orquestra de metais. Eles chegam a medir três metros e meio de altura e pesam, em média, 35 quilos. Em Olinda, tem até corrida de bonecos gigantes.

Qual a origem dos bonecos gigantes de Olinda? EBC, 29 jan. 2015. Disponível em: <www.ebc.com.br/infantil/voce-sabia/2013/02/qual-a-origem-dos-bonecos-gigantes-de-olinda>. Acesso em: jul. 2018.

1. Segundo o texto, que povo inseriu o boneco gigante nas festividades brasileiras?

2. A cultura nordestina é bastante rica graças às influências de diversas culturas. O texto relata a ligação da cultura popular brasileira com elementos culturais de outro povo. Como é apresentada essa relação?

171

ATIVIDADES

SISTEMATIZAR

1. Enumere algumas manifestações culturais do Nordeste.

2. O Nordeste é considerado uma região de intensos fluxos migratórios.
   a) Em que período houve maior saída de nordestinos para outras regiões do país?
   b) Quais eram os destinos dessa população?
   c) Explique as causas da saída da população nordestina nesse período.

3. Explique como é, atualmente, o movimento migratório na Região Nordeste.

4. Escreva um pequeno texto sobre os atuais indicadores socioeconômicos da Região Nordeste.

REFLETIR

1. A artista pernambucana Marliete Rodrigues confecciona esculturas de diversos tamanhos que retratam cenas do cotidiano, do folclore nordestino e da religiosidade do povo de sua região. Observe uma de suas obras na fotografia a seguir.

↑ Marliete Rodrigues. *Bisavó Tereza vendendo seus trabalhos na feira de Caruaru*, 2005. Escultura de barro.

a) Que aspectos da miniatura chamaram sua atenção?
b) Como você relaciona a cena retratada na escultura com as características da população nordestina aprendidas neste capítulo?

DESAFIO

1. O rápido crescimento das grandes cidades nordestinas trouxe uma série de problemas aos novos habitantes, que tentaram adaptar-se à vida urbana. Tais conflitos manifestaram-se também na cultura, e um exemplo foi o surgimento do movimento Manguebeat, em Recife, nos anos 1990. Pesquise esse movimento e elabore um texto sobre os problemas enfrentados pela população urbana das grandes cidades nordestinas, como Recife e Salvador, nas décadas de 1980 e 1990.

CAPÍTULO 4 Produção econômica

No capítulo anterior, você estudou a formação da população nordestina, os fluxos migratórios, alguns indicadores sociais e os aspectos culturais. Neste capítulo, você vai estudar a produção agropecuária nas sub-regiões do Nordeste, o extrativismo vegetal e mineral, o turismo e a indústria.

Principais atividades econômicas

Vamos, mais uma vez, observar o mapa da página 88. Você consegue identificar as principais atividades econômicas dos estados da Região Nordeste?

Houve grande crescimento econômico nesta região nas últimas décadas, fato que contribui para a redução do fluxo de saída de nordestinos para outras regiões do país.

Além da agropecuária e do extrativismo vegetal e mineral, atividades antigas na região, o Nordeste desenvolveu polos industriais que geram empregos e arrecadação para os estados. A atividade turística também colabora para isso, principalmente no litoral.

↑ Complexo petroquímico. Camaçari (BA), 2017.

Agropecuária

A agricultura, com o cultivo de cana-de-açúcar, é a atividade econômica mais antiga da região, implementada pelos colonizadores europeus no século XVI, nas áreas litorâneas. É uma agricultura comercial, destinada tanto ao abastecimento do mercado interno quanto à exportação. Nessa parte da Zona da Mata está inserida a zona cacaueira, no sul da Bahia, e a zona do Recôncavo Baiano, tradicional e importante área de produção de tabaco.

Nas áreas úmidas do Agreste também se mantém a produção de alimentos, enquanto no Sertão predomina a agricultura de subsistência. Nesse sistema agrícola são usados instrumentos simples, geralmente em pequenas propriedades e com trabalho familiar. O objetivo principal da produção é o abastecimento doméstico e, em alguns casos, a comercialização de pequenos excedentes.

No Sertão também há produção de frutas tropicais para exportação e consumo interno – maracujá, manga, melão, abacaxi, banana-maçã, coco, mamão e uva, entre outras – impulsionada pela prática de irrigação às margens do Rio São Francisco. As localidades onde a fruticultura se desta-

↑ Plantação de coco-anão irrigada com água do Rio São Francisco. Pacatuba (SE), 2018.

ca estão entre os municípios de Juazeiro (BA), Petrolina (PE), Jaguaribe (CE), Acaraú (CE) e Apodi (RN).

Outra atividade é o cultivo de soja nos estados do Maranhão, da Bahia e do Piauí. Ambas as atividades exigem investimentos maiores de tecnologia e capital.

Na sub-região do Sertão, a pecuária bovina é praticada no sistema extensivo, no qual o gado é criado solto, alimentando-se de pastagens naturais de espécies da Caatinga.

Além do bovino, destaca-se a criação de gado caprino (cabras, bodes e cabritos), que se adapta e resiste melhor ao clima semiárido. O rebanho de cabras do Sertão é o maior do Brasil, com mais de 8 milhões de cabeças, concentrado, sobretudo, no estado da Bahia.

↑ Criação de gado caprino. Floresta (PE), 2016.

 AQUI TEM MAIS

O que é a agricultura familiar

A agricultura familiar tem dinâmica e características distintas em comparação à agricultura não familiar. Nela, a gestão da propriedade é compartilhada pela família e a atividade produtiva agropecuária é a principal fonte geradora de renda.

Além disso, o agricultor familiar tem uma relação particular com a terra, seu local de trabalho e moradia. A diversidade produtiva também é uma característica marcante desse setor. [...]

↑ Horta de agricultura familiar. Santaluz (BA), 2018.

Segundo dados do Censo Agropecuário de 2006, 84,4% do total dos estabelecimentos agropecuários brasileiros pertencem a grupos familiares. São aproximadamente 4,4 milhões de estabelecimentos, sendo que a metade deles está na Região Nordeste.

De acordo com o estudo, ela constitui a base econômica de 90% dos municípios brasileiros com até 20 mil habitantes; responde por 35% do produto interno bruto nacional; e absorve 40% da população economicamente ativa do país. [...] A agricultura familiar possui, portanto, importância econômica vinculada ao abastecimento do mercado interno e ao controle da inflação dos alimentos consumidos pelos brasileiros.

Secretaria Especial de Agricultura Familiar e do Desenvolvimento Agrário. Disponível em: <www.mda.gov.br/sitemda/noticias/o-que-e-agricultura-familiar>. Acesso em: ago. 2018.

1. Escreva um texto sobre a importância da agricultura familiar na produção econômica do país e, principalmente, da Região Nordeste.

2. Explique por que a agricultura familiar é sustentável, isto é, gera menos impactos ambientais à região.

Extrativismo

Na atividade extrativista vegetal do Nordeste, destacam-se os cocos de babaçu e a cera das folhas de carnaúba, que se desenvolvem especialmente na sub-região do Meio-Norte. Como já vimos, essas palmeiras são importante fonte de recursos para a região. Somente a coleta e o processamento da cera de carnaúba empregam mais de 200 mil trabalhadores em três estados nordestinos: Ceará, Piauí e Rio Grande do Norte. O popular coco-da-baía, que no passado também era atividade extrativa, na atualidade é uma atividade agrícola, com cultivo de variedades melhoradas por pesquisas que produzem mais e com árvores mais baixas, como o coqueiro-anão.

↑ Trabalhador em salina. Chaval (CE), 2016.

No extrativismo mineral, sobressai-se o petróleo extraído no litoral da Bahia, de Sergipe e do Rio Grande do Norte. O Polo Petroquímico de Camaçari, no Recôncavo Baiano, Região Metropolitana de Salvador, é um importante centro industrial vinculado a uma das grandes refinarias de petróleo do Nordeste.

É também na Região Nordeste, em especial no estado do Rio Grande do Norte, que se situa a maior extração de sal marinho do Brasil, nas cidades de Mossoró, Macau e Areia Branca. A atividade é muito importante para a economia local, porque gera empregos na região. No Rio Grande do Norte, as condições climáticas favorecem a evaporação da água e as marés altas possibilitam o represamento da água do mar nas planícies costeiras.

Turismo

O turismo é uma atividade muito desenvolvida no Nordeste por causa de seus inúmeros atrativos naturais e culturais, que atraem turistas estrangeiros e de outras regiões do Brasil. Uma das épocas do ano mais marcante para o turismo da região é o Carnaval, quando as cidades de Salvador, Recife e Olinda recebem em torno de 2 milhões de visitantes. As praias com águas mais quentes são também um fator de incentivo muito importante para o turismo da região.

O turismo aquece a economia do Nordeste gerando emprego em hotéis, serviços aeroportuários, restaurantes, comércio de lojas de ruas e *shoppings*, agências de turismo etc.

↓ Passeio turístico nas dunas de Genipabu. Natal (RN), 2017.

CURIOSO É...

Você sabia que no Sertão do Nordeste há diversos lugares que são visitados por turistas? O Sertão tem potencial para se tornar um grande foco de atividade turística da região. Leia, a seguir, informações sobre alguns desses pontos turísticos.

↑ Barco com turistas em passeio no Cânion do Xingó. Sergipe, 2016.

- Cânion do Xingó (a 200 km de Aracaju): passeios de barco nas águas calmas do Rio São Francisco em meio a paredões de rocha.
- Parque Nacional da Serra da Capivara (a 504 km de Teresina): pinturas rupestres com idade de 6 mil a 12 mil anos, que retratam cenas do ser humano primitivo.
- Juazeiro do Norte e Chapada do Araripe (a 563 km de Fortaleza): pontos próximos que são polos de turismo religioso e ecológico, respectivamente, e recebem turistas de todo o Brasil e de diversas partes do mundo.
- Raso da Catarina (a 460 km de Salvador): região de esportes radicais, como *bungee-jump* de ponte metálica, com paredões rochosos que cercam as águas esverdeadas do Rio São Francisco.

Indústria

Na economia nordestina, a atividade industrial se desenvolveu a ponto de transformar a região em um dos polos mais atrativos do país para investimento e instalação de indústrias. Essa tendência é chamada de processo de desconcentração industrial brasileira, porque as indústrias, antes concentradas no Sudeste, estão se espalhando por outras áreas do país.

Muitas empresas têm migrado da Região Sudeste para a Região Nordeste em razão dos incentivos fiscais, da mão de obra barata e do crescente mercado consumidor da região.

Algumas indústrias dos mais diversos setores – alimentício, calçadista, de vestuário e automobilístico, por exemplo – mudaram-se para o Nordeste.

Os maiores polos industriais estão localizados no **Recôncavo Baiano** e na **Região Metropolitana do Recife**, e em expansão crescente na Região Metropolitana de Fortaleza. São destaques, em Pernambuco, os municípios de Jaboatão dos Guararapes e Paulista. Há também um importante polo de indústrias de calçados em Sobral, Crato e Juazeiro, no Ceará.

→ Complexo industrial portuário. Ipojuca (PE), 2015.

ATIVIDADES

SISTEMATIZAR

1. Quais são as atividades econômicas praticadas no Sertão do Nordeste?

2. Cite quais são e onde se localizam os principais polos industriais do Nordeste.

3. Que fatores favorecem o turismo no Nordeste?

4. Quais são os principais impactos ambientais causados pelas atividades econômicas nessa região?

REFLETIR

1. Leia a notícia e, em seguida, analise o gráfico.

Nordeste movimenta turismo interno

O Nordeste é, mais uma vez, a bola da vez no turismo interno. Mais da metade (50,6%) dos brasileiros que pretendem viajar até dezembro deste ano devem visitar algum estado da região. [...]

Os destinos nordestinos devem receber, em maior escala, moradores de Brasília e de São Paulo. Na capital federal, 57,1% dos entrevistados apontaram o Nordeste como destino nos próximos seis meses, enquanto [...] entre os moradores de São Paulo o percentual é de 54,4%.

Ministério do Turismo, 14 jul. 2017. Disponível em: <www.turismo.gov.br/%C3%BAltimas-not%C3%ADcias/7972-nordeste-movimenta-turismo-interno.html>. Acesso em: ago. 2018.

Locais de chegada de turistas de todos os continentes ao Brasil em 2017.

Fonte: Ministério do Turismo. Disponível em: <http://basededados.turismo.gov.br>. Acesso em: ago. 2018.

a) Após ler o texto sobre o turismo doméstico e compará-lo com o gráfico de turismo de estrangeiros, o que você concluiu em relação ao turismo no Nordeste?

b) Que estratégias podem ser adotadas a fim de estimular o turismo internacional para o Nordeste?

DESAFIO

1. A prática da irrigação é muito importante para a economia da Região Nordeste, sobretudo quanto à produção de frutas na região semiárida. Junte-se a alguns colegas e formem um grupo. Pesquisem a transposição do Rio São Francisco e elaborem um seminário acerca da relação entre a transposição e a irrigação na região do semiárido nordestino.

CAATINGA

A Caatinga é o único bioma exclusivamente brasileiro. Seu nome vem do tupi e significa "mata branca" (*ka'a* ="mata" + *tinga* ="branca"), por causa do aspecto da vegetação durante o período seco, quando a maioria das plantas perde as folhas e os troncos tornam-se esbranquiçados e secos.

Veja a seguir algumas características desse importante bioma.

CARACTERÍSTICAS FÍSICAS

A Caatinga pode ser classificada como uma savana estépica que abrange os tipos de associações vegetais a seguir.

- **Agreste:** faixa de terra entre a Mata Atlântica e o interior seco.
- **Sertão:** zona interiorana, com predomínio de vegetação rasteira e pouca chuva.
- **Carrasco:** savana densa e seca, paisagem típica da chapada (forma de relevo).
- **Caatinga do Seridó:** em que predominam as formas vegetais de porte médio e baixo, com destaque para os cactos.

Todo esse bioma ocupa uma área de 844 453 km², mais de 10% do território nacional, estendendo-se pelos estados da Paraíba, Piauí, Ceará, Rio Grande do Norte, Maranhão, Pernambuco, Alagoas, Sergipe, Bahia e parte do norte de Minas Gerais.

Na Caatinga o clima é semiárido, com predomínio de temperaturas entre 25°C e 29°C, e as chuvas são escassas, periódicas e irregulares.

CERCA DE **27** MILHÕES de pessoas vivem nos domínios da Caatinga. Grande parte delas extrai do bioma recursos para subsistência.

ALGUMAS ESPÉCIES DE PLANTAS MAIS COMUNS SÃO A AMBURANA, O UMBUZEIRO, A AROEIRA, O XIQUEXIQUE, O JUAZEIRO E O MANDACARU.

DEGRADAÇÃO

A ação do ser humano já alterou grande parte da cobertura original da Caatinga, que atualmente tem menos de 50% de vegetação original e menos de 1% de sua área protegida por Unidades de Conservação. Vários animais estão ameaçados de extinção, como a arara-azul-de-lear, o veado--catingueiro e a capivara. Outras, como a ararinha-azul, não são vistas há muitos anos.

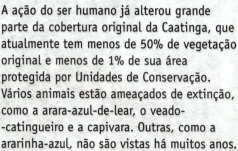

POTENCIAL ECONÔMICO

A biodiversidade da Caatinga possibilita diversas atividades econômicas, especialmente nos ramos farmacêutico, de cosméticos, químico e de alimentos. Há um vasto conhecimento tradicional de diversas espécies nativas de plantas da região usadas na extração de óleos e ceras, confecção de peças de artesanato e como ervas medicinais. Alguns exemplos disso são o cumaru e o juazeiro, plantas tradicionalmente utilizadas na produção de remédios caseiros.

ALGUNS ANIMAIS QUE VIVEM NA CAATINGA
- veado-catingueiro
- preá
- gambá
- sapo-cururu
- cutia
- tatupeba
- cascavel
- asa-branca
- sagui-de-tufos-brancos

Rico em biodiversidade, o bioma abriga:

178 espécies de mamíferos;

591 espécies de aves;

177 espécies de répteis;

79 espécies de anfíbios;

241 espécies de peixes;

221 espécies de abelhas.

1. Justifique, com exemplos do texto, a biodiversidade da Caatinga.

2. Explique a necessidade da criação de Unidades de Conservação, relacionando-as com as ameaças de destruição sofridas pelo bioma Caatinga.

PANORAMA

FAÇA AS ATIVIDADES A SEGUIR E REVEJA O QUE VOCÊ APRENDEU.

1. Liste os estados que compõem a Região Nordeste e indique as respectivas capitais.

2. Quais foram as duas atividades econômicas praticadas pelos colonizadores no início da ocupação e do povoamento da Região Nordeste?

3. Do litoral para o interior, quais são as sub-regiões do Nordeste?

4. Observe, a seguir, as imagens de duas paisagens do Nordeste.

↑ Timon (MA), 2015.

↑ Custódia (PE), 2017.

O que podemos afirmar com base na leitura dessas fotografias? Identifique a alternativa correta.

a) No Nordeste há grande diversidade de paisagens devido às variações morfoclimáticas.

b) A paisagem de quase todo o Nordeste é dominada pela Caatinga, com exceção das paisagens litorâneas.

c) A imagem 1 apresenta a mata dos cocais, vegetação com grande diversidade de fauna e flora, mas pouco aproveitada pela população local.

d) A paisagem da imagem 2 é comum em locais de clima quente e úmido, como o tropical.

5. Qual é o clima típico do Sertão Nordestino? Caracterize-o.

6. Além das vegetações identificadas nas imagens do item 4, que outras podem ser encontradas na Região Nordeste?

7. O que é o Polígono das Secas?

8. Com base na observação da fotografia ao lado, responda às questões.

a) Qual é o nome dessa árvore?

b) Em que sub-região do Nordeste ela pode ser encontrada?

c) Em que tipo de clima ela se forma?

d) Qual é o aproveitamento econômico desse vegetal?

→ Balsas (MA), 2014.

9. Que problema causado pela transposição do Rio São Francisco você considera mais grave? Justifique sua resposta.

10. Explique o que é a migração de retorno, cada vez mais comum no Nordeste.

11. O movimento migratório atual no Nordeste ocorre mais no âmbito intrarregional. Explique essa afirmação.

12. O que justifica o deslocamento de empresas do Sudeste para o Nordeste nos últimos anos?

13. A xilogravura é uma técnica em que se talha um pedaço de madeira e depois se aplica uma camada de tinta, normalmente preta. A madeira funciona como uma matriz e com ela se reproduz a imagem talhada sobre um papel. É uma técnica muito utilizada para estampar folhetos de literatura de cordel. O cordel é um tipo de literatura tradicional da cultura popular brasileira, típica da Região Nordeste. Sempre com forte presença de elementos da cultura popular, o cordel tem a função de informar ao mesmo tempo que diverte os leitores. Geralmente feitos em versos, os cordéis incorporam a linguagem e os temas populares.

↑ J. Miguel. *Os retirantes*, 2017. Xilogravura, 33 cm × 52 cm.

Observe a xilogravura apresentada acima, feita por J. Miguel, um dos principais artistas dessa técnica.

Agora responda:

a) Qual é o tema da xilogravura?

b) Descreva o que acontece na cena retratada.

c) Com base em seus conhecimentos, explique por que a cena retratada é comum na Região Nordeste e o que pode ser feito para mudar essa realidade.

DICAS

📖 LEIA

Dicionário do Nordeste, de Fred Navarro (Companhia Editora de Pernambuco). Traz vocábulos e expressões típicas dos estados do Nordeste brasileiro.

Casa-grande & senzala em quadrinhos, de Gilberto Freyre; adaptado por Estevão Pinto e Adolfo Aizen e ilustrado por Ivan Wasth Rodrigues (Global Editora). Uma reflexão acerca das contribuições dos povos português, africano e indígena no processo de construção da sociedade e da identidade brasileira.

▶ ASSISTA

O Auto da Compadecida, Brasil, 1999. Direção: Guel Arraes, 105 min. O filme, baseado na obra homônima de Ariano Suassuna, conta as desventuras de dois pobres sertanejos bons de lábia.

🔗 ACESSE

Cerratinga: <www.cerratinga.org.br>. Informações sobre espécies da fauna e da flora e produtos provenientes da Caatinga e do Cerrado.

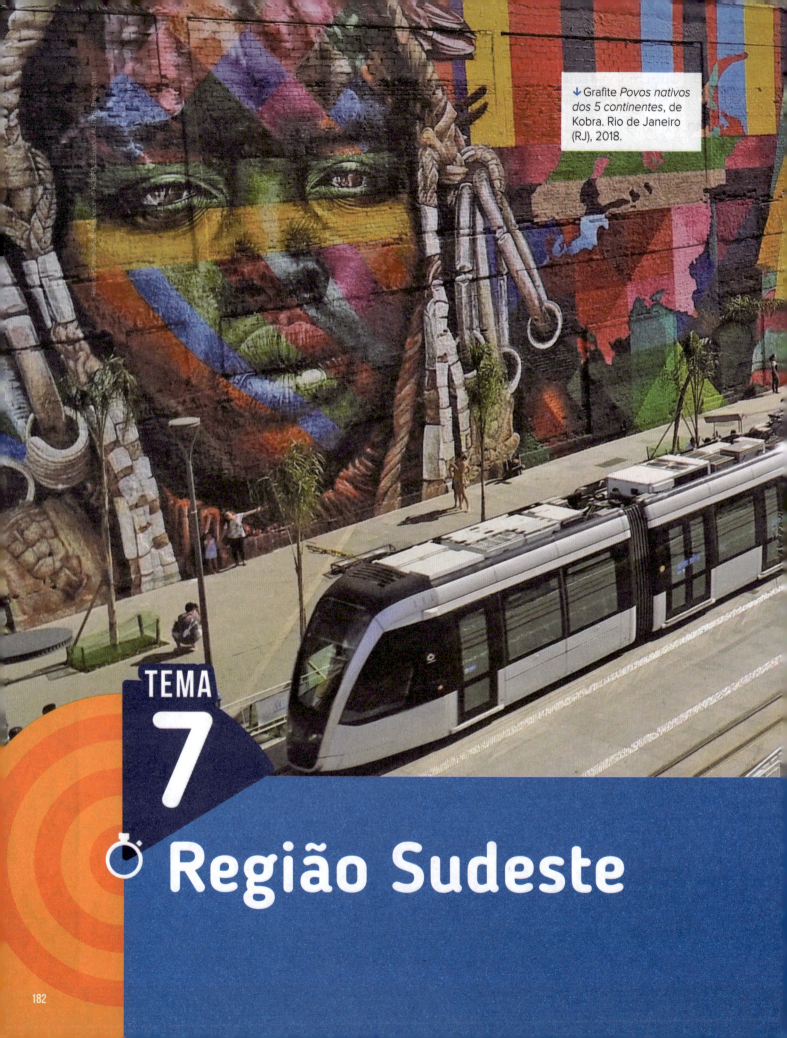

Grafite *Povos nativos dos 5 continentes*, de Kobra. Rio de Janeiro (RJ), 2018.

TEMA 7
Região Sudeste

NESTE TEMA
VOCÊ VAI ESTUDAR:

- a localização e o modo de ocupação humana da Região Sudeste;
- a importância e os impactos da mineração e da produção de café;
- a dinâmica da natureza – formas do relevo, tipos climáticos, biomas e hidrografia;
- a dinâmica da sociedade – influência dos imigrantes, crescimento urbano e metrópoles;
- a produção econômica – indústria, agropecuária e setor terciário.

O grafite é uma forma de manifestação artística em espaços públicos. Comum na Região Sudeste, muitas vezes ele representa temas relacionados às questões sociais, políticas e econômicas.

1. Você já viu grafites em seu município? Gosta desse tipo de intervenção?
2. O nome desse painel é *Povos nativos dos 5 continentes*. Como você associa o que ele representa à realidade das ruas e, principalmente, da Região Sudeste?

CAPÍTULO 1 — Localização e produção do espaço

No capítulo anterior, você estudou o desenvolvimento e as atividades econômicas da Região Nordeste. Neste capítulo, você vai estudar a localização, a divisão política, o histórico de ocupação e as primeiras atividades econômicas (mineração e café) da Região Sudeste.

Conhecendo o Sudeste do Brasil

Chegou o momento de estudarmos a Região Sudeste, a quarta em nossa viagem pelas macrorregiões brasileiras.

A **Região Sudeste** é composta de quatro estados: São Paulo, Rio de Janeiro, Minas Gerais e Espírito Santo. Seus limites são a Região Nordeste ao norte (estado da Bahia), a Região Centro-Oeste a oeste e a noroeste (com os estados de Goiás e Mato Grosso do Sul) e a Região Sul ao sul (Paraná). O Trópico de Capricórnio atravessa o sul do Estado de São Paulo; a maior parte da região está localizada na zona tropical do planeta. É a região mais populosa e densamente povoada do Brasil. Nela vivem cerca de 85 milhões de pessoas.

Observe no mapa ao lado a disposição dos estados dessa região e suas respectivas capitais.

Fonte: *Atlas geográfico escolar*. 7. ed. Rio de Janeiro: IBGE, 2016. p. 94.

Ocupação e povoamento

Mais uma vez, precisamos retomar os estudos sobre a formação do território brasileiro, assunto abordado no Tema 1 e ao longo dos temas sobre as outras regiões. Você já viu que a produção de açúcar foi a principal atividade da economia do Brasil Colonial no século XVI e início do século XVII, quando começou a declinar. A partir de então, muitos comerciantes passaram a priorizar outros lugares para a exploração econômica do território. Surgiu, assim, o interesse da Coroa portuguesa pela retirada de ouro na região das Minas Gerais. A descoberta das minas causou uma verdadeira "corrida do ouro" no século XVIII, pois atraiu milhares de pessoas às regiões auríferas. Diferentes grupos passaram a conviver nos espaços de mineração: muitos grupos indígenas nativos da região, os portugueses e os africanos, estes trazidos à força para a exploração de seu trabalho como escravos.

Em razão da atividade mineradora, o Sudeste tornou-se o mais importante centro econômico da colônia. O desenvolvimento fez surgir novos vilarejos e cidades, muitos deles em Minas Gerais, onde hoje estão os municípios de Ouro Preto, Mariana, São João del Rei e Tiradentes. Destaca-se o desenvolvimento da Vila de São Vicente, no litoral paulista; da cidade de São Paulo, no planalto; e de São Sebastião do Rio de Janeiro, atual Rio de Janeiro, onde se localizava o principal porto de escoamento da produção agrícola e aurífera da região na época. Paraty – cidade situada no atual Estado do Rio de Janeiro – tinha um pequeno porto de escoamento e também começou a se destacar.

↑ *Forma de garimpar ouro nas montanhas do Brasil*, 1814. Gravura colorida à mão.

A mineração propiciou o surgimento de atividades agrícolas e de criação de gado em Minas, em seus arredores e no interior de São Paulo, para abastecer de alimento as áreas mineradoras, nas quais havia grande quantidade de trabalhadores, a maioria africanos escravizados.

Do sul do país, os **tropeiros**, pessoas que conduziam gado para abastecer a região das Minas, também influenciaram a organização espacial do que viria a ser o atual Sudeste brasileiro. Eles transportavam alimentos, principalmente carne-seca, sal, tecidos, animais para tração, entre outros, até as áreas mineradoras, em viagens que podiam durar até seis meses.

Ao longo do percurso dos tropeiros, as paradas para descanso formaram vilarejos e cidades pelo interior do que viria a ser, mais tarde, os estados do Rio Grande do Sul, Santa Catarina, Paraná e São Paulo. No caminho aberto pelos tropeiros, que interligava o sul e o sudeste da colônia, iam se formando feiras de comércio das mercadorias, transportadas principalmente por bois e mulas. Uma das mais famosas era a Feira de Sorocaba, no interior de São Paulo.

← Jean-Baptiste Debret. *Tropeiro transportando mercadorias*, 1822. Aquarela sobre papel, 14,2 cm × 21,5 cm.

A atividade aurífera em Minas Gerais era tão intensa que, em 1763, a capital do país foi transferida de Salvador para a cidade do Rio de Janeiro. De lá, era mais fácil controlar a exploração do ouro nas Minas Gerais, pela proximidade geográfica.

No final do século XVIII, a atividade extrativista de ouro entrou em crise. Além dos altos impostos cobrados pela Coroa portuguesa sobre sua exploração, o produto, um recurso mineral não renovável, começou a escassear. Nesse cenário, outra atividade econômica intensificou o povoamento e a conquista dos espaços do Sudeste – o **cultivo de café**. A mão de obra empregada nesse cultivo continuou sendo a do africano escravizado. O maior desenvolvimento da atividade cafeicultora ocorreu a partir da metade do século XIX.

Expansão econômica e territorial do café

Inicialmente o café foi cultivado na Baixada Fluminense e estendeu-se para o sul de Minas Gerais e para o **Vale do Rio Paraíba**, no Rio de Janeiro e em São Paulo, acompanhando o vale desse rio, região não muito distante do litoral. O produto era transportado em lombo de mula pelo vale em direção aos pequenos portos do Rio de Janeiro e São Paulo, sendo depois exportado.

Com o tempo, a cultura do café expandiu-se. Da região do Vale do Paraíba, passou a ser cultivado em terras do oeste de São Paulo e norte do Paraná – beneficiadas pelo latossolo, popularmente conhecido como "terra roxa", muito fértil para o plantio –, no sul e sudeste de Minas Gerais, do Espírito Santo e de Mato Grosso. Esse processo ficou conhecido como interiorização do café.

↑ A São Paulo Railway ou Santos-Jundiaí, primeira estrada de ferro paulista, foi muito importante para o transporte e escoamento do café, que contribuiu para o desenvolvimento da região. São Paulo, 1906.

Algumas cidades litorâneas e portuárias dos estados do Rio de Janeiro e de São Paulo foram fundadas na época da mineração e se expandiram com o café, como Rio de Janeiro, Paraty, Ubatuba, **Santos** e **São Sebastião**. Por causa do aumento do cultivo e da sofisticação do processo, foi necessário construir estradas de ferro para ligar esses locais mais longínquos de produção às áreas portuárias, principalmente ao movimentado Porto de Santos.

A produção de café no Sudeste, que utilizava mão de obra escrava como fator de acúmulo de riqueza e capital, sofreu uma queda no final do século XIX com a Abolição da Escravatura. Foi necessária a reconfiguração da produção cafeeira.

Observe na obra ao lado, do artista plástico Manabu Mabe (1924-1997), a representação de uma cena do trabalho na cultura do café nesse período.

→ Manabu Mabe. *Colheita de café*, 1953. Óleo sobre tela, 201,5 cm × 259,2 cm.

O cenário de fim de escravidão obrigou os grandes fazendeiros, principalmente os paulistas (os "barões do café"), a incentivar a vinda de imigrantes europeus para substituir a mão de obra escrava no cultivo do grão. Estudaremos aspectos da imigração adiante, no Capítulo 3.

O dinheiro antes utilizado no comércio de escravos foi transferido para investimentos em portos e ferrovias. As cidades começaram a crescer, em especial São Paulo, com a construção de casarios sofisticados, o estabelecimento de bancos e o aumento do comércio, cujos donos eram os barões do café. No início do século XX, a cidade de São Paulo passou a ser o centro econômico do país.

↑ Casarão do início do século XX, atual Espaço Haroldo de Campos de Poesia e Literatura – a Casa das Rosas. São Paulo (SP), 2017.

 **DIÁLOGO**

Você já deve ter ouvido falar sobre a Lei Áurea, de 1888, que aboliu a escravidão no Brasil. Antes dela, algumas leis e acordos proibiram, gradativamente, o tráfico e a exploração do trabalho escravo dos negros africanos. Leia o trecho do decreto a seguir, promulgado durante o governo imperial de D. Pedro II, em 1850, que garantia a proibição do tráfico de escravos para o país a partir daquele ano.

Lei nº 581, de 4 de Setembro de 1850

Dom Pedro, por Graça de Deos, e Unanime Acclamação dos Povos, Imperador Constitucional e Defensor Perpetuo do Brasil: Fazemos saber a todos os Nossos Subditos, que a Assemblea Geral Decretou, e Nós Queremos a Lei seguinte.

Art. 1º As embarcações brasileiras encontradas em qualquer parte, e as estrangeiras encontradas nos portos, enseadas, ancoradouros, ou mares territoriaes do Brasil, tendo a seu bordo escravos, cuja importação he prohibida pela Lei de sete de Novembro de mil oitocentos trinta e hum, ou havendo-os desembarcado, serão apprehendidas p`elas Autoridades, ou pelos Navios de guerra brasileiros, e consideradas importadoras de escravos.

Aquellas que não tiverem escravos a bordo, nem os houverem proximamente desembarcado, porêm que se encontrarem com os signaes de se empregarem no trafico de escravos, serão igualmente apprehendidas, e consideradas em tentativa de importação de escravos.

Brasil. Presidência da República. Casa Civil. *Lei n. 581, de 4 de setembro de 1850*. Disponível em: <www.planalto.gov.br/ccivil_03/Leis/LIM/LIM581.htm>. Acesso em: ago. 2018.

1. Escreva um breve texto sobre a importância desse decreto para os escravos africanos e seu impacto na produção cafeeira no Brasil.

2. O longo período em que a escravidão foi legalizada no Brasil reflete negativamente sobre a população negra até os dias atuais. Dê exemplos que confirmem essa afirmativa.

No final do século XIX, o Estado de São Paulo tornou-se o maior produtor de café do país, e Minas Gerais começou a investir em fazendas de gado. No mesmo período, o Rio de Janeiro era sede do governo central e abrigava indústrias, principalmente as têxteis.

Minas Gerais e São Paulo aliaram-se e passaram a exercer muita influência política. O presidente do Brasil no período da República Velha (1889-1930) era sempre paulista ou mineiro, pois os estados se revezavam no poder. Essa política ficou conhecida na história do país como Política do Café com Leite, por causa da produção econômica de destaque em cada estado: café, em São Paulo, e gado, em Minas Gerais.

CARTOGRAFIA

Com base nos conhecimentos adquiridos e no mapa a seguir, que retrata o avanço do cultivo de café na área que formaria as atuais regiões Sul e Sudeste, responda às questões.

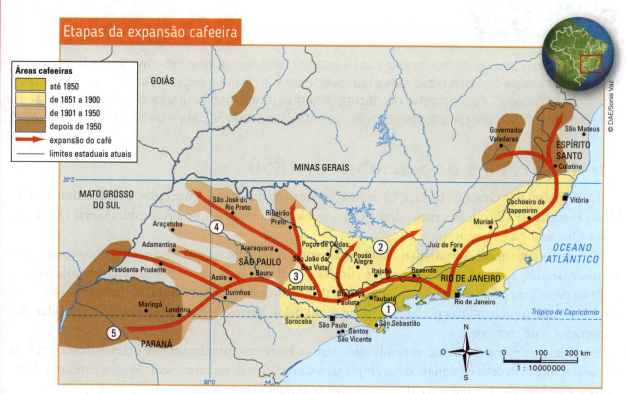

Fonte: João Antônio Rodrigues. *Atlas para estudos sociais*. Rio de Janeiro: Ao Livro Técnico, 1977. p. 26.

1. Qual foi o "caminho" (a trajetória) da expansão da cultura do café no Sudeste?

2. Quais são as unidades de relevo das áreas 1 e 2 do mapa? Que fator natural desse relevo favoreceu a expansão do café?

3. A expansão cafeeira foi importante para a ocupação e o povoamento da Região Sudeste? Explique.

ATIVIDADES

SISTEMATIZAR

1. Observe o mapa a seguir e responda às questões.

   a) Que cor representa a Região Sudeste?

   b) Quais Unidades da Federação a compõem?

   c) Com quais regiões o Sudeste faz limite?

   d) Que estado da Região Sudeste não é banhado pelo Oceano Atlântico?

2. Explique de que maneira a mineração e a atividade cafeeira foram importantes para a expansão das redes de transporte na Região Sudeste.

3. A expansão cafeeira, a partir do final do século XVIII, foi responsável pelo povoamento e ocupação do espaço que hoje forma o Sudeste. Essa afirmação está correta? Justifique.

Fonte: *Atlas geográfico escolar*. 7. ed. Rio de Janeiro: IBGE, 2016. p. 94.

4. Relacione a atividade mineradora ao cultivo de gado em Minas Gerais.

REFLETIR

1. Observe a imagem e responda:

   a) Que atividade está retratada? Justifique sua importância para o povoamento e a ocupação espacial do território que atualmente forma a Região Sudeste.

   b) Que motivos levaram essa atividade econômica a entrar em crise?

   c) Analisando a imagem e considerando seus conhecimentos sobre a atividade de mineração, é possível afirmar que ela causa impactos ambientais? Justifique sua resposta.

Johann Moritz Rugendas. *Lavagem do minério de ouro, proximidades da montanha de Itacolomi*, 1835. Litografia colorida à mão sobre papel, 34,4 cm × 51,3 cm.

189

CAPÍTULO 2
Dinâmica natural

No capítulo anterior, você estudou a localização, o processo de ocupação e a importância da mineração e da produção de café para o Sudeste. Neste capítulo, você vai estudar a classificação e as formas de relevo, os tipos de clima, a vegetação e as bacias hidrográficas da região.

Domínios morfoclimáticos do Cerrado e dos Mares de Morros

A Região Sudeste abrange áreas dos domínios morfoclimáticos do Cerrado e dos Mares de Morros, além de faixas de transição não diferenciadas, áreas com elementos de dois ou mais domínios diferentes mesclados. A região destaca-se no território nacional por apresentar o maior conjunto de terras elevadas do país. Localizada, sobretudo, na zona tropical, o clima predominante é tropical, com variações em razão das altitudes e da atuação das massas de ar. A Mata Atlântica, que predominava em boa parte da região, atualmente está bem reduzida. Destacam-se rios com grande aproveitamento humano, especialmente para o transporte e a geração de energia.

↑ Serra da Bocaina. Bananal (SP), 2016.

Relevo

As formas dominantes de relevo são os planaltos, distribuídos nos seguintes grupos: **Planaltos e Serras do Atlântico Leste-Sudeste**, na porção leste da região, e **Planaltos e Chapadas da Bacia do Paraná**, a oeste.

Na porção leste, o que marca o relevo é o planalto com domínio de serras, conhecido como Mares de Morros. Essa feição foi formada, ao longo do tempo geológico, por erosão causada principalmente pela ação das chuvas. Esse planalto caracteriza o Sudeste como a região com o maior conjunto de terras altas do país.

Na extensão de Mares de Morros destacam-se a Serra do Mar, a Serra do Espinhaço e a Serra da Mantiqueira.

Esses planaltos e serras ocupam praticamente todo o leste do Estado de São Paulo, a maior parte dos estados do Rio de Janeiro e Espírito Santo e o centro-leste de Minas Gerais.

Na porção oeste da Região Sudeste, mais precisamente no oeste dos estados de São Paulo e Minas Gerais, prevalecem terras mais baixas do que as da porção leste. Há predomínio, principalmente no oeste paulista, do latossolo (terra roxa), de origem vulcânica, muito fértil para a agricultura.

Na Região Sudeste há também depressões esculpidas, predominantemente, em estruturas sedimentares. Entre os planaltos e serras do Atlântico Leste-Sudeste e os planaltos e chapadas da Bacia do Paraná localizam-se a **Depressão Periférica**, no oeste de Minas Gerais, e a **Depressão do Rio São Francisco**.

↑ Depressão periférica. Botucatu (SP), 2018.

Em pequena faixa de terra próxima ao oceano encontram-se as planícies e os tabuleiros litorâneos. Neles há intensa concentração humana, sobretudo nas baixadas Fluminense (RJ) e Santista (SP). A população fixou-se nesses locais desde o Período Colonial.

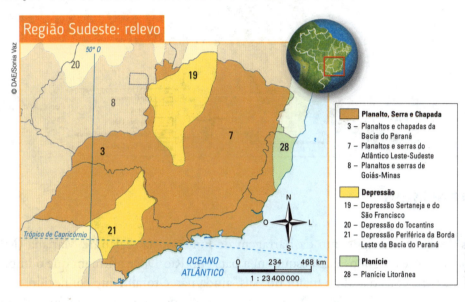

Hidrografia

As bacias hidrográficas da Região Sudeste são quatro: **Bacia do Rio Paraná**, **Bacia do Rio São Francisco**, **Bacia do Atlântico Leste** e **Bacia do Atlântico Sudeste**.

Como a maioria está localizada em relevo planáltico, seus rios são encachoeirados e propícios à geração de energia. O potencial hidrelétrico é um quesito muito importante na região mais populosa, industrializada e de comércio mais intenso do país, pois é a maior consumidora de energia.

Outra utilidade econômica das bacias da Região Sudeste, sobretudo a do Paraná, é a navegação. Com a construção de **eclusas**, muitos trechos de difícil navegação nessa bacia planáltica foram corrigidos e alguns rios da região tornaram-se importantes hidrovias. O maior destaque é a **Hidrovia Tietê-Paraná**, com 2 mil quilômetros de extensão, pela qual são transportadas mercadorias para o Paraguai e para a Argentina. Veja a fotografia ao lado.

→ Barcaça carregada de cana na Hidrovia Tietê-Paraná. Pederneiras (SP), 2016.

A **Bacia do Rio São Francisco**, também importante, está localizada no norte do Estado de Minas Gerais. Ela banha a maior parte da Região Nordeste, como você já estudou, mas a nascente do principal rio está na Região Sudeste, no centro-norte de Minas Gerais.

Um dos principais problemas nos rios da região é a poluição, resultante de variadas atividades humanas, como lançamento de esgotos urbanos, uso de agrotóxicos na agricultura e liberação de produtos químicos provenientes da mineração. Em 2015, devido ao rompimento da Barragem de Fundão, em Mariana (MG), o Rio Doce recebeu grande quantidade de lama, resultante do rejeito de minério de ferro. Esse foi o maior desastre ambiental já ocorrido no Brasil.

Fonte: *Atlas geográfico escolar: Ensino Fundamental do 6º ao 9º ano*. Rio de Janeiro: IBGE, 2010. p. 16.

 AQUI TEM MAIS

Dois anos depois do rompimento da Barragem de Fundão, na região de Mariana (MG), biólogos, geólogos e oceanógrafos que pesquisam a bacia do Rio Doce afirmam que o impacto ambiental do desastre, considerado o maior do país, ainda não é totalmente conhecido.

Em 5 de novembro de 2015, 34 milhões de metros cúbicos de rejeito de minério de ferro jorraram do complexo de mineração operado pela Samarco e percorreram 55 km do Rio Gualaxo do Norte e outros 22 km do Rio do Carmo até desaguarem no Rio Doce. No total, a lama percorreu 663 km até encontrar o mar, no município de Regência (ES).

Ainda não é possível mensurar completamente a dimensão do impacto na natureza porque boa parte da lama continua nas margens e na calha do rio, dizem especialistas consultados pela BBC Brasil. E, ainda, parte dos rejeitos que chegou ao oceano continua sendo carregado pelas correntes marinhas. [...]

Camilla Veras Mota. Após dois anos, impacto ambiental do desastre em Mariana ainda não é totalmente conhecido. *BBC*, 5 nov. 2017. Disponível em: <www.bbc.com/portuguese/brasil-41873660>. Acesso em: ago. 2018.

1. A reportagem cujo trecho reproduzimos acima foi elaborada em 2017, dois anos após o rompimento da barragem que armazenava os rejeitos do processo de mineração na região de Mariana, em Minas Gerais. Forme um grupo com alguns colegas e, juntos, pesquisem em jornais, revistas e na internet notícias atuais sobre os impactos gerados pelo desastre. Indiquem as medidas adotadas para a recuperação da região afetada e discutam-nas em sala de aula.

Clima

Como você já sabe, os planaltos são as formas de relevo que predominam na Região Sudeste. As grandes e médias altitudes estão diretamente relacionadas à dinâmica climática e influenciam a ocorrência do clima **tropical de altitude**. Nesse tipo climático, as chuvas são bem distribuídas, chegando, em média, a 1500 mm ao ano. A amplitude térmica é baixa, com temperaturas que oscilam entre 17 °C e 22 °C; o verão não é muito quente e o inverno é frio.

No norte e no oeste do Estado de Minas Gerais e no noroeste do Estado de São Paulo predomina o clima **tropical**, sempre quente, com uma estação chuvosa e outra seca. No sudoeste do Estado de São Paulo, o clima é **subtropical**, com temperaturas mais baixas no inverno.

Na estreita faixa litorânea da região – litoral norte de São Paulo e todo o litoral do Rio de Janeiro e do Espírito Santo – predomina o clima **tropical atlântico**, com temperaturas elevadas durante o ano e alta pluviosidade. As chuvas da região são consequência da proximidade do oceano e das formas do relevo (serras), que bloqueiam a umidade do mar e causam chuvas na costa, as chamadas chuvas orográficas.

A alta pluviosidade dessas áreas pode ocasionar desmoronamento ou deslizamento de encostas, também conhecidos como movimentos de massa. Esses acontecimentos nas regiões de serras próximas ao litoral causam sérios prejuízos, porque destroem áreas urbanas e rodovias. Próximo às serras do Sudeste há áreas de alta concentração populacional, que sofrem as consequências dos deslizamentos.

Fonte: Gisele Girardi e Jussara Vaz Rosa. *Atlas geográfico do estudante*. São Paulo: FTD, 2011. p. 24.

↑ Deslizamento de terra. Mangaratiba (RJ), 2014.

Vegetação

Na Região Sudeste, a vegetação nativa principal é a **Mata Atlântica**, que se beneficia da umidade das áreas serranas, próximas ao oceano. Como você sabe, a vegetação da Mata Atlântica tem grande variedade de espécies, é alta, fechada e higrófita.

As áreas dominadas por essa formação vegetal sofreram muita devastação ao longo da história, desde o período inicial da colonização, com a retirada de madeira, extração de ouro e, mais tarde, sobretudo com o cultivo de café. Para a expansão da cultura do café, a mata foi sendo retirada no sentido do litoral e do Vale do Paraíba para o interior.

Em tempos mais recentes, a Mata Atlântica continuou a ser devastada por causa do processo de industrialização e o desenvolvimento da agropecuária. Entre os principais motivos para a preservação do que resta dessa formação vegetal estão a regulação dos mananciais e o controle e equilíbrio climático que ela proporciona. A mata também é importante para a proteção das encostas e, devido a sua exuberância, há excelente potencial de ecoturismo a ser explorado. A destruição da Mata Atlântica expõe o solo das regiões serranas e encostas de morros, tornando-o mais suscetível à erosão. A construção de moradias nessas áreas sujeitas a deslizamentos de terra coloca em risco a vida dos habitantes.

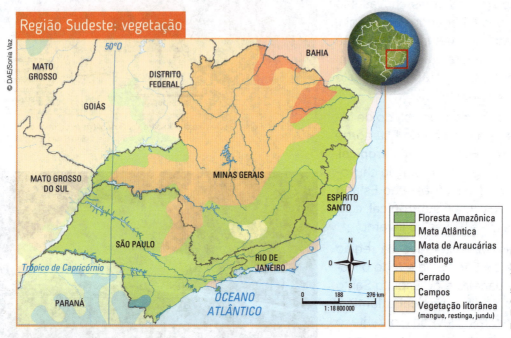

Na região costeira, a **vegetação litorânea** é composta de mangue, restinga e **jundu**. O manguezal, em especial, é formado por espaços ricos em matéria orgânica, área de reprodução de muitas espécies marinhas.

Outra formação vegetal que se destaca é o **cerrado**. Ele ocupa grandes espaços do oeste e do norte de Minas Gerais e pequenas áreas do norte do estado de São Paulo. Como já estudamos, caracteriza-se por campos de vegetação rasteira e árvores esparsas, plantas adaptadas ao calor e aos períodos de pouca chuva no inverno.

Há também, no extremo norte do estado de Minas Gerais, áreas de **caatinga**, que adentra a Região Nordeste. De modo mais isolado, estão as formações conhecidas como **campos** (sul do estado de Minas Gerais) e **mata de araucárias** (sul do estado de São Paulo).

GLOSSÁRIO

Jundu: vegetação litorânea formada por gramíneas e arbustos, que se desenvolve em áreas não alagadas próximas à praia.

FORMAÇÃO CIDADÃ

Em 2004, a ambientalista queniana Wangari Maathai ganhou o Prêmio Nobel da Paz. Ela fundou o Green Belt Movement (Movimento Cinturão Verde), movimento popular que plantou 30 milhões de árvores em seu país. Um programa como esse proporcionaria muitos benefícios à Mata Atlântica e a outras formações vegetais brasileiras.

1. Pesquise e responda: Qual é a importância do Prêmio Nobel da Paz?
2. Você considera importante o plantio de árvores? Qual é a possibilidade de um projeto como esse acontecer em sua cidade? Discuta com os colegas.

SISTEMATIZAR

1. Reproduza no caderno o quadro a seguir, sobre as características naturais do Sudeste, e complete-o corretamente.

Principal hidrovia	Forma de relevo predominante	Tipos climáticos predominantes	Vegetação original predominante

2. Quais são as duas grandes unidades de relevo que dominam as partes oeste e leste da Região Sudeste?

3. Caracterize o clima tropical de altitude.

4. Quais são as causas recentes e as consequências da devastação da Mata Atlântica na Região Sudeste?

5. Que bacia hidrográfica ocupa a maior parte do território do Sudeste? Qual é sua importância econômica?

REFLETIR

1. Observe a fotografia e faça o que se pede.

← Mairiporã (SP), 2016.

a) O que ela retrata?
b) Em que unidade de relevo do Sudeste esse fato acontece com maior frequência?
c) Sugira uma solução para o problema.

2. Justifique a importância e a necessidade de proteger a Mata Atlântica no Sudeste e nas demais regiões do Brasil onde ela se encontra.

CAPÍTULO 3
Sociedade

No capítulo anterior, você estudou as principais formas de relevo, os tipos de clima, a vegetação e as bacias hidrográficas da Região Sudeste. Neste capítulo, você vai estudar as principais características da população, a importância das migrações para a formação da região e os aspectos culturais. O processo de industrialização e as regiões metropolitanas também são trabalhados.

A população no espaço geográfico

Nos quatro estados da Região Sudeste estão concentrados mais de 80 milhões de habitantes, segundo o Censo 2010 do IBGE, configurando-se na região mais populosa do país.

É também a região mais densamente povoada, com cerca de 85 hab./km².

As maiores concentrações populacionais estão no Vale do Paraíba, próximas às capitais dos estados, na faixa litorânea, bem como nas **regiões metropolitanas** de **São Paulo**, do **Rio de Janeiro** e de **Belo Horizonte**. Observe a concentração populacional dos estados sudestinos no mapa ao lado.

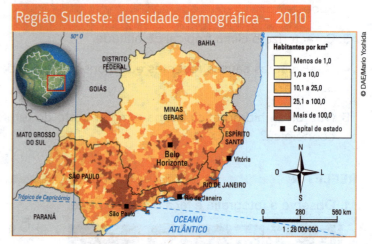

Fonte: *Atlas geográfico escolar*. 7. ed. Rio de Janeiro: IBGE, 2016. p. 114.

Podemos afirmar que a população do Sudeste é formada pela miscigenação de diversos povos. Historicamente houve forte migração interna de pessoas atraídas pelas atividades relacionadas ao ciclo do ouro e, posteriormente, pelo cultivo de café. A imigração, iniciada na metade do século XIX, foi um fator bastante expressivo para a composição da população.

Dados da população

Observe ao lado a pirâmide etária da Região Sudeste. O que você pode concluir?

Segundo dados do Censo 2010, a população dessa região é uma das que têm maior expectativa de vida. Os estados do Espírito Santo e de São Paulo estão entre os cinco primeiros com probabilidade de morte mais tardia no país.

→ População residente da Região Sudeste por sexo e grupos de idade em 2010.

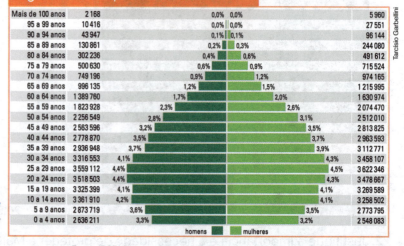

Fonte: IBGE. *Sinopse Censo 2010*. Disponível em: <https://censo2010.ibge.gov.br/sinopse/index.php?dados=12#topo_piramide>. Acesso em: jul. 2018.

Como você viu, a população da Região Sudeste caracteriza-se pela diversidade étnica e racial. De acordo com dados do IBGE (2010), essa região tem os menores índices de população indígena declarada (0,13%), assim como o segundo maior índice de população preta (7,82%) e branca (54,94%) entre as regiões. Você consegue imaginar o que esses dados explicam? Observe o gráfico ao lado.

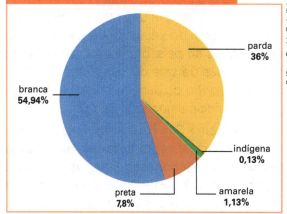

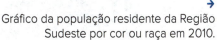
Gráfico da população residente da Região Sudeste por cor ou raça em 2010.

Fonte: IBGE. *Censo Demográfico 2010*. Disponível em: <https://sidra.ibge.gov.br/Tabela/136#resultado> Acesso em: ago. 2018.

As elevadas taxas de industrialização, a urbanização, a intensa atividade econômica e o desenvolvimento dos serviços de saúde e educação são alguns dos fatores que fazem a população da Região Sudeste ter bons indicadores sociais, em comparação com outras regiões do país.

De acordo com dados do IBGE (2010), a Região Sudeste tem, assim como a Região Sul, as menores taxas de mortalidade infantil (13,1 pessoas a cada 1000 nascidas) e as menores taxas de analfabetismo do país (1,5% do total de pessoas entre 15 e 24 anos de idade).

Concentra ainda importantes centros tecnológicos e de pesquisa, além de boa parte das melhores universidades públicas e privadas do país. No entanto, é a região em que há os mais acentuados contrastes sociais e econômicos, verificados sobretudo nas grandes cidades. Observe no gráfico abaixo o rendimento médio mensal da população da região em 2010.

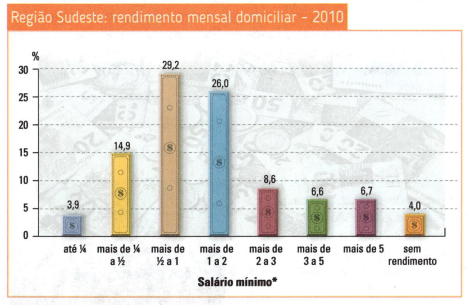

Gráfico de rendimento mensal domiciliar *per capita* por salário mínimo na Região Sudeste em 2010.

Fonte: IBGE. *Sinopse Censo 2010*. Disponível em: <https://censo2010.ibge.gov.br/sinopse/index.php?dados=P21&uf=00>. Acesso em: ago. 2018.

*O salário mínimo em 2010 era de R$ 510,00.

Quanto às diferenças de renda entre os sexos, a Região Sudeste segue a tendência nacional: em média, as mulheres têm remuneração menor do que os homens. Isso pode ser verificado observando-se o rendimento médio mensal *per capita* por sexo: em 2015, as mulheres tinham rendimento médio de R$ 1.237,00 e os homens, R$ 1.265,30.

A importância dos imigrantes

Com a proibição do trabalho escravo no final do século XIX, as fazendas de café perderam a mão de obra principal. Era urgente substituí-la, porque, na época, o trabalho nos cafezais era totalmente braçal. No final do século XIX e início do XX, o governo brasileiro começou a incentivar a vinda de estrangeiros ao país, oferecendo aos imigrantes a garantia da maior parte do trabalho remunerado nas fazendas de café do Estado de São Paulo ou pequenas porções de terra para cultivo nas áreas serranas do Rio de Janeiro e Espírito Santo. Diante disso, a região passou a receber inúmeros imigrantes, principalmente da Europa.

Chegaram a São Paulo imigrantes de várias nacionalidades, principalmente **italianos**, **alemães**, **espanhóis**, **portugueses** e **japoneses**. Esses imigrantes foram muito importantes para o Brasil, pois trouxeram novas técnicas agrícolas e de produção de mercadorias. Eles passaram a compor a mão de obra assalariada ao lado dos poucos trabalhadores livres da época, porque fazia pouco tempo que a abolição havia ocorrido, em 1888.

↑ Colheita e seleção de café. Bebedouro (SP), 1921.

Industrialização: urbanização e migração

Em 1929 houve uma grande crise econômica nos Estados Unidos que refletiu em uma queda na produção de café no Sudeste do Brasil. Os EUA compravam praticamente toda a produção de café e, nesse novo cenário, o produto começou a perder o prestígio econômico conquistado havia décadas. Grande parte dos cafezais foi substituído por pastagens de bovinos e cultivo de algodão para suprir a indústria têxtil.

O dinheiro acumulado pela produção cafeeira passou a ser investido no comércio e em pequenas fábricas, principalmente nos estados de São Paulo e do Rio de Janeiro. Assim, o foco de investimento foi transferido para a zona urbana, com a instalação de fábricas, especialmente do ramo têxtil, que produzia tecido de algodão, e alimentício. A partir da década de 1950, muitos moradores do campo começaram a se deslocar para as cidades em busca de emprego e melhores condições de vida, configurando o êxodo rural. Mais tarde, novas ondas de êxodo rural surgiram, em parte pela introdução de máquinas no processo produtivo.

! CURIOSO É...

Com a industrialização do Sudeste e o intenso fluxo migratório para essa região, milhões de nordestinos deixaram sua terra natal para buscar emprego principalmente em São Paulo e no Rio de Janeiro. Segundo dados do IBGE (2010), atualmente há mais de 4 milhões de nordestinos apenas na cidade de São Paulo, e 82% da população da Grande São Paulo veio de estados das regiões Nordeste e Norte.

Esses migrantes foram fundamentais para o desenvolvimento da construção civil e da indústria da Região Sudeste. Além da força de trabalho, os nordestinos enriqueceram o Sudeste com elementos culturais, como culinária, danças, ritmos musicais e festas típicas.

↑ Feira de São Cristóvão. Rio de Janeiro (RJ), 2013.

Aspectos culturais

A diversidade de etnias e raças que formam a população do Sudeste explica a variedade de manifestações culturais típicas dos quatro estados que compõem a região. Entre os europeus, as maiores influências são dos portugueses e italianos. Dos asiáticos, o destaque fica para os japoneses. Indígenas e africanos têm marcada influência na música e na culinária.

O Carnaval, a Congada, a Dança de São Gonçalo e a Folia de Reis são algumas das festas e manifestações populares mais conhecidas. O samba, a música caipira, a feijoada, o feijão tropeiro, a *pizza*, o pão de queijo e a moqueca capixaba são, entre muitos outros, elementos típicos da cultura da Região Sudeste.

↑ Grupo de congada na festa de São Benedito. Aparecida (SP), 2016.

 **DIÁLOGO**

Poucas pessoas representaram tão bem a convergência de culturas nas grandes cidades da Região Sudeste, resultantes do êxodo rural e da industrialização ocorridos até os anos 1960, quanto o artista Adoniran Barbosa. Conheça um pouco sua vida e obra, descritas no texto abaixo.

Adoniran Barbosa

[...] Se tornou um dos principais nomes do samba paulista, retratando em suas composições a essência da capital. Parte dessas características vem de sua infância, marcada pela mistura de duas grandes vertentes da população de São Paulo: o sertanejo e o italiano. Cresceu no interior do estado em uma família de imigrantes.

[...]

Sua composição mais famosa viria em 1964. Foi nesse ano criada a canção "Trem das Onze". No ano seguinte a música foi premiada no Carnaval carioca (dificilmente uma composição paulista vencia no Rio de Janeiro). Seria eleita em 2000 como a música representante da capital paulista em votação aberta para a população.

[...]

↑ Adoniram Barbosa. São Paulo (SP), 1978.

Acervo Estadão. Disponível em: <https://acervo.estadao.com.br/noticias/personalidades,adoniran-barbosa,897,0.htm>. Acesso em: ago. 2018.

1. Assim como Adoniran Barbosa, parte da população residente na Região Sudeste adaptou-se aos grandes centros urbanos ou à realidade do campo, tornando-se força de trabalho e produtora de manifestações culturais diversas. Forme um grupo com alguns colegas e, juntos, pesquisem outras manifestações culturais típicas da Região Sudeste; informem em que estado ocorrem e de que grupo receberam influência. Em um dia marcado pelo professor, apresentem as informações coletadas aos demais colegas da turma.

As grandes metrópoles

Além de abrigar as duas únicas **metrópoles globais** do país – São Paulo e Rio de Janeiro –, a Região Sudeste comporta as três maiores regiões metropolitanas: São Paulo, Rio de Janeiro e Belo Horizonte. De acordo com o Censo 2010, essas regiões somavam aproximadamente 37 milhões de pessoas.

Uma das características das regiões metropolitanas é o processo de conurbação: a proximidade da cidade com seus limites territoriais acaba ligando-a a outras cidades. Por isso, é comum haver cidades interligadas espacialmente na Grande São Paulo, Grande Rio de Janeiro e Grande Belo Horizonte, por exemplo.

> **GLOSSÁRIO**
>
> **Metrópole global:** metrópole, em termos de transporte, economia e política, que abriga sedes de grandes empresas nacionais e de grandes bancos filiais de transnacionais, além das principais universidades e centros de pesquisa do país.

Observe no mapa a seguir a disposição da Região Metropolitana de São Paulo.

Fonte: Vera Caldini e Leda Ísola. *Atlas geográfico Saraiva*. 4. ed. São Paulo: Saraiva, 2013. p. 87.

De acordo com o IBGE (2014), o Sudeste tem outras oito regiões metropolitanas: Grande Vitória (ES), Vale do Aço (MG), Belo Horizonte (MG), Piracicaba (SP), Vale do Paraíba (SP), Baixada Santista (SP), Sorocaba (SP) e Campinas (SP).

Embora esses aglomerados humanos ofereçam vantagens, como concentração e densidade de pessoas, bens e atividades que favoreçam as interações sociais, também apresentam problemas, como inundações, poluição do ar, carência de moradia e dificuldade de manter um sistema de saneamento básico com qualidade, principalmente coleta e tratamento de lixo e esgoto.

Pedestres atravessando em cruzamento. Belo Horizonte (MG), 2015.

ATIVIDADES

SISTEMATIZAR

1. Observe os gráficos e responda às questões.

   a) Classifique a Região Sudeste quanto ao número e à proporção de habitantes em comparação com as demais regiões brasileiras.

   b) Comente alguns fatores que contribuíram para a miscigenação da população da Região Sudeste.

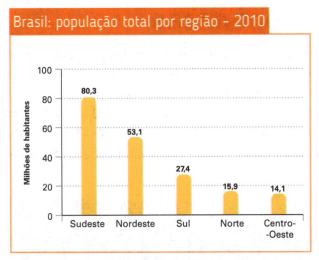

Fonte: IBGE. Disponível em: <https://censo2010.ibge.gov.br/sinopse/index.php?dados=4&uf=00>. Acesso em: ago. 2018.

↑ Gráfico com a população total por região do Brasil em 2010.

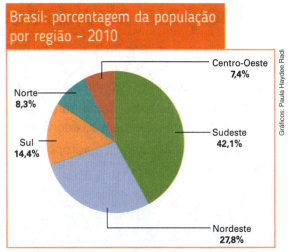

Fonte: IBGE. Disponível em: <https://censo2010.ibge.gov.br/sinopse/index.php?dados=5&uf=00>. Acesso em: ago. 2018.

↑ Gráfico com a porcentagem da população do Brasil por região.

2. Em que áreas a maior parte da população da Região Sudeste está concentrada?

3. Qual foi a importância dos imigrantes europeus e asiáticos para a Região Sudeste?

4. Disserte sobre a contribuição cultural dos migrantes nordestinos para a Região Sudeste.

5. Em relação à Região Sudeste, liste:

   a) as metrópoles globais;

   b) as regiões metropolitanas;

   c) os problemas enfrentados por essas regiões metropolitanas.

DESAFIO

1. Um dos grandes problemas, principalmente nas médias e grandes cidades do Brasil, independentemente da região, são as inundações. Elas ocorrem por causa do grande volume de chuvas em determinadas épocas do ano e das áreas asfaltadas e edificadas que impermeabilizam o solo, impedindo o escoamento adequado da água da chuva para os rios. Simples iniciativas no dia a dia podem amenizar os efeitos desse fenômeno, como não jogar lixo nas ruas e calçadas.
Que tal fazer uma investigação de campo no quarteirão que contorna a escola? Depois de concluída a investigação, organize-se com alguns colegas e debatam essas questões ambientais.

CAPÍTULO 4
Produção econômica

No capítulo anterior, você estudou o processo de povoamento, as regiões metropolitanas, as principais características da população e a importância das migrações para a formação do Sudeste, assim como seus aspectos culturais. Neste capítulo, você vai estudar as principais características das atividades industrial, agropecuária, comercial e de serviços dessa região.

Principais atividades econômicas

As paisagens da Região Sudeste foram as mais intensamente transformadas por atividades econômicas entre as regiões do país. Como você já viu no Capítulo 1 deste tema, desde o Período Colonial o desenvolvimento econômico da região atraiu pessoas de diversos estados e países.

Os períodos de extração de ouro, cultivo de café e, a partir da década de 1930, desenvolvimento industrial foram de expansão econômica acompanhada de importantes dinâmicas populacionais.

Além dessas atividades, a agropecuária e o setor de serviços e comércio também são bastante desenvolvidos.

↑ Balsa atracada com madeira para indústria de beneficiamento da celulose. Aracruz (ES), 2015.

Indústria

Com o passar dos anos, a industrialização no Sudeste foi se desenvolvendo, recebeu investimentos e diversificou seus setores de atuação. Passou a concentrar vários ramos de negócio e setores industriais, como: usinas siderúrgicas; indústrias químicas, têxteis, alimentícias, farmacêuticas e automobilísticas; empresas de telecomunicação e de informática; instituições financeiras; refinarias de petróleo; usinas de açúcar e álcool, entre outros.

Essa estrutura econômica transformou o Sudeste na região de **maior influência econômica e política do país**.

O desenvolvimento industrial da Região Sudeste também foi muito favorecido pela disponibilidade de recursos naturais. Os principais recursos são o minério de ferro, retirado principalmente do **Quadrilátero Ferrífero** de Minas Gerais, e o petróleo, extraído, entre outras, da **Bacia de Campos**, no litoral do Espírito Santo e do Rio de Janeiro, e da **Bacia de Santos,** que vai do Rio de Janeiro até Santa Catarina, abrangendo o mar territorial de São Paulo e do Paraná. Essas são, atualmente, as principais bacias petrolíferas do país.

> **GLOSSÁRIO**
>
> **Quadrilátero Ferrífero:** região que abrange as cidades de Belo Horizonte, Santa Bárbara, Mariana e Congonhas, principal área mineradora do Sudeste.

↑ Área de exploração de minério de ferro após rompimento de barragem de rejeitos de mineração. Mariana (MG), 2017.

↑ Trabalho em plataforma de petróleo. Macaé (RJ), 2011.

Além desses recursos, como você já estudou no Capítulo 2, há boa oferta de energia elétrica em razão do potencial hidrelétrico da região, que é banhada por rios encachoeirados, como os da Bacia do Rio Paraná.

Outro importante fator que contribui para o desenvolvimento da atividade industrial é o sistema de transportes. O Sudeste tem a maior rede rodoviária do país, com estradas que interligam áreas da própria região e esta às demais regiões, além de portos importantes, como o de Santos, o maior do país; o de Tubarão, no Espírito Santo; e o Porto do Rio de Janeiro.

As regiões metropolitanas concentram os maiores parques industriais, com destaque para os setores automobilístico, farmacêutico, alimentício, têxtil e de autopeças. Observe no mapa ao lado a distribuição dos municípios com maior número de indústrias do Brasil. Você pode perceber que os estados da Região Sudeste se destacam pela quantidade de empresas industriais extrativas e de transformação.

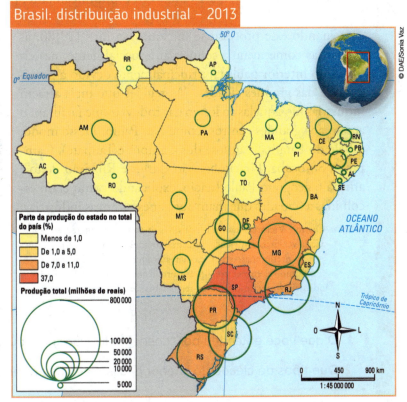

Fonte: Graça Maria Lemos Ferreira. *Moderno atlas geográfico.* São Paulo: Moderna, 2016. p. 65.

AQUI TEM MAIS

Indústrias migram para diferentes regiões

Leia, a seguir, o trecho de um texto sobre a interiorização do setor industrial brasileiro e, depois, responda às perguntas.

Um assunto que tem estado bastante em voga na economia brasileira desde o final do século XX é a descentralização de indústrias, processo que, de acordo com o geógrafo Paulo Inácio Vieira Carvalho, "tem início na década de 1980, quando as fábricas começam a deixar as regiões metropolitanas em direção a municípios do interior".

Inicialmente, as indústrias se retiraram das capitais do Rio de Janeiro e de São Paulo visando estabelecer-se em cidades do interior desses estados, mas, posteriormente, o projeto estendeu-se também para estados menos industrializados do país.

[...]

Para Paulo Inácio, as principais causas da descentralização industrial podem ser resumidas em "saturação da infraestrutura das regiões metropolitanas, como a de São Paulo, onde o trânsito, por exemplo, começou a dificultar a operação logística, provocar atrasos na entrada dos operários na fábrica; assaltos aos depósitos e terrenos muito caros, dificultando a ampliação das fábricas".

Muitos desses problemas têm como originador o grande êxodo rural sofrido pelo Brasil na década de 1960, ocasionado principalmente pela instalação das indústrias. [...] esse inchaço populacional, maior do que as estruturas das cidades estavam preparadas para suportar, acarretou, por exemplo, os problemas de trânsito de que fala o geógrafo [...].

As cidades que já possuíam muitas fábricas passaram, então, a ser consideradas áreas repulsivas para a atividade industrial e, com isso, os empresários começaram a analisar outros municípios e regiões [...], mais vantajosos economicamente, para a instalação de suas indústrias.

[...]

Quando esse processo se iniciou, nos anos [19]80, as indústrias começavam a se instalar, especialmente, nas cidades do interior paulista, principalmente devido à proximidade das grandes cidades. "As regiões que mais atraem indústrias são aquelas ao longo das rodovias que facilitam o acesso aos grandes centros, como São Paulo. Desse modo, o Vale do Paraíba (São José dos Campos e Taubaté), Campinas, Sorocaba, Piracicaba, São Carlos e Ribeirão Preto", afirma o geógrafo Paulo Inácio, explicando como eram escolhidas as cidades que iriam abrigar essas novas indústrias.

Marina Castro e Victoria Amorim. Indústrias migram para diferentes regiões – Cada vez mais a atividade industrial brasileira se desloca para regiões interioranas, em busca de maior lucro. *J. Press*, 28 maio 2013. Disponível em: <http://jpress.jornalismojunior.com.br/2013/05/industrias-migram-diferentes-regioes-brasil>. Acesso em: ago. 2018.

↑ Parque Tecnológico à beira da Rodovia Presidente Dutra. São José dos Campos (SP), 2017.

1. O que você entendeu por "descentralização" de indústrias?
2. Que tipos de cidade do interior paulista são os preferidos pelas indústrias? Por quê?

Agropecuária

Desde o período áureo do café, ciclo importante da economia brasileira, o Sudeste destaca-se pela produção agrícola. A região caracteriza-se pela policultura, com práticas que abrangem desde a agricultura familiar, para abastecer o mercado nacional, até a agricultura de exportação.

O potencial agrícola da região foi naturalmente favorecido pelo solo fértil, popularmente conhecido como terra roxa, nos planaltos e chapadas da Bacia do Paraná. Com a maior população absoluta do país, a demanda por alimentos tornou fundamentais as atividades desse setor.

Com a crise do café, a partir da década de 1930 muitos agricultores passaram a investir em outras culturas, como milho, arroz, algodão, cana-de-açúcar e, mais recentemente, soja e frutas. Assim, começou o desenvolvimento das **agroindústrias**, empresas que beneficiam produtos vindos do campo.

Algumas áreas do Sudeste se destacam na atividade agropecuária. Na **região de Ribeirão Preto** produzem-se cana-de-açúcar, frutas, café e algodão. No **Planalto Ocidental**, cana-de-açúcar, pecuária bovina e citricultura. No **Vale do Ribeira**, banana, café, chá e pecuária de búfalos. No **Vale do Paraíba do Sul**, pecuária bovina e silvicultura. Na **região de Piracicaba e Araraquara**, cana-de-açúcar. No **Triângulo Mineiro**, café, cana-de-açúcar, silvicultura e pecuária bovina. No **sul de Minas**, pecuária leiteira. No **norte do Espírito Santo**, cacau e silvicultura. No **Vale do Rio Doce**, café.

A pecuária também se desenvolveu muito, levando a região hoje a ter o **segundo maior rebanho bovino do país**, atrás apenas do Centro-Oeste. Predominam a pecuária de corte (produção de carne) de bovinos e suínos e a criação de aves. Essa atividade também impulsionou a instalação de frigoríficos e indústrias de **laticínios**.

> **GLOSSÁRIO**
>
> **Laticínio:** subproduto da indústria do leite, como queijo, iogurte etc.

Na proximidade das regiões metropolitanas e das médias cidades do interior dos estados desenvolveu-se a pecuária intensiva leiteira, favorecida pela intensa demanda devido à grande concentração populacional. Sendo o leite um produto perecível, precisa estar mais próximo do mercado consumidor. Verifique no gráfico a seguir a produção de leite por região.

A atividade agropecuária propiciou também o desenvolvimento do sistema de logística de transportes a fim de escoar a produção para os portos da região.

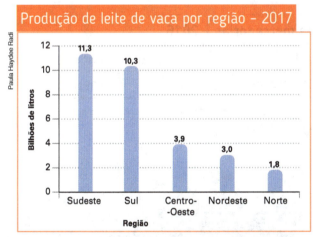

Fonte: IBGE. Disponível em: <https://sidra.ibge.gov.br/tabela/6782#resultado>. Acesso em: ago. 2018.

↑ Gráfico da produção de leite de vaca por região do Brasil em 2017.

→ Plantação de café e eucalipto. Castelo (ES), 2016.

Serviços e comércio

Como você já sabe, o Sudeste é a região que tem a maior taxa de urbanização do Brasil, além de ser muito industrializada. Assim, o setor terciário – de serviços e comércio – também se tornou o mais desenvolvido do país.

← A Rua 25 de Março é considerada o maior centro comercial da América Latina. São Paulo (SP), 2017.

A intensificação desse setor se deve ainda à atividade turística, pois há no Sudeste inúmeros atrativos, muito visitados por brasileiros e estrangeiros. Destacam-se os estados do Rio de Janeiro e do Espírito Santo, pelas belas praias; a cidade de São Paulo e seu atraente polo cultural e financeiro; Minas Gerais, pela beleza de suas cidades históricas, como Ouro Preto, Tiradentes, Diamantina, entre outras.

A força do setor terciário, também conhecido como setor de serviços, pode ser comprovada pelos dados da tabela abaixo, que registra a receita total de vendas de mercadorias por região em 2016.

Receita bruta de revenda de mercadorias – 2016					
Região	Sudeste	Sul	Nordeste	Centro-Oeste	Norte
Valor (R$)	1.823.342.297	707.179.127	541.564.938	358.252.484	124.638.630

Fonte: IBGE. Disponível em: <https://sidra.ibge.gov.br/tabela/1407#resultado>. Acesso em: ago. 2018.

↑ Receita bruta e revenda de mercadorias no Brasil por região em 2016.

A rede viária do Sudeste também é considerada a mais desenvolvida do país, com importantes rodovias. Nessa região estão os dois maiores aeroportos internacionais do país: o **Aeroporto Internacional de São Paulo Governador André Franco Montoro**, mais conhecido como Aeroporto de Guarulhos ou Aeroporto de Cumbica (na cidade de Guarulhos, São Paulo), e o **Aeroporto Internacional Tom Jobim**, no Rio de Janeiro, também conhecido como Galeão.

↑ Pista do Aeroporto Internacional Antônio Carlos Jobim. Rio de Janeiro (RJ), 2016.

ATIVIDADES

SISTEMATIZAR

1. Que setores industriais podem ser encontrados na Região Sudeste?

2. Reproduza no caderno o quadro a seguir e preencha-o com os principais produtos agropecuários dessas sub-regiões do Sudeste.

	Ribeirão Preto	**Vale do Ribeira**	**Triângulo Mineiro**
Principais produtos agropecuários			

REFLETIR

1. Dê três motivos que justifiquem a seguinte afirmação: O Sudeste é a região de maior influência econômica e política do país.

2. Observe o mapa e responda às questões.

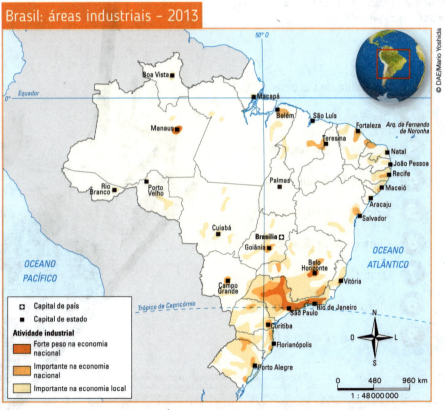

Fonte: Vera Caldini e Leda Ísola. *Atlas geográfico Saraiva*. 4. ed. São Paulo: Saraiva, 2013. p. 53.

a) A que setor da economia brasileira as informações do mapa fazem referência?

b) Levando em conta o que aprendemos no Capítulo 1 deste tema, compare a densidade das áreas industriais da Região Sudeste com a das demais regiões do país e apresente os motivos dessa concentração.

FIQUE POR DENTRO

Poluição atmosférica

A atividade humana – sobretudo o transporte rodoviário e a indústria – gera todos os dias milhões de toneladas de substâncias tóxicas que se dispersam pelo ar que respiramos, provocando graves doenças respiratórias em pessoas e animais, além de acarretar danos à vegetação, causados pela chuva ácida, de destruir a camada de ozônio que nos protege dos raios ultravioleta e de contribuir para as mudanças climáticas. Na Região Sudeste, a mais industrializada do país, essa situação se agrava.

AS CIDADES
As áreas urbanas são zonas altamente contaminadas por causa da concentração de veículos.

A INDÚSTRIA
Além do CO_2, que favorece as mudanças climáticas, as indústrias geram grande número de substâncias e partículas poluidoras.

OS MAIS PREJUDICIAIS

Este é o *ranking* dos elementos, das substâncias e das partículas que mais contribuem para a poluição do ar. O CO_2 não é prejudicial à saúde, mas é a principal causa das mudanças climáticas.

1. Monóxido de Carbono (CO)
2. Chumbo (Pb)
3. Partículas em suspensão
4. Dióxido de Enxofre (SO_2)
5. Óxidos de nitrogênio (NO_x)
6. Compostos orgânicos voláteis (COVs)
7. Ozônio
8. Clorofluorocarboneto (CFC)
9. Dióxido de Carbono (CO_2)

A PECUÁRIA
Ainda que não pareça, os dejetos do gado estão entre os principais fatores que favorecem as mudanças climáticas.

Fontes:
CETESB. Qualidade do ar no Estado de São Paulo 2017. 2017. Disponível em: <https://cetesb.sp.gov.br/ar/wp-content/uploads/sites/28/2018/05/relatorio-qualidade-ar-2017.pdf>. Acesso em: fev. 2019; Ministério do Meio Ambiente. Poluentes atmosféricos. Disponível em: <www.mma.gov.br/cidades-sustentaveis/qualidade-do-ar/poluentes-atmosf%C3%A9ricos.html>. Acesso em: fev. 2019; FERRARINI, Ana Maria. O impacto ambiental atribuído à pecuária. 2010. Disponível em: <www.crmv-pr.org.br/artigosView/64_O-impacto-ambiental-atribuido-a-pecuaria.html>. Acesso em: fev. 2019; Ministério do Meio Ambiente (Brasília). A camada de ozônio. Disponível em: <www.mma.gov.br/clima/protecao-da-camada-de-ozonio/a-camada-de-ozonio>. Acesso em: fev. 2019; CERRI, Carlos Clemente. Agricultura e aquecimento global. 2007. Disponível em: <www.aquecimento.cnpm.embrapa.br/bibliografia/agr_e_aquec_Cerri_2007.pdf>. Acesso em: fev. 2019;
CUREAU, Sandra; LEUZINGER, Márcia Dieguez. Queimadas e mudanças climáticas. 2011. Disponível em: <www.mpf.mp.br/atuacao-tematica/ccr4/dados-da-atuacao/documentos/trabalhos-cientificos/queimadasemudanc3a7asclimc3a1ticas_versc3a3oparaoblog.pdf>. Acesso em: fev. 2019; FORNARO, Adalgiza. Águas de chuva: conceitos e breve histórico. Há chuvas ácidas no Brasil? Revista USP, São Paulo, n.70, p.78-87, Jun.2006. Disponível em: <www.revistas.usp.br/revusp/article/view/13533/15351>. Acesso em: fev. 2019;
Organização Mundial de Saúde. Poluição Atmosférica. 2018. Disponível em: <www.sns.gov.pt/noticias/2018/05/02/oms-poluicao-atmosferica/>. Acesso em: fev. 2019.

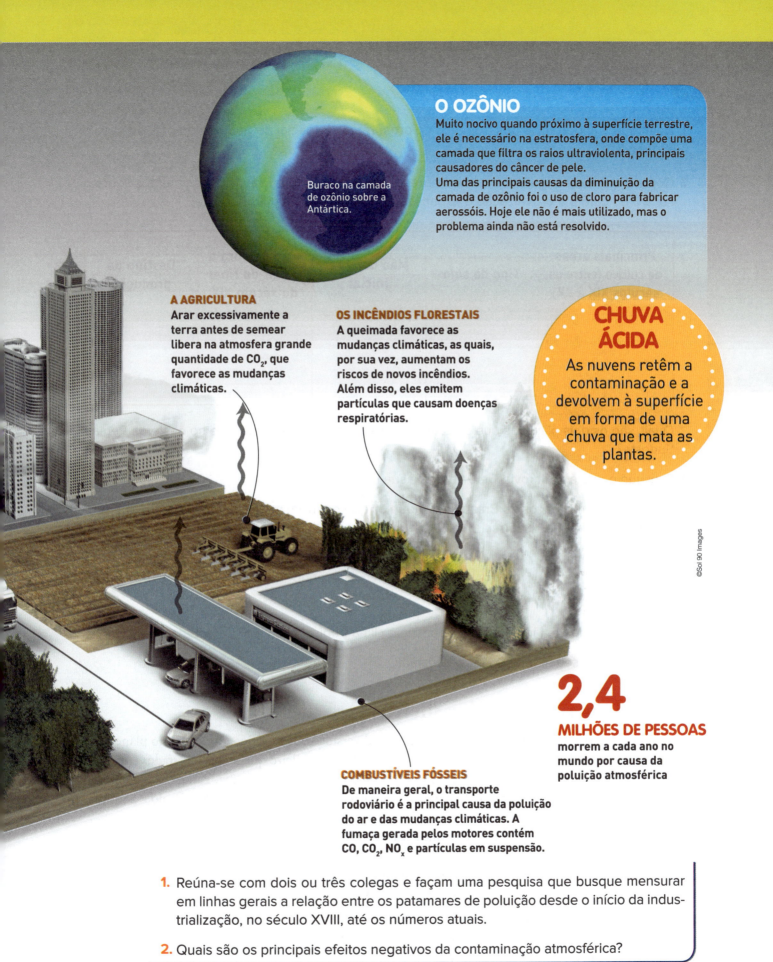

O OZÔNIO
Muito nocivo quando próximo à superfície terrestre, ele é necessário na estratosfera, onde compõe uma camada que filtra os raios ultraviolenta, principais causadores do câncer de pele.
Uma das principais causas da diminuição da camada de ozônio foi o uso de cloro para fabricar aerossóis. Hoje ele não é mais utilizado, mas o problema ainda não está resolvido.

Buraco na camada de ozônio sobre a Antártica.

A AGRICULTURA
Arar excessivamente a terra antes de semear libera na atmosfera grande quantidade de CO_2, que favorece as mudanças climáticas.

OS INCÊNDIOS FLORESTAIS
A queimada favorece as mudanças climáticas, as quais, por sua vez, aumentam os riscos de novos incêndios. Além disso, eles emitem partículas que causam doenças respiratórias.

CHUVA ÁCIDA
As nuvens retêm a contaminação e a devolvem à superfície em forma de uma chuva que mata as plantas.

2,4 MILHÕES DE PESSOAS morrem a cada ano no mundo por causa da poluição atmosférica

COMBUSTÍVEIS FÓSSEIS
De maneira geral, o transporte rodoviário é a principal causa da poluição do ar e das mudanças climáticas. A fumaça gerada pelos motores contém CO, CO_2, NO_x e partículas em suspensão.

1. Reúna-se com dois ou três colegas e façam uma pesquisa que busque mensurar em linhas gerais a relação entre os patamares de poluição desde o início da industrialização, no século XVIII, até os números atuais.

2. Quais são os principais efeitos negativos da contaminação atmosférica?

PANORAMA

FAÇA AS ATIVIDADES A SEGUIR E REVEJA O QUE VOCÊ APRENDEU.

NO CADERNO

1. Destaque a importância dos tropeiros na organização espacial do Sudeste do país do século XVII ao XIX.

2. Copie o quadro a seguir no caderno e preencha-o com base em seus conhecimentos sobre o cultivo do café e a organização e expansão do território da Região Sudeste.

Principais áreas de cultivo (entre os séculos XIX e XX)	Tipo de solo	Mão de obra inicial	Mão de obra a partir do final do século XIX	Destino da produção

3. Quais são os dois planaltos que se estendem, respectivamente, no leste e no oeste da Região Sudeste?

4. Explique o que é a Hidrovia Tietê-Paraná e sua importância.

5. Entre os tipos climáticos do Brasil, identifique os que ocorrem na Região Sudeste e o que predomina nos planaltos e serras.

- equatorial
- tropical
- tropical atlântico
- tropical de altitude
- semiárido
- subtropical

6. Em que parte da Região Sudeste predomina o clima tropical atlântico? Caracterize-o.

7. Leia o trecho a seguir e responda à questão.

A casa da maioria dos brasileiros

A Mata Atlântica é uma das florestas mais ricas em diversidade de espécies ameaçadas do planeta. O bioma abrange uma área de cerca de 15% do total do território brasileiro que inclui 17 estados (Alagoas, Bahia, Ceará, Espírito Santo, Goiás, Mato Grosso do Sul, Minas Gerais, Paraíba, Paraná, Pernambuco, Piauí, Rio de Janeiro, Rio Grande do Norte, Rio Grande do Sul, Santa Catarina, São Paulo e Sergipe), dos quais 14 são costeiros.

Hoje, restam apenas 12,4% da floresta que existia originalmente e, desses remanescentes, 80% estão em áreas privadas.

72% da população brasileira, sete das nove maiores bacias hidrográficas do país e três dos maiores centros urbanos do continente sul-americano estão na Mata Atlântica. [...]

- Abriga milhares de espécies de animais e plantas: são mais de 15 mil espécies de plantas e mais de 2 mil espécies de animais vertebrados, sem contar os insetos e outros animais invertebrados.
- Das 633 espécies de animais ameaçadas de extinção no Brasil, 383 ocorrem na Mata Atlântica.

- É um Hotspot mundial, ou seja, uma das áreas mais ricas em biodiversidade e mais ameaçadas do planeta.
- Foi decretada Reserva da Biosfera pela Unesco e Patrimônio Nacional, na Constituição Federal de 1988.
[...]

SOS Mata Atlântica. Disponível em: <www.sosma.org.br/nossas-causas/mata-atlantica/>. Acesso em: ago. 2018.

Por que a Mata Atlântica é considerada uma importante ocorrência florestal no mundo?

8. Que fatores levaram à devastação da Mata Atlântica ao longo dos séculos?

9. Qual é o motivo da migração de nordestinos para São Paulo ao longo da história?

10. Identifique as afirmativas verdadeiras sobre a Região Sudeste.
    a) Destaca-se no setor industrial e pela agropecuária moderna.
    b) É a região mais populosa e urbanizada do país.
    c) O desenvolvimento industrial incrementou a urbanização, mas enfraqueceu o setor terciário, de serviços e comércio.
    d) A extração de minério de ferro destaca-se no Quadrilátero Ferrífero.

11. Leia o trecho a seguir e faça o que se pede.

[...]
A taxa de mortalidade infantil é um indicador reconhecido por refletir, de forma geral, tanto as condições de desenvolvimento socioeconômico e de infraestrutura ambiental, assim como o acesso e a qualidade dos recursos disponíveis para atenção à saúde materna e da população infantil (INDICADORES..., 2008). Esse indicador mede a razão entre o número de mortes de crianças até um ano de idade e o número de nascidos vivos em determinado ano e local. A estimativa da mortalidade infantil no Brasil, em 2014, foi de 14,4 mortes por mil nascidos vivos, segundo a estimativa de população mais recente realizada pelo IBGE (PROJEÇÃO..., 2013). A melhoria neste indicador foi expressiva, uma vez que em 2000 era estimado em 29,0 mortes por mil nascidos vivos, o que aponta uma queda pela metade da mortalidade infantil nesse período. No entanto, em 2014, desigualdades regionais podiam ainda ser observadas neste indicador: Regiões Norte (18,6), Nordeste (18,4) e Centro-Oeste (15,2) com valores acima ao da média nacional, enquanto, Sudeste (11,1) e Sul (10,1) apresentavam valores inferiores. Os valores extremos, em 2014, na estimativa da taxa de mortalidade infantil foram observados no Amapá (23,7 mortes por mil nascidos vivos) e no Espírito Santo (9,6).
[...]

Síntese de indicadores sociais: uma análise das condições de vida da população brasileira. *IBGE*. Rio de Janeiro, 2015. p. 20. Disponível em: <https://biblioteca.ibge.gov.br/visualizacao/livros/liv95011.pdf>. Acesso em: ago. 2018.

Apresente aspectos que estão associados ao fato de a taxa de mortalidade infantil da Região Sudeste ser mais baixa que a média nacional.

DICAS

▶ ASSISTA

O Aleijadinho – paixão, glória e suplício, Brasil, 2001. Direção: Geraldo Santos Pereira, 100 min. Filme que conta a história do escultor Antônio Francisco Lisboa, o Aleijadinho, nascido em Minas Gerais, e acompanha sua vida, a formação artística e cultural, além de aspectos da sociedade mineira na época da colônia.

📖 LEIA

Região Sudeste, de Paulo Roberto Moraes e Suely A. R. Freire de Mello (Harbra). Conheça nesse livro detalhes do Sudeste: aspectos físicos e culturais, história, costumes, tradições, culinária típica e diversas curiosidades.

Apresentação de Boi de Mamão. Florianópolis (SC), 2015.

TEMA 8
Região Sul

NESTE TEMA
VOCÊ VAI ESTUDAR:

- a localização e a ocupação humana da região;
- a dinâmica da natureza (formas do relevo, tipos climáticos, biomas e hidrografia);
- a dinâmica da sociedade (influência dos imigrantes, crescimento urbano e metrópoles);
- a produção econômica (indústria, agropecuária e extrativismo).

A festividade conhecida como Boi de Mamão, provavelmente de origem açoriana, é uma das manifestações típicas de Santa Catarina. Caracterizada por ser uma das tradições folclóricas mais antigas do estado, ela é celebrada no período entre o Natal e o Carnaval.

1. Você já viu uma manifestação cultural parecida com o Boi de Mamão?
2. Há alguma manifestação folclórica típica em seu município? Se sim, qual?

CAPÍTULO 1
Localização e produção do espaço

No capítulo anterior, você estudou as atividades industriais, agropecuárias, comerciais e de serviços da Região Sudeste. Neste capítulo, você vai estudar a ocupação, o povoamento, a importância dos imigrantes e os aspectos culturais da Região Sul.

Conhecendo o Sul do Brasil

Chegamos à última macrorregião a ser estudada neste ano letivo. Nossa última parada é na **Região Sul**, composta de três estados: Rio Grande do Sul, Santa Catarina e Paraná.

Entre as cinco regiões que, segundo o IBGE, compõem o Brasil, ela é a de menor extensão territorial, correspondendo a, aproximadamente, 7% do território nacional. Nessa região vivem cerca de 29 milhões de habitantes.

Observe no mapa a disposição dos estados da Região Sul e as respectivas capitais.

Veja que a Região Sul é atravessada, ao norte, pelo Trópico de Capricórnio e a maior parte dela está localizada na zona temperada sul do planeta. Ela faz fronteira com o Paraguai e a Argentina, a oeste, e com o Uruguai, ao sul. A leste, é banhada pelo Oceano Atlântico. Nela predominam os planaltos e o clima subtropical, marcados originalmente pela mata de araucárias.

Fonte: *Atlas geográfico escolar*. 7. ed. Rio de Janeiro: IBGE, 2016. p. 94.

Ocupação e povoamento

Diferentemente do que ocorreu em outras regiões brasileiras, o processo de ocupação colonial do Sul tornou-se mais intenso somente a partir do século XIX. É importante lembrar que, segundo o Tratado de Tordesilhas, quase toda a região pertencia aos espanhóis, pois os portugueses haviam ficado apenas com a área litorânea. Alguns grupos indígenas que ocupavam a Região Sul antes da chegada dos europeus eram as etnias **tupi-guarani**, **charrua** e **jê**.

Primeiras ocupações

No século XVII, a descoberta de ouro em riachos que desaguavam na Baía de Paranaguá (litoral do estado do Paraná) atraiu pessoas para a região, resultando no surgimento de vilas em áreas litorâneas. São Francisco do Sul, Florianópolis e Laguna, em Santa Catarina, e Paranaguá, Antonina e Morretes, no Paraná, são exemplos de cidades fundadas nesse período. Para proteger as áreas litorâneas do sul, em 1737, os portugueses fundaram um forte junto ao canal que liga a Lagoa dos Patos ao oceano, que mais tarde deu origem ao primeiro núcleo urbano do Rio Grande do Sul: a cidade de Rio Grande.

Nas áreas interioranas, coube aos jesuítas espanhóis o primeiro contato com os indígenas da região, nas quais implantaram missões com o objetivo de catequizá-los. A base do povoamento dessas áreas foi a criação de gado, introduzida pelos jesuítas. No noroeste do Rio Grande do Sul, próximo ao Rio Uruguai, eles fundaram os **Sete Povos das Missões**, aldeamentos nos quais os indígenas estariam protegidos dos bandeirantes.

↑ No Sítio Arqueológico de São Miguel Arcanjo há construções remanescentes dos aldeamentos jesuítas dos Sete Povos das Missões. São Miguel das Missões (RS), 2018.

No final do século XVIII, os bandeirantes, cujo objetivo era escravizar indígenas, e os exploradores portugueses, interessados em dominar a região, destruíram as missões e expulsaram os espanhóis. Em 1801, os Sete Povos das Missões foram anexados ao território da América Portuguesa.

Na época, essas terras ao sul eram cobiçadas pelas coroas portuguesa e espanhola como espaço estratégico para seus objetivos políticos, econômicos e religiosos. As terras significavam, sobretudo, vantagens econômicas.

A pecuária na atual Região Sul, principalmente nas estâncias do Rio Grande do Sul, deu origem ao **tropeirismo**: condutores de gado saíam de Viamão, no Rio Grande do Sul, e seguiam em direção à região das Minas Gerais. Veja o mapa ao lado.

O tropeirismo estimulou o desenvolvimento do comércio e das feiras de gado. Essa atividade comercial foi valorizada a partir do século XVIII e atraiu muitos paulistas, principalmente para o litoral de Santa Catarina, originando diversas cidades, como Viamão, Vacaria, Lages, Curitibanos, Rio Negro, Mafra, Lapa e Ponta Grossa. Além disso, por causa dela, foram abertas as primeiras vias de comunicação e estradas.

Caminho do Viamão

Fonte: Arthur Ferreira Filho. História geral do Rio Grande do Sul – 1503-1974. Porto Alegre: Global, 1974.

A importância dos imigrantes

No final do século XIX e, mais intensamente, na primeira metade do século XX, com a chegada dos **imigrantes europeus** e **asiáticos**, o fluxo migratório tornou-se fundamental na formação do espaço geográfico da Região Sul.

Italianos, **alemães**, **eslavos** (poloneses e ucranianos) e **asiáticos**, com destaque para os **japoneses**, deslocaram-se para o sul do Brasil. Em sua maioria, eram agricultores e foram favorecidos com doações de terra pelas autoridades da época, cujo objetivo era povoar o local. Ao se fixarem, os imigrantes introduziram as práticas de policultura, criação de animais, trabalho familiar e divisão de terras em pequenas propriedades.

↑ Imigrantes alemães. Blumenau (SC), 1930.

Diferentemente do que ocorreu nas outras regiões do Brasil, a atual Região Sul foi ocupada por um número maior de pequenas propriedades, em contraposição ao sistema de *plantation* instalado sobretudo no Nordeste e no Sudeste. Essas pequenas propriedades formaram núcleos coloniais, que se transformaram em pequenos povoados, evoluíram para vilas e, posteriormente, cidades, conforme a economia local se desenvolvia.

Os alemães fixaram-se sobretudo no Vale do Itajaí, em Santa Catarina, e fundaram cidades como Blumenau, Brusque e Gaspar, entre outras.

Os italianos estabeleceram-se principalmente na Serra Gaúcha, fazendo surgir cidades como Bento Gonçalves, Garibaldi e Caxias do Sul. Os japoneses espalharam-se pelo norte do Paraná (onde atualmente estão as cidades de Uraí, Assaí, Londrina e Maringá). E os eslavos instalaram-se na região de Curitiba e dos **Campos Gerais**.

GLOSSÁRIO

Campos Gerais: região localizada nos planaltos e chapadas da Bacia do Paraná. No Paraná, a cidade principal dessa região é Ponta Grossa.

Plantation: sistema de produção agrícola do Período Colonial caracterizado por mão de obra escrava, grandes latifúndios e cultivo de um único produto (monocultura), voltado à exportação de mercadorias para as metrópoles (países colonizadores).

Fonte: Dora Martins e Sônia Vanali. *Migrantes*. São Paulo: Contexto, 1994. p. 78.

ATIVIDADES

SISTEMATIZAR

1. Sobre a Região Sul, responda:
   a) Que Unidades da Federação compõem a Região Sul?
   b) Com quais países e regiões do Brasil a Região Sul faz limite?

2. Qual foi a importância do movimento tropeirista para a formação das cidades da Região Sul? Justifique sua resposta.

3. O quadro a seguir contém termos referentes aos imigrantes (primeira linha) e aos lugares (segunda linha) do sul do Brasil em que eles se fixaram. Copie-o no caderno completando com as informações correspondentes.

italianos		eslavos	
	Vale do Itajaí		norte do Paraná

4. Escreva no caderno o item que indica uma característica que os imigrantes imprimiram no Sul do Brasil.
   a) grandes propriedades
   b) prática da monocultura
   c) trabalho familiar
   d) mão de obra escrava

5. O que explica o processo de ocupação colonial tardio na Região Sul em comparação com outras regiões?

6. Por que as terras do Sul eram cobiçadas por portugueses e espanhóis?

7. Em que aspecto a ocupação do Sul do Brasil se diferenciou da ocupação do Nordeste e do Sudeste, com seu sistema de *plantation*?

REFLETIR

1. Muitos europeus, principalmente italianos, alemães, eslavos (poloneses e ucranianos) e asiáticos, com destaque para os japoneses, deslocaram-se para o Sul. Com base nessa informação, comente as dificuldades de adaptação desses povos ao território estrangeiro.

DESAFIO

1. Como você estudou no Tema 1, nosso povo é formado por diferentes etnias indígenas (os primeiros moradores das terras que seriam o Brasil), brancos europeus que vieram explorar essas terras e negros africanos, submetidos ao trabalho escravo.
   Posteriormente à miscigenação desses povos, vieram também outros imigrantes europeus e asiáticos. Vamos verificar as características desse encontro de povos descobrindo a ascendência dos colegas da sala de aula? Uma das formas de obter essa informação é pesquisando os sobrenomes e analisando suas origens.

CAPÍTULO

2 Dinâmica natural

No capítulo anterior, você estudou a ocupação, o povoamento, a importância dos imigrantes e os aspectos culturais da Região Sul. Neste capítulo, você vai estudar as características do relevo, das bacias hidrográficas, dos tipos climáticos e da vegetação da Região Sul.

Domínios morfoclimáticos de Mares de Morros, Araucária e Pradarias

A Região Sul abrange áreas dos domínios morfoclimáticos de Mares de Morros, de Araucária e das Pradarias, além das faixas de transição não diferenciadas.

A região é caracterizada pelo predomínio das formas de planaltos e serras, além da presença de quatro grandes bacias hidrográficas.

Por localizar-se quase totalmente na zona climática temperada, cujas temperaturas médias são menores que as do resto do país, é comum criarmos uma imagem da região relacionada ao frio. Apesar de o termômetro marcar temperaturas baixas em alguns locais ao longo do ano, e até mesmo nevar em algumas localidades, a Região Sul é marcada por grandes diferenças de temperatura e paisagens bastante diversas, como as dominadas pela Mata Atlântica, pela mata de araucárias, pelos campos e pela vegetação litorânea. Compare as fotografias desta página.

← Gramado (RS), 2013.

← Florianópolis (SC), 2017.

Relevo

Observe o mapa ao lado. Que formas de relevo predominam na Região Sul?

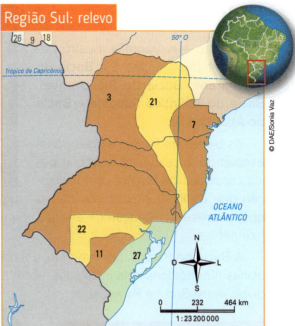

Fonte: Jurandyr L. Sanches Ross (Org.). *Geografia do Brasil*. 5. ed. São Paulo: Edusp, 2011. p. 53.

Como você pôde perceber, a maior parte do relevo da Região Sul é composta de planaltos. Os **Planaltos e Chapadas da Bacia do Paraná** se estendem também pela Região Sudeste e representam mais da metade do território do Sul do país. Esses planaltos, no passado geológico, foram cobertos por camadas de lava vulcânica que deram origem ao solo popularmente conhecido como "terra roxa", muito fértil para a atividade agrícola.

No extremo leste da região, próximo ao oceano, nos estados de Santa Catarina e Paraná, há também os **Planaltos e Serras do Atlântico Leste-Sudeste**. Nessas estruturas predominam: um conjunto de serras, denominado **Serra Geral** (que abrange os três estados); e a **Serra do Mar**, no Paraná (que também adentra na parte leste da Região Sudeste), onde estão os pontos de maiores altitudes da região. No sul do Rio Grande do Sul, encontra-se o **Planalto Sul-Rio-Grandense**, com morros baixos e colinas recobertas de campos naturais chamadas regionalmente de coxilhas.

Há duas depressões na Região Sul: a **Depressão Periférica da Borda Leste da Bacia do Paraná**, também conhecida como Segundo Planalto do Paraná e de Santa Catarina, e a **Depressão Periférica Sul-Rio-Grandense**, também conhecida como **Depressão Central Gaúcha**, no Rio Grande do Sul.

Ao sul da Região Sul estende-se a **Planície da Lagoa dos Patos e Mirim**, onde há grande concentração populacional, no estado do Rio Grande do Sul.

↑ Serra do Mar. Morretes (PR), 2017.

↑ Porto Alegre e sua Região Metropolitana, de alta densidade demográfica, estão localizadas na Planície da Lagoa dos Patos e Mirim. Foto de 2016.

Hidrografia

Quanto à hidrografia, quatro bacias banham a Região Sul: **Bacia do Rio Paraná**, **Bacia do Rio Uruguai**, **Bacia do Atlântico Sudeste** e **Bacia do Atlântico Sul**.

As bacias do Paraná e do Uruguai escoam pelo relevo planáltico e pelas chapadas da região, com inclinação que dá fluxo intenso aos rios, o que favorece a produção de energia hidrelétrica.

↑ Encontro do Rio Paraná com o Rio Iguaçu. Foz do Iguaçu (PR), 2015.

A Bacia do Paraná, por exemplo, é a de maior aproveitamento hidrelétrico do país, com diversas usinas hidrelétricas nela instaladas, entre as quais se destaca a Itaipu Binacional, no Rio Paraná, na divisa entre Brasil e Paraguai.

A nascente do Rio Paraná, o maior e mais imponente da Região Sul e um dos mais importantes do país, localiza-se na confluência dos rios Paranaíba e Grande, na divisa dos estados de São Paulo, Minas Gerais e Mato Grosso do Sul.

O Rio Paraná é um divisor natural de países, separando a Argentina do Paraguai e o Brasil do Paraguai. Seus extensos afluentes estão na margem esquerda, como o Tietê, o Paranapanema e o Iguaçu.

O Rio Uruguai, por sua vez, nasce da confluência dos rios Canoas e Pelotas e separa naturalmente Santa Catarina da maior parte do estado do Rio Grande do Sul.

A **Bacia do Atlântico Sul** escoa rios que se dirigem diretamente ao Oceano Atlântico, com destaque para os rios: Jacuí e Camaquã, no Rio Grande do Sul; Itajaí, em Santa Catarina; e Nhundiaquara, no Paraná.

Fonte: Atlas geográfico escolar: Ensino Fundamental do 6º ao 9º ano. Rio de Janeiro: IBGE, 2010. p. 16.

❗ CURIOSO É...

No Rio Grande do Sul está situada a maior laguna costeira da América do Sul. É a Lagoa dos Patos, a maior do Brasil, fácil de ser identificada em qualquer mapa do país – um ecossistema único, com 265 quilômetros de comprimento e 60 quilômetros de largura. A grande dúvida é saber se é uma lagoa de água doce ou salgada. Na verdade, a água da Lagoa dos Patos é doce, mas, próximo ao canal que a une ao Oceano Atlântico, ela se torna salobra, ou seja, mais salgada.

Clima

Como você pode constatar no mapa ao lado, o clima predominante na Região Sul é o **subtropical**, um dos tipos climáticos da zona temperada sul do planeta. Por estar nessa zona climática, em latitudes mais elevadas, a região tem as médias de temperatura mais baixas do país. Com grande amplitude térmica e chuvas regulares durante o ano, as quatro estações são bem definidas, com verões quentes e invernos frios. No inverno, atua a massa polar atlântica (mPa), que causa na região as mais baixas temperaturas nessa estação do ano.

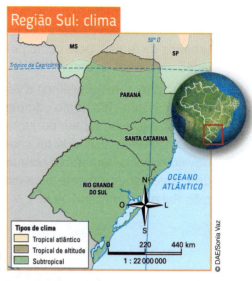

Fonte: Gisele Girardi e Jussara Vaz Rosa. *Atlas geográfico do estudante*. São Paulo: FTD, 2011. p. 24.

GLOSSÁRIO

Balneário: conjunto de praias de determinado município litorâneo.

Observe no climograma ao lado a variação de temperatura e de pluviosidade no município de Porto Alegre, capital do Rio Grande do Sul.

Nas áreas da Serra Geral e da Serra do Mar (Santa Catarina e Paraná), na porção leste da região, bem como na Serra Gaúcha (Rio Grande do Sul), o verão é ameno e o inverno tem as temperaturas médias mais baixas do país. Muitas vezes ocorre neve nas cidades serranas de Santa Catarina, como São Joaquim e Urubici, assim como em Gramado e Canela, na Serra Gaúcha.

Nas altitudes baixas do litoral, onde estão muitas cidades **balneárias** dos três estados, e na porção centro-oeste da região, o verão é mais quente. Observe no mapa que, no norte da região, mais precisamente na porção setentrional (norte) do Paraná, ocorre o clima **tropical de altitude**, com verões mais chuvosos e invernos mais secos. Contudo, nessa parte norte, por causa do relevo mais elevado os verões são quentes e os invernos brandos, diferente desse mesmo tipo climático em outras áreas da Região Sudeste, em que o verão é brando e o inverno, frio. Essas condições climáticas influenciam as atividades agrícolas e a vegetação da região.

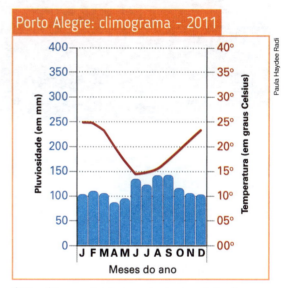

↑ O gráfico mostra temperatura e precipitação médias ao longo do ano em Porto Alegre (RS).

Fonte: Gisele Girardi e Jussara Vaz Rosa. *Atlas geográfico do estudante*. São Paulo: FTD, 2011. p. 24.

Vegetação

Agora observe na página seguinte o mapa de vegetação original da região. Destaca-se no Sul a **mata de araucárias**, também conhecida como mata dos pinhais, que ocupa áreas dos três estados. Essa vegetação está adaptada às temperaturas mais baixas e aos lugares de relevo de grande altitude. É de grande porte, aciculifoliada (tem folhas finas e alongadas), aberta e homogênea, com predominância de pinheiros.

Durante séculos, a madeira dessa mata foi explorada tanto para a fabricação de móveis como para a construção de casas. A mata de araucárias foi devastada também pelo avanço dos espaços urbanos da região, bem como pela atividade agropecuária. O que ainda resta é protegido pela legislação ambiental vigente.

A região apresenta ainda a vegetação de **campos**, no centro-sul do estado do Rio Grande do Sul, também conhecida como pampas gaúchos ou campanha gaúcha. É uma vegetação herbácea (gramíneas), associada a temperaturas mais baixas e solos relativamente pobres. Os campos são aproveitados para a atividade de criação, principalmente de gado bovino e ovino. Também é comum encontrar neles plantações de ervas, especialmente erva-mate, muito consumida na Região Sul e nos países vizinhos.

↑ Araucárias na zona rural. Urubici (SC), 2017.

Fonte: Gisele Girardi e Jussara Vaz Rosa. *Atlas geográfico do estudante*. São Paulo: FTD, 2011. p. 26.

 **DIÁLOGO**

Resta 0,8% de floresta com araucárias [...]

A composição da floresta com araucárias pode variar conforme o clima e o solo. Em regiões onde o solo é mais fértil e o relevo mais plano, por exemplo, era comum araucárias atingirem até 50 metros de altura e diâmetros superiores a 3 metros.

[...]

Somente nesses remanescentes é que a estrutura florestal é mais desenvolvida, com árvores de grande porte e, consequentemente, com uma diversidade maior de espécies e formas de vida. A condição também está diretamente relacionada à maior diversidade de interações entre animais e plantas como abelhas nativas, importantes polinizadores, além de aves e pequenos mamíferos que dispersam frutos.

[...]

Ricardo Miranda Britez. Resta 0,8% de floresta com araucárias e 0,1% de campos naturais no Paraná. *Época*, 31 out. 2016. Disponível em: <https://epoca.globo.com/colunas-e-blogs/blog-do-planeta/noticia/2016/09/resta-08-de-floresta-com-araucarias-e-01-de-campos-naturais-no-parana.html>. Acesso em: ago. 2018.

1. Escreva um texto em defesa da mata de araucárias, alertando as pessoas sobre a importância e a necessidade de preservação da pequena área residual dessa vegetação típica da Região Sul do Brasil. Depois troque seu texto com um colega e leia o dele. Quais pontos em comum vocês levantaram? E quais são as diferenças?

ATIVIDADES

SISTEMATIZAR

1. Qual é a relação entre a Bacia do Rio Paraná, a forma de relevo predominante no sul do país e a geração de energia elétrica?

2. Caracterize o clima subtropical predominante na Região Sul.

3. Que vegetação está retratada na imagem? Quais são suas características?

→ Alfredo Andersen. *Pinheiros*, 1930. Óleo sobre tela, 59 cm × 44 cm.

REFLETIR

1. Com base na observação do cartaz, responda às questões a seguir.
   a) Qual é o significado do título "SOS Mata de Araucária"?
   b) Onde essa mata está localizada no território brasileiro?
   c) Quais são as causas de sua destruição ao longo do tempo?

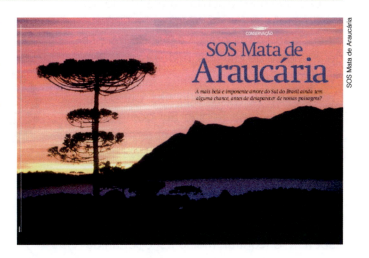

DESAFIO

1. O relevo de serras da Região Sul do Brasil, que integra os Planaltos e Serras do Atlântico Leste-Sudeste recobertos por vegetação da Mata Atlântica, é repleto de pontos turísticos atrativos. A atividade turística confirma a ideia do uso sustentável da natureza.
   Forme dupla com um colega e, juntos, pesquisem um ponto turístico da Serra do Mar ou da Serra Geral, localizadas, respectivamente, nos estados do Paraná e de Santa Catarina, e apresentem-no aos colegas como se vocês fossem guias turísticos. Lembrem-se de enaltecer a beleza e os atrativos do local escolhido, mostrar gravuras e imagens dele sem perder de vista a preocupação com o respeito ao meio ambiente.

CAPÍTULO 3

Sociedade

No capítulo anterior, você estudou as características do relevo, das bacias hidrográficas, dos tipos climáticos e da vegetação da Região Sul. Neste capítulo, você vai estudar os dados socioeconômicos da população sulista, a urbanização da região e seus aspectos culturais.

A população no espaço geográfico

A **Região Sul** concentra aproximadamente 27,3 milhões de habitantes (segundo o Censo do IBGE de 2010) e é a terceira mais populosa do país em números absolutos (nas regiões Sudeste e Nordeste, a população absoluta é maior que a do Sul). Com cerca de 48,6 habitantes por quilômetro quadrado, ela é, proporcionalmente, a segunda região mais povoada do país, atrás do Sudeste.

Aproximadamente 85% da população dessa região vive no ambiente urbano. Esse predomínio é consequência do êxodo rural, em razão do desenvolvimento industrial, da mecanização da lavoura e, sobretudo, da tendência da população de buscar acessibilidade, bens, atividades e espaços públicos de qualidade, recursos concentrados nas áreas urbanas. As áreas mais populosas estão próximas ao litoral. A concentração populacional intensifica-se nas regiões metropolitanas, cujas características urbano-industriais serão estudadas na sequência.

Veja no mapa a distribuição dos habitantes nessa região.

Observe que no sul do Rio Grande do Sul, região conhecida como Campanha Gaúcha, a densidade demográfica é menor. Trata-se de uma área de campos, onde predomina a atividade pecuária.

Do mesmo modo que nas outras regiões do país, na Região Sul ocorrem os movimentos migratórios intrarregionais: uma porção da população desloca-se de áreas carentes de infraestrutura e de oferta de emprego para as médias e grandes cidades, principalmente para as regiões metropolitanas. Nesses centros, as pessoas esperam encontrar melhores oportunidades de trabalho e estudo.

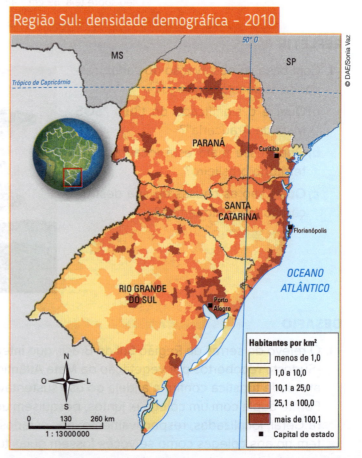

Fonte: *Atlas geográfico escolar*. 7. ed. Rio de Janeiro: IBGE, 2016. p. 114.

Dados da população

Observe a seguir os dados da pirâmide etária da Região Sul. O que você conclui?

Segundo dados do Censo 2010, a população da Região Sul é a que tem melhor expectativa de vida. Os estados do Rio Grande do Sul, Santa Catarina e Paraná estão entre os primeiros do país cuja probabilidade de morte é mais tardia. Ao comparar as pirâmides etárias das grandes regiões brasileiras, perceba que a da Região Sul é a que tem o topo mais largo, o que significa alto índice de expectativa de vida.

A formação étnica da população da Região Sul recebeu forte influência das correntes migratórias, principalmente de países europeus e do Japão, conforme você estudou no Capítulo 1 deste tema. Segundo o IBGE, em 2010 a população da Região Sul foi a que mais se declarou branca (78,34%), enquanto 16,7% se declararam parda e apenas 4% se declararam preta. Observe o gráfico a seguir.

↑ População residente da Região Sul por sexo e grupos de idade em 2010.
Fonte: IBGE. *Sinopse do Censo Demográfico 2010*. Disponível em: <https://censo2010.ibge.gov.br/sinopse/index.php?dados=12&uf=00#topo_piramide>. Acesso em: ago. 2018.

↑ Gráfico da população residente da Região Sul por cor ou raça em 2010.
Fonte: IBGE. *Censo Demográfico 2010*. Disponível em: <https://sidra.ibge.gov.br/Tabela/136#resultado>. Acesso em: ago. 2018.

Além dos japoneses e europeus, os negros deixaram importante legado étnico e cultural no sul do Brasil, que pode ser notado nos cultos religiosos, na culinária e no folclore. Há também personalidades negras na Região Sul que são referência em todo o país, como a ex-atleta Daiane dos Santos.

← Daiane dos Santos, ex-ginasta gaúcha, foi a primeira brasileira, entre homens e mulheres, a conquistar uma medalha de ouro no Campeonato Mundial de Ginástica Artística. Londres, Reino Unido, 2012.

A Região Sul é a que tem os melhores indicadores sociais no cenário nacional: menores taxas de mortalidade infantil e analfabetismo (apenas 4,1% da população com 15 anos ou mais, de acordo com o Censo de 2010), melhores indicadores de saúde e alto Índice de Desenvolvimento Humano (IDH).

Um dado importante dos indicadores sociais é o acesso da população aos serviços de saneamento básico, considerado satisfatório na Região Sul, apesar de haver algumas deficiências. No ano de 2010, cerca de 71,4% dos domicílios da Região Sul contavam com tratamento de esgoto ou fossa conectada à rede coletora.

↑ Pessoas da terceira idade caminham no Centro Cívico. Curitiba (PR), 2015.

Quanto às diferenças de renda entre os sexos, a Região Sul segue a tendência nacional: em média, a remuneração das mulheres é menor do que a dos homens. Isso pode ser verificado observando-se o rendimento médio mensal *per capita* por sexo: em 2015, o rendimento médio das mulheres era de R$ 1.298,90 e dos homens, R$ 1.317,80.

Urbanização e regiões metropolitanas

O desenvolvimento da Região Sul esteve, historicamente, vinculado às atividades agropecuárias, começando com os tropeiros e chegando aos imigrantes. Os imigrantes se dedicavam essencialmente à agricultura, moravam em núcleos rurais de pequenas propriedades e praticavam o trabalho familiar. Essa estrutura agrária favoreceu a fixação das pessoas no campo, que, bem instaladas e empregadas, não consideravam a possibilidade de migrar para as cidades.

Assim, a urbanização desenvolveu-se mais lentamente, se comparada, por exemplo, com a da vizinha Região Sudeste, cujas cidades tiveram seu crescimento impulsionado pela industrialização no início do século XX.

O cenário rural começou a mudar na Região Sul a partir das décadas de 1970-1980, quando algumas atividades no campo passaram a ser mecanizadas, causando êxodo rural. Cultivos de soja, milho, trigo e, mais recentemente, cana-de-açúcar passaram a ser colhidos com máquinas.

De acordo com o IBGE, a maior parte da população da Região Sul se urbanizou a partir de 1980. Em várias cidades do Sul, foram instaladas fábricas, algumas multinacionais, o que desenvolveu também o setor de serviços e comércio, gerando emprego e atraindo trabalhadores que antes exerciam atividades no campo.

Nesse processo, além das capitais dos estados, outras cidades começaram a crescer, como Caxias do Sul, Pelotas e Santa Maria, no Rio Grande do Sul; Joinville, Blumenau e Criciúma, em Santa Catarina; e Londrina, Maringá e Ponta Grossa, no Paraná. No caso catarinense, Joinville, com sua elevada produção industrial, tornou-se uma cidade maior do que a capital do estado, Florianópolis.

→ Vista aérea do bairro de Navegantes. Porto Alegre (RS), 2016.

Na hierarquia urbana do país, a Região Sul destaca-se com duas metrópoles nacionais: **Porto Alegre**, com 4,1 milhões de habitantes em sua região metropolitana, e **Curitiba**, com 3,1 milhões de habitantes (dados do IBGE, 2014). Essas cidades exercem forte influência econômica, política e cultural na região, além de contar com fluxos econômicos e populacionais que extrapolam as fronteiras regionais.

Observe nos mapas a seguir a disposição das cidades que compõem essas regiões metropolitanas.

A Região Sul tem outras regiões metropolitanas de destaque: Norte-Nordeste Catarinense, com sede em Joinville; Vale do Itajaí, com sede em Blumenau, e Florianópolis, no estado de Santa Catarina; Londrina e Maringá, no estado do Paraná.

Seguindo a tendência urbana atual do país, assunto que você já viu quando estudou a Região Sudeste, as cidades de tamanho médio do interior da Região Sul também têm atraído muitos investimentos, pelo fato de as indústrias estarem migrando para esses lugares. Dessa forma, promove-se a desconcentração industrial dos grandes centros urbanos e econômicos.

Essa tendência de desconcentração industrial verificada no Brasil nos últimos anos levou a uma verdadeira "guerra fiscal" entre os estados, que consiste em incentivos oferecidos às empresas pelos governos estaduais, principalmente isenções de impostos, a fim de atrair investimentos privados.

Como nas demais regiões do país, as áreas metropolitanas da Região Sul também têm problemas causados por aglomeração humana, grande demanda de serviços de saneamento básico, oferta de emprego que nem sempre atende à numerosa população, moradia em locais impróprios, violência crescente, além de questões ambientais, como poluição do ar, das águas, sonora e visual.

Fonte: Vera Caldini e Leda Ísola. *Atlas geográfico Saraiva*. 4. ed. São Paulo: Saraiva, 2013. p. 90.

Fonte: Vera Caldini e Leda Ísola. *Atlas geográfico Saraiva*. 4. ed. São Paulo: Saraiva, 2013. p. 89.

CARTOGRAFIA

Observe o mapa e responda às questões.

Fonte: Gisele Giraldi e Jussara Vaz Rosa. *Atlas geográfico do estudante*. São Paulo: FTD, 2011. p. 36.

1. O que você entende por "expectativa de vida"? Como se apresenta esse indicador na Região Sul do país?

2. Qual é a expectativa de vida no estado em que você mora? Em sua opinião, o que pode ser feito para melhorá-la?

DIÁLOGO

Estatuto do Idoso

No mapa da seção **Cartografia** você observou a situação de esperança de vida no Brasil. Relacionado a esse mesmo assunto, a Lei nº 10.741 instituiu o Estatuto do Idoso, um conjunto de leis com o objetivo de proteger os idosos do país.

Art. 2º O idoso goza de todos os direitos fundamentais inerentes à pessoa humana, sem prejuízo da proteção integral de que trata esta Lei, assegurando-se-lhe, por lei ou por outros meios, todas as oportunidades e facilidades para preservação de sua saúde física e mental e seu aperfeiçoamento moral, intelectual, espiritual e social, em condições de liberdade e dignidade.

Art. 3º É obrigação da família, da comunidade, da sociedade e do Poder Público assegurar ao idoso, com absoluta prioridade, a efetivação do direito à vida, à saúde, à alimentação, à educação, à cultura, ao esporte, ao lazer, ao trabalho, à cidadania, à liberdade, à dignidade, ao respeito e à convivência familiar e comunitária. [...]

BRASIL. Presidência da República. *Lei nº 10.741, de 1º de outubro de 2003*. Disponível em: <www.planalto.gov.br/ccivil_03/leis/2003/l10.741.htm>. Acesso em: ago. 2018.

1. Em sua opinião, é importante um estatuto que defenda o direito dos idosos?

2. É possível relacionar o Estatuto do Idoso com o aumento da esperança de vida? Justifique sua resposta.

Aspectos culturais

Muitas das manifestações culturais típicas da Região Sul estão relacionadas às tradições dos imigrantes, que, como você já estudou, exerceram papel fundamental na ocupação e produção do espaço geográfico da região.

Na culinária típica, destacam-se o churrasco, o chimarrão, o marreco assado, o barreado e o vinho, entre outros.

De modo geral sobressai, no Rio Grande do Sul, a Festa de Nossa Senhora dos Navegantes, de origem portuguesa, além da tradicional Festa da Uva, em Caxias do Sul, de origem italiana. O gaúcho, nome dado às pessoas cujas atividades estão relacionadas à pecuária nos pampas, representa também uma cultura com características próprias, oriunda dos espanhóis, portugueses e indígenas.

O estado do Paraná recebe, de forma geral, influência cultural dos alemães, italianos, poloneses e ucranianos. Destacam-se a cavalhada e o fandango, entre outras manifestações populares.

↑ Congada, manifestação cultural relacionada ao culto a São Benedito. Antonina (PR), 2017.

 AQUI TEM MAIS

Influências culturais estrangeiras

Duas danças muito semelhantes entre si são o *dabke*, de origem libanesa, e a chula, de origem portuguesa. No *dabke*, os homens dançam com movimentos rápidos dos pés, com pequenos saltos, caindo de joelhos e retornando rapidamente. O *dabke* não é uma dança que se pratica em desafio, mas em grupo, o bailarino mais experiente na frente (é o ponteiro), gira um *masbaha* na mão (espécie de rosário que os árabes muçulmanos utilizam para rezar e agradecer a Alá) e na outra segura a mão do parceiro, pois todos ficam de mãos dadas, com os braços esticados e o corpo bem próximo um do outro. O ponteiro comanda, inventando o passo que será seguido pela fila de bailarinos ao seu lado. O *dabke* também pode ser dançado por mulheres, em festas de famílias, onde há uma confraternização final, mas sempre o homem é quem comanda.
[...]

↑ Apresentação de dança chula em festival. Canela (RS), 2016.

Andréa Cristiane Moraes Soares. A influência da cultura árabe no folclore gaúcho. *Instituto da Cultura Árabe*, 5 mar. 2010. Disponível em: <www.icarabe.org/artigos/a-influencia-da-cultura-arabe-no-folclore-gaucho>. Acesso em: ago. 2018.

1. Qual é a nacionalidade de origem das danças citadas no texto?

2. Explique a importância dos imigrantes na composição da cultura da Região Sul.

ATIVIDADES

SISTEMATIZAR

1. Quais são as regiões de maior e menor densidade demográfica do Sul do Brasil?

2. Observe o mapa ao lado e explique por que ocorreu esse fluxo migratório nas décadas de 1970-1980.

3. Compare os indicadores sociais nacionais com os indicadores sociais da Região Sul.

4. Considerando os indicadores sociais, a infraestrutura e a distribuição de atividades econômicas no Sul do país, explique por que há áreas de baixa densidade demográfica na região, como no caso da Campanha Gaúcha.

Fonte: Gisele Girardi e Jussara Vaz Rosa. *Atlas geográfico do estudante*. São Paulo: FTD, 2011. p. 19.

REFLETIR

1. Observe a fotografia abaixo:

→ Desfile na Oktoberfest. Blumenau (SC), 2015.

A imagem retrata uma festa típica do estado de Santa Catarina, resultado da influência cultural de imigrantes na região. Além de festas e comidas típicas, que outros setores os imigrantes da Região Sul influenciaram? Exemplifique.

DESAFIO

1. Forme um grupo com três colegas e façam uma breve pesquisa sobre a população negra na Região Sul, suas tradições e costumes. Vocês podem começar descobrindo as histórias do Negrinho do Pastoreio e do Bará do Mercado. Depois, apresentem os resultados da pesquisa à turma.

CAPÍTULO 4
Produção econômica

No capítulo anterior, você estudou a concentração populacional, a densidade demográfica, a formação étnica, as correntes migratórias dos europeus, a urbanização, a hierarquia urbana e os indicadores sociais da Região Sul. Neste capítulo, você vai estudar a economia sulista, com foco na agropecuária, a atividade extrativista e a atividade industrial.

Principais atividades econômicas

A dinâmica econômica da Região Sul sempre esteve voltada às atividades ligadas à terra e à natureza, desde a atividade **extrativista** dos grupos indígenas, que foram os primeiros habitantes da região, passando pela **pecuária** dos tropeiros, até as atividades de **plantio** dos imigrantes europeus.

Assim, a **agropecuária** tornou-se a atividade mais marcante da Região Sul, responsável pela geração de emprego, pelo desenvolvimento da agroindústria e pela expansão dos serviços e do comércio.

As pequenas propriedades de mão de obra familiar dos primeiros imigrantes evoluíram para áreas maiores, e a estrutura fundiária adaptou-se para produzir em larga escala com o auxílio de máquinas sofisticadas, sistemas de irrigação, adubos, fertilizantes e **manejo de solo**.

Desde a década de 1980, entretanto, a Região Sul tornou-se mais urbana do que rural, e suas atividades econômicas se diversificaram, com aumento do número de indústrias, serviços e comércio.

↑ Granja de frangos. Jandaia do Sul (PR), 2016.

GLOSSÁRIO
Manejo de solo: conjunto de medidas na agricultura com o objetivo de criar condições favoráveis ao plantio.

← Indústria de *jeans*. Rio do Sul (SC), 2018.

231

Agropecuária

Atualmente, tanto a agricultura como a pecuária do Sul são feitas com o auxílio de tecnologia moderna, e a produção geralmente é destinada à exportação e ao abastecimento das agroindústrias da região.

A Região Sul destaca-se na economia brasileira por ser a segunda maior produtora de grãos; é responsável por quase 40% de toda a produção do país, principalmente no cultivo de soja, milho e trigo.

Observe no mapa ao lado a distribuição das principais atividades econômicas nos estados da Região Sul e repare na importância da agricultura.

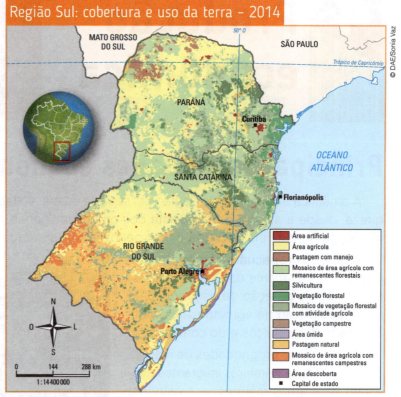

Fonte: IBGE. *Mapa de cobertura e uso da terra.* Disponível em: <ftp://geoftp.ibge.gov.br/informacoes_ambientais/cobertura_e_uso_da_terra/mudancas/mapas/Map_BR_CobUsoTerra_2014.pdf> Acesso em: ago. 2018.

Os produtos são exportados pelo Porto de Paranaguá, no Paraná, e pelo Porto de São Francisco do Sul, em Santa Catarina.

↑ Colheita de soja. Leópolis (PR), 2018.

↑ Foto aérea do Terminal de Contêineres do Porto de Paranaguá (PR), 2015.

Além do relevo mais aplainado, o solo latossolo vermelho, popularmente conhecido como "terra roxa", dos Planaltos e Chapadas da Bacia do Paraná, contribuiu muito para que o Sul se destacasse na atividade agrícola. O desenvolvimento agrícola causou um processo intenso de concentração de terras, sobretudo no oeste dos estados de Santa Catarina e Paraná. Como consequência da mecanização agrícola, a partir das décadas de 1970 e 1980 começou a ocorrer o êxodo rural de pequenos e médios agricultores, geralmente, obrigados a vender suas terras para grandes fazendeiros, a fim de pagar empréstimos contraídos em bancos.

Muitos agricultores migraram para a Região Centro-Oeste nesse período em busca de terras mais baratas.

Nas áreas de relevo mais declivoso da Região Sul, principalmente ao longo da Serra Geral, nas quais não é possível o cultivo mecanizado, as pequenas propriedades continuam predominando, com a produção de hortifrutigranjeiros. Entre as frutas cultivadas, destaca-se a maçã.

Nas baixadas litorâneas dos estados de Santa Catarina e Rio Grande do Sul, cultiva-se arroz, irrigado nas áreas de planícies fluviais e marinhas.

↑ Criação de gado. Santa Vitória do Palmar (RS), 2017.

Outros produtos agrícolas que merecem destaque na Região Sul são a **erva-mate** e a **uva**. A principal região vitícola (uvas e vinhos) do Brasil está no Rio Grande do Sul, na Serra Gaúcha.

Como você já estudou, a pecuária também é uma atividade antiga da região. Atualmente a criação ocorre tanto no **sistema extensivo**, para corte, como no **sistema intensivo**, para leite. Nesse último caso, é praticada em propriedades mais próximas dos grandes centros urbanos.

A **atividade pecuária** é mais intensa na Campanha Gaúcha, aproveitando os campos naturais, com destaque para o gado bovino e ovino.

É na Região Sul, especialmente em Santa Catarina e no Paraná, que está a maior criação de suínos e aves do país, que abastece as indústrias de carne e embutidos, sobressaindo as empresas sediadas em Santa Catarina e Paraná. Grande parte da produção é exportada pelo Porto de Itajaí, no litoral catarinense, e de Antonina, no Paraná.

Extrativismo

No extrativismo animal, o destaque é o pescado, especialmente sardinha, merluza, tainha e camarão. A pesca mais desenvolvida do país ocorre no estado de Santa Catarina, gerando muitos empregos diretos e indiretos. Também se encontra em Santa Catarina um importante centro de cultivo de ostras e mariscos em fazendas marinhas.

O carvão mineral é o principal produto do extrativismo mineral, retirado do Vale do Tubarão, região de Criciúma, em Santa Catarina. Ele é deslocado até o Porto de Imbituba e conduzido ao Sudeste para abastecer diversas usinas siderúrgicas dessa região. A produção de carvão, entretanto, não é tão expressiva, uma vez que a qualidade do carvão mineral da região é inferior à do carvão importado de outros países.

← Mineração de carvão mineral. Treviso (SC), 2016.

Indústria

A industrialização da Região Sul foi consequência do desenvolvimento da agropecuária, o que levou os setores industriais **alimentício** e **têxtil** a serem os primeiros a se desenvolver.

Com o passar do tempo, outros setores foram se instalando na região, favorecidos pelo grande mercado consumidor e pela disponibilidade de matéria-prima e energia.

Atualmente são encontrados os setores **metalúrgico**, **automobilístico**, de **calçados**, **vestuário** e **móveis**, entre outros. As indústrias estão instaladas em locais estratégicos para viabilizar a produção e a distribuição dos produtos. Próximo à área de atividade pecuária, desenvolveu-se o setor frigorífico, de **curtume** e laticínios, vinculado à agroindústria da carne de bovinos, aves e suínos.

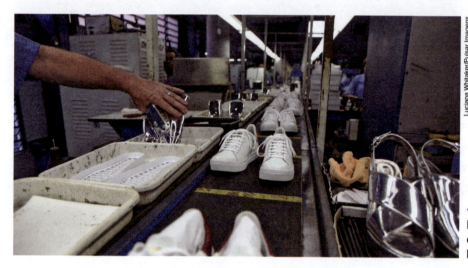

> **GLOSSÁRIO**
>
> **Curtume:** local em que se processa o couro cru para ser beneficiado pela indústria.
>
> **Rodovia longitudinal:** denominação dada às rodovias federais brasileiras que cruzam o país no sentido norte-sul.

Esteira de produção em fábrica de calçados. Novo Hamburgo (RS), 2016.

Nas proximidades das áreas de produção agrícola se desenvolveram as fábricas de beneficiamento de trigo, soja e milho. Como você sabe, essa parceria entre produção agropecuária e indústria é o que chamamos de agroindústria. As indústrias vinculadas à madeira, como a moveleira e a de papel e celulose, adquiriram grande importância regional e nacional, dando vazão à produção de pinus e eucalipto como significativas atividades silvo-industriais.

Dos setores industriais modernos, o mais valorizado é o automobilístico, em razão da grande geração de empregos diretos e indiretos. Ele tem se desenvolvido nos três estados da região.

A maior parte das indústrias está concentrada nas regiões metropolitanas e nos centros urbanos de porte médio. Os focos industriais mais desenvolvidos estão na Região Metropolitana de Porto Alegre, de Curitiba e no norte e nordeste de Santa Catarina.

A produção industrial e agropecuária da Região Sul é transportada, sobretudo, pelas principais **rodovias longitudinais**, rodovias federais que ligam a região ao restante do país, mais conhecidas por "BR".

Os principais aeroportos da região são internacionais: Aeroporto Internacional **Afonso Pena**, localizado em São José dos Pinhais, cidade vizinha a Curitiba, e Aeroporto Internacional **Salgado Filho**, em **Porto Alegre**.

Aviões no aeroporto Salgado Filho. Porto Alegre (RS), 2016.

ATIVIDADES

SISTEMATIZAR

1. Quais são os principais produtos de agropecuária da Região Sul?

2. Que setor industrial tem se destacado nas últimas décadas nos estados dessa região?

3. A fotografia a seguir retrata uma importante atividade econômica do Sul do Brasil no estado do Rio Grande do Sul.

↑ São Gabriel (RS), 2014.

Com base em sua observação, responda às questões.

a) Qual é a atividade retratada na fotografia?
b) Que parte da Região Sul está registrada na imagem?
c) Qual é o tipo de gado criado?

REFLETIR

1. Leia o texto a seguir e faça o que se pede.

[...]
O Pará foi o estado que apresentou o maior crescimento relativo do rebanho bovino no período 1996-2006 (119,6%), e o Rio Grande do Sul a maior redução (–15,4%). Na Região Norte, Amapá foi o único que apresentou redução do efetivo bovino e, no Nordeste, apenas [...] Maranhão e [...] Bahia não registram queda, onde estão os dois maiores rebanhos da região. A média do Nordeste só foi positiva graças ao aumento de 44,3% no rebanho do Maranhão, que cresceu 1,7 milhão de cabeças nestes dez anos.

Os maiores aumentos dos efetivos bovinos entre os censos foram nas Regiões Norte (81,4%) e Centro-Oeste (13,3%). [...]

IBGE. *Censo Agro 2006: IBGE revela retrato do Brasil agrário*. Disponível em: <https://censo2010.ibge.gov.br/noticias-censo.html?busca=1&id=1&idnoticia=1464&t=censo-agro-2006-ibge-revela-retrato-brasil-agrario&view=noticia>. Acesso em: ago. 2018.

a) Comparando a situação da Região Sul com a da Região Norte, o que você percebe?
b) Quais são os possíveis efeitos da redução do rebanho bovino para os criadores de gado da Região Sul?

FIQUE POR DENTRO

VIVA A ARAUCÁRIA

Você já ouviu falar da **floresta de ombrófila mista**? Implícito nessa expressão está um tipo de vegetação muito típica da Região Sul do Brasil: a floresta de araucária ou mata de pinhais. Trata-se de um ecossistema cuja principal representante é a araucária, árvore de formato peculiar, que é também chamada de pinheiro-brasileiro, pinheiro-do-paraná ou curi. Conheça melhor a riqueza dessa mata!

No ecossistema das matas de pinhais há muitas espécies vegetais além das araucárias: canela, imbuia, erva-mate, cedro e xaxim são algumas delas.

As araucárias desenvolvem-se preferencialmente em zonas de maior altitude, entre 300 m e 2 000 m.

Se antes havia uma extensa mata de pinhais nessa região, hoje restam apenas 2% dela.
A extração de madeira para uso em serrarias ou indústrias, em especial na fabricação de móveis, foi a principal responsável pelo desmatamento. Hoje, as espécies nativas da floresta de araucária estão protegidas por legislação que proíbe o corte raso e o manejo florestal para fins industriais.

O hábitat da mata de araucária são as regiões de temperatura moderada ou baixa. No Brasil, concentram-se na Região Sul, também conhecida como região temperada.

Antigamente, esse tipo de mata cobria 25% do território do estado do Rio Grande do Sul, 30% de Santa Catarina e quase metade do estado do Paraná, chegando a 40%. Por isso, a araucária é conhecida também como pinheiro-do-paraná, árvore símbolo desse estado.

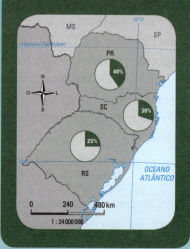

É grande a variedade de produtos derivados da araucária: papel, caixa, mastro de navio, madeira para construção de casas, móveis em geral e até palitos de fósforo!

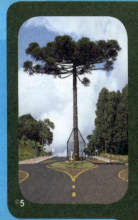
Felizmente não se pode mais cortar ou explorar o pinheiro chamado araucária nativa. Há algumas iniciativas de cultivo em sistema de silvicultura da espécie araucária por meio de licenciamento ambiental, mas somente para produção de longo prazo, pois essas árvores cultivadas demoram 30 anos para chegar à fase adulta, quando estão prontas para o corte.

A extração da madeira é importante também para a produção de artesanato, como esta peça do artesão Arolso Botega. Além disso, as folhas, as sementes e até mesmo a casca da araucária são utilizadas com fins medicinais diversos.

O pinhão, semente da araucária, é fonte de alimento para a fauna local. Esquilos, ouriços, formigas, gralhas, porcos e outros animais ao degustarem o pinhão ajudam a dispersar as sementes pela floresta.

Os indígenas que ocupavam aquelas regiões utilizavam o tronco da araucária para fazer canoas. A árvore também era fonte inspiradora de lendas indígenas. Já ouviu a lenda da araucária? Procure conhecer!

As araucárias são altas. Uma árvore dessa espécie chega até 50 metros de altura, equivalente a um prédio de 16 andares.

O pinhão é a semente da araucária. Era amplamente utilizado na alimentação de antigos moradores da região. Salvou muitas famílias da fome no século XIX e ainda hoje é tradicional, por exemplo, nas festas juninas.

Entretanto, por causa do desmatamento, os animais desse ecossistema estão ameaçados de extinção. Estão na lista a gralha-azul, o lobo-guará, a anta e o papagaio-do-peito-roxo. Você conhece esses animais? Que tal uma pesquisa em casa sobre o assunto?

1. Que condição climática da Região Sul do Brasil possibilitou a formação da mata de araucárias na região?

2. Quanto resta da mata dos pinhais? Que fatores foram os principais responsáveis pelo desaparecimento dessa vegetação?

Fontes:
Atlas geográfico escolar. 7. ed. Rio de Janeiro: IBGE, 2016. p. 58; Instituto de Pesquisas e Estudos Florestais. *Araucaria angustifolia* (Araucária). Disponível em: <www.ipef.br/identificacao/araucaria.angustifolia.asp>; Rua de Pato Branco tem desvio para árvore ameaçada de extinção. G1, 8 dez. 2014. Disponível em: <http://g1.globo.com/pr/oeste-sudoeste/noticia/2014/12/rua-de-pato-branco-tem-desvio-para-arvore-ameacada-de-extincao.html>. Acessos em: ago. 2018.

237

PANORAMA

FAÇA AS ATIVIDADES A SEGUIR E REVEJA O QUE VOCÊ APRENDEU.

1. Cite as unidades de relevo encontradas na Região Sul do Brasil.

2. Sobre o Rio Paraná, escreva o nome dos:
   a) rios que o formam;
   b) países que ele separa;
   c) principais rios da margem esquerda.

3. Qual é o clima predominante na Região Sul?

4. Em que parte da Região Sul predomina o clima tropical de altitude? Quais são as características desse clima?

5. Que atividade econômica proporcionou o povoamento inicial das áreas planálticas da Região Sul?

6. Que fatores explicam o predomínio da população urbana na Região Sul?

7. Que povos compuseram os dois grupos imigrantes europeus e asiáticos que se fixaram no Sul do Brasil?

8. Na Região Sul, assim como vem acontecendo em outras regiões do país, a população tem realizado movimentos migratórios intrarregionais. Comente essa afirmação.

9. Que tipo de problemas podemos encontrar nas regiões metropolitanas da Região Sul?

10. Qual é a atividade mineradora de destaque na Região Sul?

11. Com base nos textos trabalhados e nos gráficos analisados neste tema, apresente informações ou dados que indiquem que a Região Sul tem a melhor qualidade de vida do país se comparada às demais regiões brasileiras, nos seguintes setores:
    a) saúde;
    b) educação;
    c) renda.

12. Veja, retratada na obra a seguir, uma das vegetações típicas da Região Sul do Brasil.
    a) Você sabe identificar que vegetação é essa? Se sim, qual é ela?
    b) Cite suas principais características.
    c) Por que, ao longo dos anos, ela foi muito desmatada?

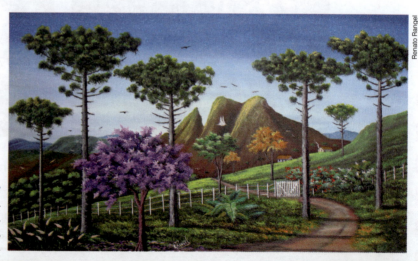

→ Renato Rangel. *Araucárias*, 2015. Óleo sobre tela, 100 cm × 60 cm.

13. Explique de que maneira o povoamento inicial da Região Sul influenciou as atividades econômicas agropecuárias desenvolvidas na região.

14. Quanto ao potencial hidrelétrico da Região Sul, copie a alternativa correta.
   a) O alto potencial hidrelétrico da região se deve ao fato de haver muitos rios intermitentes.
   b) O alto potencial hidrelétrico está relacionado ao clima tropical e ao relevo de baixa altitude.
   c) Há um grande potencial hidrelétrico na região devido aos investimentos do governo na construção de usinas hidrelétricas.
   d) As áreas de planalto da Bacia do Rio Paraná são favoráveis ao aproveitamento hidrelétrico.

15. Atividade econômica que promoveu a interligação entre vilas e cidades que começavam a se formar como polos comerciais. Condutores de gado saíam de Viamão em direção a Minas Gerais, o que estimulava o desenvolvimento do comércio e das feiras de gado. Qual era essa atividade?
   a) Missões jesuíticas.
   b) Migrações pendulares.
   c) Tropeirismo.
   d) Bandeiras.

16. Relacione o processo de povoamento do território brasileiro com a predominância da população de origem europeia na Região Sul.

17. Explique o que foram os Sete Povos das Missões, de que maneira e por que eles foram destruídos.

18. Quais fatores naturais contribuíram para que a Região Sul se destacasse na atividade agropecuária?

19. Analise as afirmativas a seguir e escreva as verdadeiras no caderno.
   a) A Região Sul é desenvolvida economicamente e contribui significativamente na composição do PIB nacional.
   b) O turismo é pouco desenvolvido na Região Sul por causa do clima muito frio e seco.
   c) As características físicas e naturais da Região Sul não favoreceram o desenvolvimento de atividades agropecuárias, por isso a indústria têxtil cresceu tanto na região.
   d) Os Pampas são áreas cobertas por campos, muito favoráveis ao desenvolvimento das atividades pecuárias na Região Sul do Brasil.
   e) A região sobressai por ser a segunda maior produtora de grãos do país, com destaque para soja, trigo e milho.

DICAS

▶ ASSISTA

Obras incríveis: Itaipu. EUA, 2012. National Geographic, 23 min. O documentário mostra como essa obra, de dimensões impensáveis e que mudou até o curso do sétimo maior rio do planeta, além de ter transferido milhares de pessoas e animais para outras áreas, saiu do papel e levou energia a milhões de habitantes de dois países.

A missão. EUA, Reino Unido, 1986. Direção: Roland Joffé, 125 min. O filme, cujo pano de fundo são as missões jesuíticas instaladas no Rio Grande do Sul no final do século XVIII, narra a história dos jesuítas e dos indígenas que lá viveram.

Araucária. Brasil, 2014. Direção: Julia Aguiar, 26 min. Documentário que relata desde os primeiros usos da araucária até sua complexa situação atual, ameaçada de extinção.

Referências

AB'SABER, A. N. Domínios morfoclimáticos e províncias fitogeográficas do Brasil. *Revista Orientação*, São Paulo: IG – USP, 1970.

_____. *A organização natural das paisagens inter e subtropicais brasileiras*. São Paulo: USP, 1985. (mimeo).

AGÊNCIA NACIONAL DE ÁGUAS (ANA). *Atlas irrigação*: uso da água na agricultura irrigada. Disponível em: <http://atlasirrigacao.ana.gov.br>. Acesso em: ago. 2018.

ALMEIDA, R. D. PASSINI, E. Y. *O espaço geográfico*: ensino e representação. São Paulo, Contexto, 1998.

ATLAS Ambiental de Porto Alegre. Porto Alegre: Editora da Universidade – UFRGS, 1998/99.

AYOADE, J. O. *Introdução à climatologia para os trópicos*. 9. ed. Rio de Janeiro: Bertrand Brasil, 2003.

BECKER, B. *Amazônia*: geopolítica na virada do III milênio. Rio de Janeiro: Garamond, 2004.

BRASIL. Ministério da Educação. *Base Nacional Comum Curricular*. Brasília, 2018. Disponível em: <http://basenacionalcomum.mec.gov.br/wp-content/uploads/2018/12/BNCC_19dez2018_site.pdf>. Acesso em: fev. 2019.

_____. Região Norte lidera extrativismos vegetal e mineral. *Economia e Emprego*, 10 abr. 2012. Disponível em: <www.brasil.gov.br/economia-e-emprego/2012/04/regiao-norte-lidera-extrativismos-vegetal-e-mineral>. Acesso em: ago. 2018.

CANTO, E. L. *Minerais, minérios, metais*. 2. ed. São Paulo: Moderna, 1996.

CARVALHO, M. S. *Para quem ensina Geografia*. Londrina: UEL, 1998.

CONFEDERAÇÃO Nacional do Transporte. Transporte rodoviário: desempenho do setor, infraestrutura e investimentos. Brasília: CNT, 2017. Disponível em: <http://cms.cnt.org.br/Imagens%20CNT/PDFs%20CNT/Estudos%20CNT/estudo_transporte_rodoviario_infraestrutura.pdf>. Acesso em: ago. 2018.

CONTI, J. B. *Clima e meio ambiente*. São Paulo: Atual, 1998.

CORRÊA, R. L. *O espaço urbano*. 4. ed. São Paulo: Ática, 1999.

_____. *Trajetórias geográficas*. 3. ed. Rio de Janeiro: Bertrand Brasil, 1997.

DEAN, W. *A ferro e fogo*: a história e a devastação da Mata Atlântica. São Paulo: Companhia das Letras, 1996.

DREW, D. *Processos interativos homem-meio ambiente*. Rio de Janeiro: Bertrand Brasil, 1998.

EICHER, D. L. *Tempo geológico*. São Paulo: Edgard Blücher, 1996.

GUERRA, A. J. T; CUNHA, S. B. (Org.). *Geomorfologia do Brasil*. Rio de Janeiro: Bertrand Brasil, 1998.

INSTITUTO BRASILEIRO DE GEOGRAFIA E ESTATÍSTICA (IBGE). *Censo 2010*. Disponível em: <https://censo2010.ibge.gov.br>. Acesso em: ago. 2018.

JOLY, F. *A cartografia*. Campinas: Papirus, 1990.

LEINZ, V; AMARAL, S. E. *Geologia geral*. São Paulo: Nacional, 1995.

MARTINELLI, M. *Gráficos e mapas*: construa-os você mesmo. São Paulo: Moderna, 1998.

MONBEIG, P. *Pioneiros e fazendeiros de São Paulo*. São Paulo: Hucitec; Polis, 1984.

MONTEIRO, Salvador; KAZ, Leonel. *Fronteira*: o Brasil meridional. Rio de Janeiro: Livroarte Editora Alumbramento, 1995-96.

MORAES, A. C. R. *A gênese da Geografia moderna*. São Paulo: Hucitec; Edusp, 1999

NARVAES, Patrícia. *Dicionário ilustrado do meio ambiente*. São Paulo: Yendis, 2011.

OLIVEIRA, Wagner. Haitianos no Brasil: hipóteses sobre a distribuição espacial dos imigrantes pelo território brasileiro. FGV, 2017. Disponível em: <http://dapp.fgv.br/haitianos-no-brasil-hipoteses-sobre-distribuicao-espacial-dos-imigrantes-pelo-territorio-brasileiro/>. Acesso em: ago. 2018.

ORGANIZAÇÃO DAS NAÇÕES UNIDAS PARA A ALIMENTAÇÃO E AGRICULTURA (FAO). *Status of the World's Soil Resources*, 2015. Disponível em: <www.fao.org/3/a-i5199e.pdf>. Acesso em: ago. 2018.

ORGANIZAÇÃO INTERNACIONAL DO TRABALHO. EMPREGO MUNDIAL E PERSPECTIVAS SOCIAIS. Disponível em: <www.ilo.org/wesodata>. Acesso em: ago. 2018.

RIBEIRO, W. C. (Org.). *Patrimônio Ambiental Brasileiro*. São Paulo: Edusp; Imprensa Oficial, 2003.

ROSS, J. *Ecogeografia do Brasil*: subsídios para planejamento ambiental. São Paulo: Oficina de Textos, 2006.

_____. (Org.). *Geografia do Brasil*. 5. ed. São Paulo: Edusp, 2005.

SANTOS, M. *A natureza do espaço*. São Paulo: Edusp, 2002.

SCARANO, F. R. *Biomas brasileiros*: retratos de um país plural. São Paulo: Conservação Internacional do Brasil; Casa da Palavra, 2012.

SIMIELLI, M. E. Cartografia no Ensino Fundamental e Médio. In: CARLOS, A. F. A. (Org.). *A Geografia na sala de aula*. 5. ed. São Paulo: Contexto, 2003.

SPOSITO, E. S. *Geografia e Filosofia*: contribuição para o ensino do pensamento geográfico. São Paulo: Editora Unesp, 2004.